Hedwig Brenner   Jüdische Frauen in der bildenden Kunst I

Hedwig Brenner s.A.

Jüdische Frauen in der bildenden Kunst I

Ein biographisches Verzeichnis

Geleitworte
Pnina Navè Levinson s.A. und Margarita Pazi s.A.

Herausgegeben von Erhard Roy Wiehn

Hartung-Gorre Verlag Konstanz

Umschlag-Titelbild: Helga Weissová-Hošková: Deportationsmahnmal in Prag (Ausschnitt; Foto: Heinz Moll); Umschlag-Rückseite: Hedwig Brenner freut sich über *Jüdische Frauen in der bildenden Kunst III* (2007 - Foto: Erhard Roy Wiehn); Herstellung: BoD GmbH, Norderstedt.

1942–2022
80 Jahre Wannseekonferenz in Berlin am 20. Januar 1942
zur Koordinierung der Zusammenarbeit aller an der
"Endlösung der Judenfrage"
beteiligten Dienststellen. Der Völkermord an den Juden
war zum Zeitpunkt der Konferenz bereits in vollem Gange.

Bibliografische Information Der Deutschen Nationalbibliothek
Die Deutsche Nationalbibliothek verzeichnet diese Publikation in der Deutschen Nationalbibliografie; detaillierte bibliografische Daten sind im Internet über http://dnb.dnb.de abrufbar.

Erste Auflage 1998, zweite Auflage 2022
Hartung-Gorre Verlag Konstanz Germany
ISBN 978-3-89649-199-2 und 3-89649-199-7

Inhalt

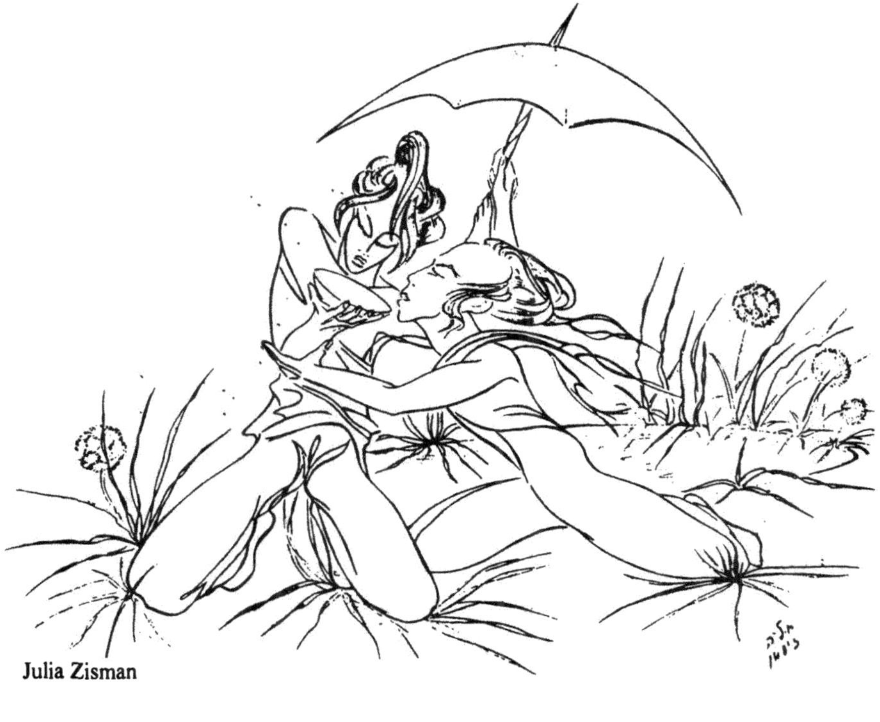

Julia Zisman

Hedwig Brenner

Danksagung

Es ist mir unmöglich, allen Personen und Institutionen zu danken, die mir bei der Abfassung dieses Werkes behilflich waren. Ich kann aber nicht umhin, hier einigen wenigen meinen herzlichsten Dank auszusprechen:

Meinem Mann Gottfried, der mir die ganze Zeit über geduldig mit Rat und Tat zur Seite stand;

meiner Freundin Charlotte Hirsch (Hanover, N.H./USA), für ihren Enthusiasmus und Glauben an meine Arbeit;

Dr. Marianne Spitzer, die mir Zugang zu den in den USA befindlichen Quellen verschaffte;

Frau Dr. Kybelova, Direktorin des Jüdischen Museums Prag, und Frau Dr. Bartosova für ihre fachmännischen Ratschläge;

Ketty Hess, ursprünglich Südafrika, dann Toronto, für die Ratschläge bezüglich der Künstlerinnen aus Südafrika;

der Art Library Sherman (Hanover, N.H./USA);

der Städtischen Bibliothek Haifa;

dem National Museum of Women in the Arts Library and Research Center, Washington, D.C.

*

„Die Kunst der Frauen, von der Geschichtsschreibung seit jeher einer Sonderbehandlung unterzogen, muß - ähnlich wie die der Juden oder der ehemaligen Kolonialvölker - zunächst von der der Männer auch gesondert dargestellt und erarbeitet werden. Die spezielle Förderung, deren die Kunst von Frauen derzeit bedarf, ist notwendig, um kompensatorisch gegen ihre jahrhundertelange Ausschließung anzugehen.“ (Gisela Breitling, 'Die Spuren des Schiffes in den Wellen'. Frankfurt a.M. 1986)

Margarita Pazi s.A.

Jüdische Frauen als Künstlerinnen

Die Exilliteratur hat in den letzten Jahrzehnten der Vernachlässigung spezifischer Gruppen exilierter Künstlerinnen und Künstlern in gewissem Maße entgegengewirkt, etwa im Bereich der Literatur. Die bildenden Künste haben jedoch weniger Interesse gefunden, vielleicht auch in Anbetracht technischer Schwierigkeiten (Nachdrucke, Bildkopien u.a.); deshalb ist die vorliegende Arbeit von besonderem Interesse.

Wie im Motto (S. 6) gesagt, bedarf die Kunst der Frauen einer besonderen Förderung. Das ist auch die Zielsetzung der hier vorgelegten rund zweihundert Biographien jüdischer Malerinnen, Bildhauerinnen, Graphikerinnen usw. Sie stammen aus allen Erdteilen; ausschlaggebend für ihre Auswahl war ihr jüdisches Schicksal und ihr Schicksal als Frauen.

Die breitgefächerte Liste dieser Künstlerinnen umfaßt völlig unbekannte oder vergessene, aber auch erfolgreiche Frauen. Die einzelnen Biographien versuchen, die schöpferische Tendenz der Künstlerinnen auf dem Hintergrund ihrer Schicksale in den Jahren der Verfolgung zu zeigen, auf Einwirkung des Exils in ihren Werken hinzuweisen, Vergleiche zu ziehen, konzeptionelle Änderungen zu verdeutlichen.

Eine besondere Rolle spielt dabei die jüdische Tradition samt der in ihr verankerten Einschränkungen. Nicht zu vergessen ist hier insbesondere das Gebot: „Du sollst dir kein Bildnis machen...“, das durch Jahrtausende die bildende Kunst der Juden bestimmte (vgl. P. Navè Levinson, hier S. 223).

Der historische Überblick, den die Autorin ihren Untersuchungen voranstellt, zieht eine Linie von Höhlenzeichnungen bis zu den letzten, ganz modernen, von Frauen geschaffenen Werken und gestattet einen Nachvollzug des langen Weges, den jüdische Frauen als Künstlerinnen gegangen sind.

In mehr als einem Sinne ist dieses Buch also auch ein Beitrag zur Erforschung des Exils und füllt eine Lücke, die lange unbemerkt blieb. Darüber hinaus kann diese Sammlung der heranwachsenden Künstlergeneration als Anregung dienen, weil es schwer zugängliche Informationen bietet, die hier sorgsam zusammengetragen sind.

*

„Wäre ich kein Jude (...), ich wäre überhaupt kein Künstler oder aber ein ganz anderer Mensch.“ (Marc Chagall, 1887-1985, in: Sh.R. Keller [Hg.], Judentum in Literatur und Kunst. 1992 Köln 1995, S. 216)

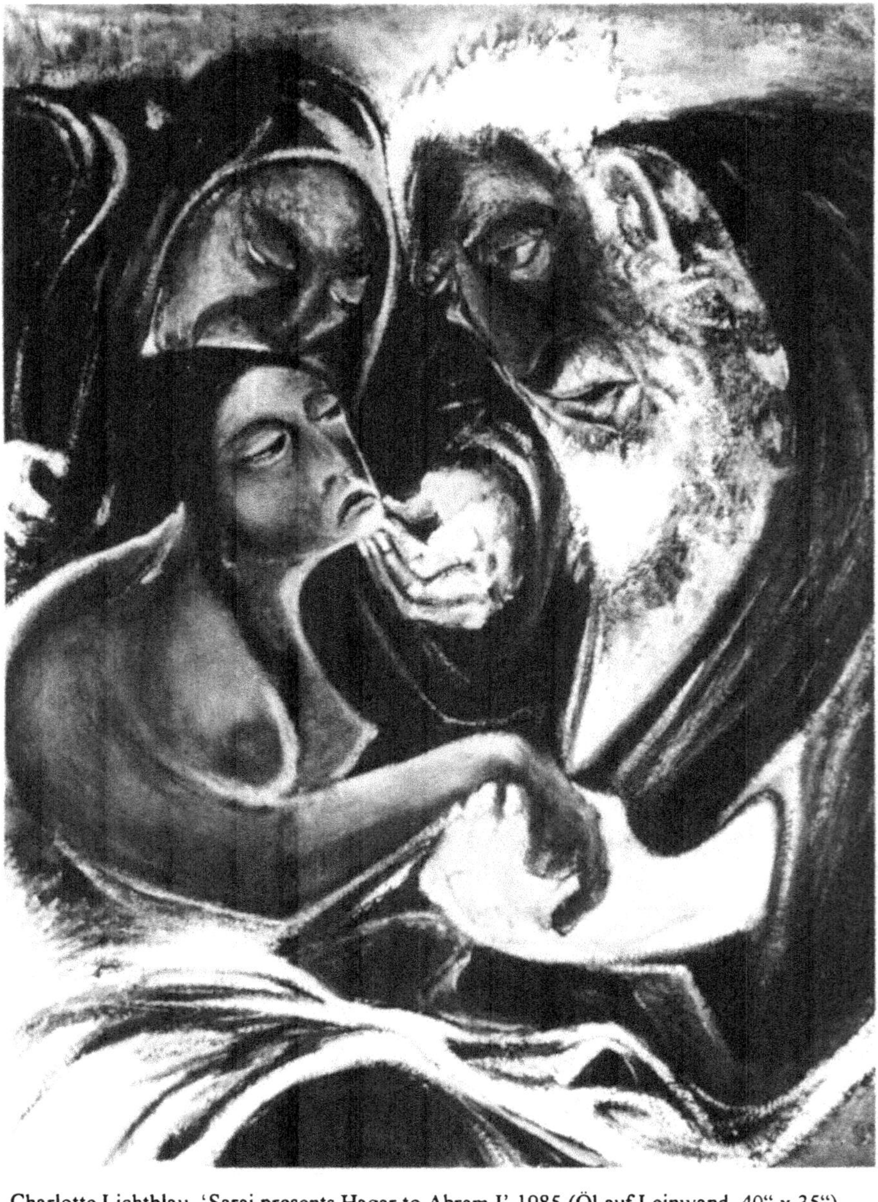

Charlotte Lichtblau, 'Sarai presents Hagar to Abram I' 1985 (Öl auf Leinwand, 40" x 35")

Erhard Roy Wiehn

Pionierarbeit für jüdische Künstlerinnen

Wer sich die Stammütter Israels anschaue, verstehe sogleich, daß Sara, Rebekka, Rahel, Lea, ja Eva als erste Mutter und Frau keine untergeordnete Stellung einnähmen, so Nathan Peter Levinson, und Sara sei das, was ihr Name aussage: Fürstin, Gebieterin. Man brauche nur an Rebekka zu denken: Eine kluge, furchtlose, souveräne Frau. Und „Jakob diente um Rahel sieben Jahre, und sie waren in seinen Augen wie wenige Tage, da er sie liebte." Groß sei das Lob der Bibel für die liebliche Ruth, aber auch Naomi in ihrer Würde gehöre zu den großen Gestalten der Dichtung. „An jedem Freitagabend *(Erev Schabbat)* singen jüdische Hausväter ... das 31. Kapitel der Sprüche Salomons" (N.P. Levinson 1987, S. 39ff., hier Vers 29 u. 31): „Viele Frauen schufen Gutes..., in den Toren preisen sie ihre Werke."

Daß es jüdische Frauen als Künstlerinnen innerhalb wie außerhalb ihres Volkes schwer hatten, ist gleichwohl kaum zu bestreiten. Was die Probleme mit der nichtjüdischen Umwelt betrifft, so dürfte in vielen Abstufungen außerhalb Israels ziemlich allgemein gelten, was Tanja Bierkämper über Dora Bromberger schreibt: „Doch als Jüdin war das Schicksal ihres Werkes eng mit ihrem persönlichen Schicksal verbunden, und ihre Kunst galt nach 1933 als entartet. Spätestens ab 1938 war sie, längst ihrer Menschenwürde beraubt, immer stärkeren Diskriminierungen ausgesetzt. Auch künstlerisch scheint sie in den dreißiger Jahren ohne Perspektive gewesen zu sein. Ihr Leben endete 1942 in einem Vernichtungslager." Vor ihrer Deportation mußte sie folgende Erklärung unterzeichnen: „Ich, der unterzeichnete Jude, bestätige hiermit, ein Feind der deutschen Regierung zu sein und als solcher kein Anrecht auf das von mir zurückgelassene Eigentum, auf Möbel, Wertgegenstände, Konten oder Bargeld zu haben. Meine deutsche Staatsangehörigkeit ist hiermit aufgehoben, und ich bin vom 17. November (1941) an staatenlos." (T. Bierkämper 1995, S. 11ff.; vgl. J. Picard 1989, S. 73ff.) Dora Bromberger wurde ebenso fast vergessen wie etwa Anne Ratkowski und andere, ein gemeinsames Schicksal vieler jüdischer Künstlerinnen.

Die falsche Vorstellung vom Bilderverbot im Judentum habe zur falschen Beurteilung der Juden als einem überhaupt „unkünstlerischen" Volk geführt, argumentiert Hannelore Künzl; zwar gebe es keinen jüdischen Kunststil, wohl aber eine jüdische Kunst. Von jüdischer Kunst sei die „Kunst von Juden" abzugrenzen; denn eine Gleichsetzung jüdischer Kunst mit der Kunst von Juden würde die große Fülle der jüdischen Kunstwerke unverhältnismäßig begrenzen: „Jüdische Kunst ist demnach in engerem Sinne eine jüdisch-religiöse Kunst, deren Hersteller Juden sein können, aber nicht sein müssen." (H. Künzl 1992, S. 7ff.) In ihrer Schrift 'Jüdische Kunst - Von der biblischen Zeit bis in die Gegenwart' erscheinen alsdann im Personenregister tatsächlich nicht mehr als sieben Frauennamen, nämlich: Andrea Bustolon 1662-1732 (S. 103), Caterina da Costa 18. Jahrhundert (S. 135), Luise Kaish (S. 163, 198), Ruth Lewin (S. 200), Else Pollak (S. 198), Ziona Tagger (S. 175) und Anna Ticho (S. 200), alle sind äußerst knapp charakterisiert.

Hedwig Brenner präsentiert also mit ihrer vorliegenden Pionierarbeit von 199 Porträts jüdischer Künstlerinnen nicht nur einen längst überfälligen Beitrag zur Kunstgeschichte, sondern überdies zur Erforschung jüdischer Frauengeschichte und nicht zuletzt vielleicht auch zum 'Max-Liebermann-Gedächtnis-Jahr', das am 20.7.1997 zum 150. Geburtstag des Meisters begann (vgl. C. Blechen 1997, S. 31). Die Autorin bot uns am 14.3.1995 ihre Arbeit an, und zwar durch Vermittlung von Marianne Ahlfeld-Heymann, deren Überlebensbiographie wir im Frühjahr 1994 veröffentlicht hatten (Konstanz 1994); im Spätsommer 1995 konnte mit der ersten Lektorierung des umfangreichen Textes begonnen werden, dessen Bearbeitung in Haifa und Konstanz sich bis Frühsommer 1997 hinzog. Aber auch umfangreiche Manuskripte müssen einmal abgeschlossen werden, selbst wenn sie nicht ganz perfekt und vollständig sein sollten, was sie vielleicht gar nicht sein können. Die Autorin bedauert ebenso wie der Herausgeber und der Verlag, daß dieses Buch aus Kostengründen nicht so bebildert werden konnte, wie es alle gerne gesehen hätten. Doch wer weiß, vielleicht kann dies in der zweiten Auflage geschehen? Herzlich zu danken ist Hedwig Brenner für ihre jahrelange Pionierarbeit, Heide Fehringer für die Textarbeit, ihr, Bettina Schröm und Werner Sauermann fürs Korrekturenlesen sowie Bettina Schröm und Verena Boos für die Textgestaltung.

Pnina Navè Levinson hat wegweisend über Frauen im Judentum geschrieben und damit nicht nur jüdische Frauen ermutigt: „Seit Jahrtausenden segnen Eltern ihre Töchter am Sabbat: 'Möge Gott dich werden lassen wie Sara, Rebekka, Rachel und Lea!" Und bereits in der Antike hätten die Vertreter des religiösen Fortschritts eingeführt, daß der Tisch des Hauses der Altar Gottes sei „und die Frauen den Sabbat mit Licht einsegnen." (P. Navè Levinson 1989, S. 11f., hier S. 223ff.; vgl. M. Susman 1992; Welt-Wizo 1990 u. 1995) Möge dies sinngemäß auch für jüdische Künstlerinnen gelten.

Sukkot 5758 - im Oktober 1997

Hedwig Brenner

Jüdische Frauen in der bildenden Kunst

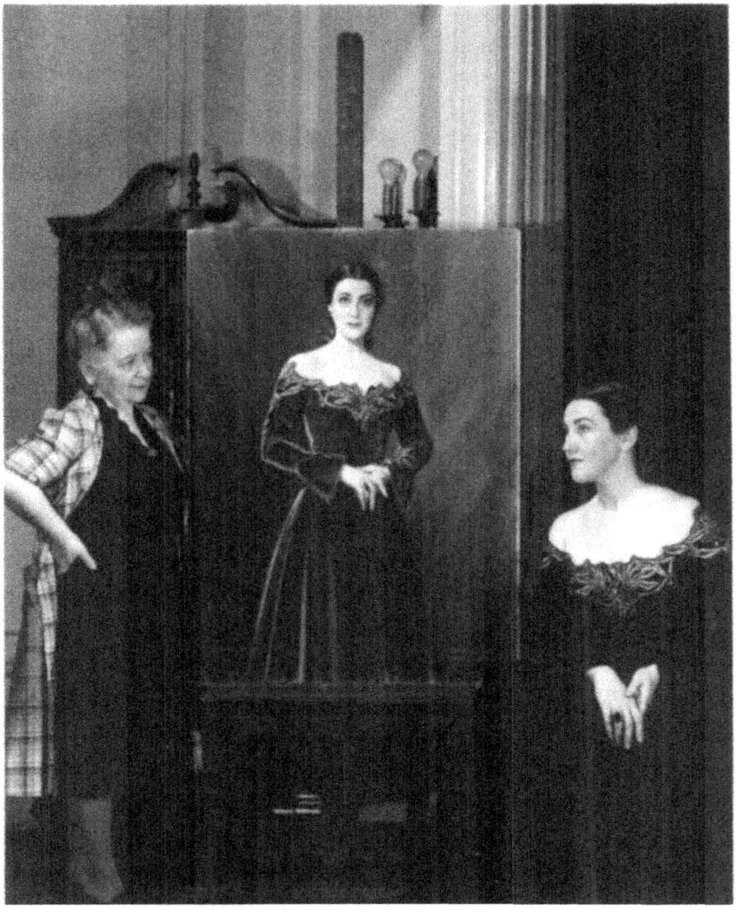

Nina Barska, 'Portrait of Blanche' 1946

1. Charakteristika jüdischer Künstlerinnen

Die Künstlerinnen, deren Lebenswege und Werke in den folgenden Biographien beschrieben werden, haben im allgemeinen einige Charakteristika gemeinsam.

1. Talent zur bildenden Kunst: Ob sie nun im Westen Europas oder im östlichen Ghetto geboren und aufgewachsen sind, ob sie aus dem Nahen Osten oder aus Nordafrika stammen, aus Amerika oder aus dem polnischen 'Schtetl', ob sie geschulte Malerinnen mit akademischer Bildung waren bzw. sind oder ihr Wissen durch Arbeit in den Ateliers berühmter Künstler erworben haben, sie waren und bleiben stets originell schaffende Künstlerinnen.

2. Das Frauenschicksal: Frauen wurden immer in den Hintergrund gedrängt und übersehen. So geschah es, daß bis zur Mitte des 20. Jahrhunderts nur ein minimaler Prozentsatz von weiblichen Künstlern in Kunstgeschichten erwähnt wurde. Beseelt von ihrem Talent suchten sie eine künstlerische Laufbahn einzuschlagen, mußten aber, um sich zu behaupten und ihre Werke in Ausstellungen oder Galerien vorführen zu können, diese oft unsigniert, d.h. anonym oder unter männlichem Pseudonym einreichen.

Ehe, Heimarbeit und Kinder bildeten Sonderprobleme weiblicher Künstler. In vielen Künstlerehen oder Partnerschaften verzichteten die Frauen auf ihre künstlerische Karriere oder blieben im Schatten des berühmten Mannes, um dem Partner den ungeteilten Ruhm zukommen zu lassen, beispielsweise: Lee Krasner und Jackson Pollok, Felka Platek und Felix Nussbaum, Sally und Milton Avery.

Andere, vom Schicksal bevorzugtere Frauen, wirkten mit ihren Partnern im gleichen Atelier, arbeiteten aber in unterschiedlicher Manier und gelangten durch gegenseitige Kritik und fruchtbare Diskussionen zu gemeinsamem Ruhm (vgl. S. 17). Viele Künstlerinnen wurden vor die Wahl gestellt: Entweder Karriere oder Familie, und nur die finanziell unabhängigen oder ihres Könnens gewissen Frauen wählten die Karriere, oft auch als Folge einer gescheiterten Ehe.

3. Die jüdische Herkunft: Aus den nachfolgenden Biographien geht hervor, daß diese Frauen entweder sich selbst zum Judentum bekennen oder von jüdischen Eltern bzw. einem jüdischen Elternteil abstammen. Manche kommen aus streng orthodoxen Familien, die den Künstlerberuf der Tochter nicht nur nicht billigten, sondern bekämpften, auch auf die Gefahr hin, sich der Tochter zu entfremden. Im Gegensatz dazu gab es Familien, die ihre begabten Töchter

verständnisvoll unterstützten und ihnen Malunterricht oder eine akademische Ausbildung ermöglichten.

Die orthodoxe jüdische Tradition gibt den Frauen wohl das Recht, als 'Herrin des Hauses' zu walten, doch verbietet sie ihnen jedwede Betätigung außerhalb des Hauses und - ähnlich wie der Koran den moslemischen Frauen und die 'Manusmriti' den indischen Frauen - ohne männliche Begleitung, sei es Vater, Gatte oder erwachsener Sohn, in die Öffentlichkeit zu treten. Auch verbietet das jüdische Religionsgesetz, Gesichter zu malen oder nachzubilden, da doch der Mensch „als Ebenbild Gottes" erschaffen sei, dessen Züge nicht gesehen werden dürfen (vgl. P. Navè Levinson, hier S. 223ff.).

Hier ist einer der Gründe für das späte Auftreten jüdischer Malerinnen und Bildhauerinnen zu finden, da ihr Entschluß nicht nur eine Flucht aus der patriarchalisch organisierten Familie, sondern auch ihre Emanzipation von Religionsvorschriften bedeutete.

4. Heimatlosigkeit und Migration: Die meisten von ihnen sind entweder selbst oder in zweiter Generation 'displaced persons'. Ihre Eltern oder Großeltern mußten die Heimat verlassen, eine Heimat, in der sie oft nur geduldet und aus der sie durch Pogrome, Kriege, Revolutionen, im allgemeinen jedenfalls mit Gewalt vertrieben worden waren oder aus politischen bzw. wirtschaftlichen Gründen das Exil vorzogen. Die so verlassene Heimat war meistens das russische oder polnische 'Schtetl', die Ghettos während des Zweiten Weltkrieges, oder es waren die Judenviertel der arabischen Länder des Nahen Ostens, Vorderasiens und Nordafrikas.

Die mittel- und westeuropäischen jüdischen Künstlerinnen hatten teilweise das Glück, dem Holocaust in Europa zu entgehen, indem sie nach England, Amerika, Australien oder Palästina emigrierten, viele von ihnen, darunter ausgereifte Talente, sind jedoch in den Gaskammern von Auschwitz-Birkenau oder in Treblinka ermordet worden. Einigen wenigen gelang es, dank ihres Talentes ihr Leben zu retten und den Krieg zu überleben. Die meisten von ihnen haben Europa den Rücken gekehrt und leben heute in Israel.

Künstlerinnen haben ihren männlichen Kollegen im allgemeinen einiges voraus: Frauen haben eine tiefe seelische Beziehung zu Kindern und zur Natur, ebenso ein stärkeres Einfühlungsvermögen für die Modelle ihrer Porträts. Landschaften, die sie malen, Blumen, die sie mit hellen, leuchtenden Farben auf die Leinwand zaubern, die abstrakten Kompositionen oder überdimensionalen Skulpturen, alles hat Leben, Schwung und oft Optimismus. Frauen wirken ein Stück ihrer Seele, ihrer Gedanken und Gefühle, ihrer Leiden und Freuden in ihre Werke mit hinein. Frauen sind tüchtige, fleißige, von Ausdauer geprägte Künstler. Ob sie Holzschnitte schneiden oder Masken bilden, ob sie Figurinen aus Keramik modellieren oder Büsten aus Stein hauen, immer flößen sie ihnen Leben ein, wie einst Rabbi Löw seinem Golem in Prag.

2. Zur Geschichte jüdischer Künstlerinnen

Der griechischen Mythologie zufolge soll Kallyrhoe, Tochter des Titanen Okeanos und seiner Schwester und Gattin Thetis, die Erfinderin der Malerei sein. Auch unter dem Namen Kora, Jungfrau von Korinth bekannt, soll sie das vom Feuerschein auf eine Wand projizierte Profil ihres Geliebten nachgezeichnet haben. Vielleicht ist dies der Grund, warum die Malerei allegorisch durch eine Frau dargestellt wird und das Wort 'Kunst' in vielen Sprachen weiblichen Geschlechts ist: *die* Malerei, *la* peinture, pittura, pictura etc.

Archäologen wollen nachgewiesen haben, daß die Malerei das erste Handwerk der Menschen war, vor der Töpferei und Weberei. Bereits in der Steinzeit haben die Höhlenbewohner ihre Wohnstätten durch Zeichnungen und Malereien verschönert. Dies bezeugen die Zeichnungen von Frauen- und Männergestalten, von Tieren, Waffen, Handabdrücken sowie geometrisch anmutende Ornamente, die in der Zeitspanne von 25.000 bis 2.000 Jahren v.u.Z. entstanden sind und in den Höhlen von Altamira, Cuava de Tajo, Sastello u.a. entdeckt wurden. Auch auf der Sinai-Halbinsel und in den Bergen von Judäa hat man Felszeichnungen entdeckt; allerdings konnte bis heute nicht bewiesen werden, daß diese von den vor 4.000 Jahren durch die Wüste wandernden Israeliten geschaffen wurden.

Wie alle Völker der Antike räumten auch die Hebräer den bildenden Künsten wie Freskenmalerei, Mosaik, Goldschmiedekunst, Bildhauerei und Architektur den ihnen gebührenden Platz ein. Die Bibel erwähnt die Namen zweier Goldschmiede, Bezalel und Oholiab (2 Mose 31, 35, 36), die Erbauer der Stiftshütte, des Zeltheiligtums, das zur Zeit der Wanderung durch die Wüste die Kinder Israels begleitete und von zentraler Bedeutung war, wobei sie sich als Bildner der goldenen Kultgegenstände für den Gottesdienst besonders hervortaten. Obwohl es durch das jüdische Religionsgesetz verboten war, Gesichter zu malen oder nachzubilden, finden sich auf den Wänden der Synagoge von Dura-Europos (Syrien), heute im Museum von Damaskus zu sehen, Fresken biblischer Szenen mit Darstellungen von Menschen, wie die Rettung Moses aus dem Nil, die Durchquerung des Roten Meeres u.a., was beweist, daß es bereits im Altertum Maler gab, die sich den betreffenden Gesetzen der Religion nicht unterwarfen bzw. diese anders auslegten oder verstanden.

Bereits der römische Schriftsteller Plinius der Ältere (24-79 u.Z.), der beim Ausbruch des Vesuvs in Pompei umkam, beschäftigte sich in seinem enzyklopädischen Werk 'Naturalis historia' sowohl mit der Beschreibung des Universums, mit Zoologie, Botanik, Geographie und Anthropologie als auch mit Kunstgeschichte. So erfahren wir von ihm, daß die Töchter der reichen Patrizierfamilien im antiken Rom sich mit Malerei befaßten, Porträts malten und Skulpturen anfertigten, wobei die von ihnen ausgestellten Werke oft diejenigen ihrer männlichen Kollegen übertrafen. Plinius nennt einige von ihnen: Helene und Aristarete, Töchter eines damals bekannten Malers, Timarete, sowie die Porträtistin Marsia. Im 35. Buch berichtet er, daß die Tochter eines Töpfers namens Dibutades den Schattenriß ihres Geliebten auf der Zimmerwand festhielt und so das erste Gemälde schuf. Der Maler Daniel Chodowieki fertigte 1787 die Zeichnung 'Die Erfindung der Malerei' (vgl. Die Zeit, 21.6.1996).

Im christlichen Mittelalter wurde es Nonnen gestattet, für die Klöster Heiligenbilder, Madonnen und Bibelszenen zu malen. Die flämische Malerin Clara Peters (1594-1657) malte bereits Stilleben; die Tochter des bekannten Kupferstechers Matthäus Merian, Maria Sibylla (1647-1717), fuhr im Alter von 55 Jahren nach Surinam (früher holländisch Guayana), wo sie Zeichnungen von Pflanzen und Tieren des südamerikanischen Dschungels schuf; Lavinia Fontana (1552-1614) war Hofmalerin bei Papst Clemens VIII., hatte elf Kinder und verdiente den Lebensunterhalt für die ganze Familie. Elisabeth Vigée-Lebrun (1755-1842) war Hofmalerin Katharinas der Großen. Es ergab sich, daß talentierte Frauen langsam das Handwerk der Männer übernahmen, sich nicht nur auf religiöse Themen beschränkten, sondern auch Landschaften und Stilleben malten. Besonders Porträtmaler waren zu jener Zeit sehr gesucht, da man noch lange nichts von Fotografie wußte.

Im 16. Jahrhundert hatte Giorgio Vasary (1511-1574), der italienische Baumeister und Maler, in seinen bekannten Künstlerbiographien 'Vite' (1568) auch Malerinnen wie Suor Plantilla, Barbara Longhi u.a. erwähnt. Es ist interessant festzustellen, daß die weiblichen Künstler in großem Maße das Pech hatten, nur für kurze Zeit bekannt oder gar berühmt zu sein, um dann rasch in Vergessenheit zu geraten. Man muß bedenken, daß es in jeder Generation berühmt bleibende und vergessene Künstler gibt, dennoch ist die Zahl der bekannten Künstlerinnen unverhältnismäßig kleiner als die der männlichen Kollegen, was seine biologischen und sozialen Gründe hat, welche den Wettkampf mit dem 'starken Geschlecht' für die weiblichen Künstler ungünstig beeinflußten.

*

Im Sinne der allgemeinen Auffassung von Töchtererziehung gab es in den vergangenen Jahrhunderten selbstverständlich keine Malschulen für Frauen; doch vermögende Eltern, deren Töchter Zeichentalent aufwiesen, ließen sie Zeichnen und Malen in den Ateliers bekannter Maler und Kupferstecher lernen. Die erste Malschule für Frauen gründete Lovis Corinth im Jahre 1901 in Berlin.

In manchen Fällen war es Liebe, Partnerschaft und Ehe, die Meister und Schülerin verbanden. In vielen Künstlerehen wurden die ehemaligen Schülerinnen gleichberechtigte Partnerinnen ihrer Ehegatten, in vielen anderen Fällen wurden sie nur als Modelle oder bestenfalls als Kopistinnen benutzt, und es kam nicht selten vor, daß die Frau ihre eigene Persönlichkeit und ihr Talent in den Schatten des Meisters stellte, auf ihre eigene Karriere und ihren Ruhm verzichtete, um den Ruhm ihres Partners nicht zu schmälern, wie z.B. im Falle Auguste Rodin und Camille Claudel. Andererseits sind auch viele glückliche Künstlerehen bekannt, in welchen beide Partner im gleichen Atelier arbeiteten, sich miteinander berieten und in den gleichen Galerien ihre Werke ausstellten, z.B. Charlotte Berend und Lovis Corinth, Robert und Sonja Terk-Delaunay, Otto und Paula Modersohn-Becker, Grete und Leopold Krakauer, Avram Abrahami und Ida Mordkin, Thereza Bernstein und William Meyerowitz, Diego Rivera und Frieda Kahlo u.a.

Der Kampf um die Gleichberechtigung in der Kunst ist noch nicht zu Ende, nur sehr wenige Künstlerinnen hatten den Mut und die Willenskraft, sich von ihren Minderwertigkeitskomplexen zu befreien und das bürgerliche Ehe- und Familienleben zugunsten ihrer Karriere zu opfern. Oft und meist jüdische Künstlerinnen stellten ihre Werke unter männlichem Pseudonym aus, und erst mit dem allgemeinen Fortschritt erkämpften sich emanzipierte Frauen das Recht, akademisch ausgebildet als gleichwertige Partnerinnen angesehen und nicht mehr übersehen zu werden.

Die jüdischen Künstlerinnen hatten einen noch viel erbitterteren Kampf auszufechten, da sie ihren Willen und ihren Mut zu ihrer Berufung außer gegen die allgemeinen Vorurteile gegenüber Frauen auch gegen die überkommene Tradition des Ghettos, gegen die begrenzte Rolle der Frau in der traditionellen jüdischen Familie und gegen die durch die Religion aufgezwungenen Beschränkungen der Darstellung von Porträts oder Büsten durchsetzen mußten.

Es war ein Kampf gegen die Sitte, gegen die Eltern, gegen die Sippe, gegen die Synagoge, und unzählige sind daran zerbrochen bzw. haben trotz ihres großen Talents auf eine künstlerische Laufbahn verzichtet. Einem Teil gelang der Sprung aus den engen Gassen des osteuropäischen Schtetls an die Kunstakademien der großen Welt: Berlin, Paris, Wien, Dresden, Florenz oder München. Viele von ihnen wurden bekannte und anerkannte Künstlerinnen und sind in allen Richtungen und Ausdrucksformen der bildenden Kunst vertreten.

Ähnliche antagonistische Entwicklungsbedingungen für eine künstlerische Betätigung der moslemischen Frauen bestehen noch heute in vielen Ländern sowie in Indien und Ländern der Dritten Welt.

*

Wie bei allen Völkern ist der verbriefte Anfang künstlerischer Betätigung auch bei den Juden immer in Zusammenhang mit religiöser Tätigkeit, d.h. Ausschmückung von Kultgegenständen, Buchillustrationen hebräischer Handschriften und Glasmalereien auf Synagogenfenstern zu finden, wobei der Anteil der Frauen sich oft auf Ausarbeiten von Thoravorhängen beschränkte und anonym blieb.

Eine der ersten jüdischen Künstlerinnen, die namentlich in der Kunstgeschichte verzeichnet ist, war Lea Ottolenghi aus Norditalien, welche im Jahre 1699 der Synagoge ihrer Heimatstadt einen von ihr entworfenen und mit Seidenfaden handgestickten Thoravorhang übergab. Sie versah diesen Vorhang mit religiösen Symbolen: der Menorah, dem brennenden Dornbusch, Gesetzestafeln und bunten, zu Girlanden verbundenen Blumen; in einer Ecke sind ihr Name und die Jahreszahl gestickt. Dieser Thoravorhang befindet sich, sehr gut erhalten, im Jüdischen Museum New York.

Ein ähnlicher Vorhang, sogar etwas älter, ist im Jüdischen Museum Prag zu sehen. Holländischen Chroniken zufolge soll in Rotterdam eine gewisse Esther Engelhard, Tochter einer gutsituierten jüdischen Familie gelebt haben, die in Italien ihre künstlerische Ausbildung erwarb, dann in Venedig und Holland wirkte und wegen ihrer Thoravorhänge berühmt war. Sie soll 1586 gestorben sein; keines ihrer Werke hat die Jahrhunderte überdauert.

Mit ziemlicher Bestimmtheit kann als erste bekannte jüdische Malerin die in England beheimatete Catherina da Costa (1679-1756) angesehen werden, die einer sephardischen Familie entstammte. Sie lebte zur Zeit, als Cromwell den vertriebenen Juden die Einwanderung und das Niederlassungsrecht gewährte und die Nachkommen der Marannen aus Spanien und Portugal in Holland und

England eine neue Heimat fanden. Sie entstammte einer wohlhabenden Familie und konnte daher ihr Zeichentalent ausbilden, indem sie beim bekannten Kupferstecher Bernard Lens Malerei und Zeichnen studierte. Catherina malte Porträts, z.B. das ihres zehnjährigen Sohnes Abraham da Costa (1714), ihres Vaters, Dr. Fernando Mendes (1721), Hofarzt König Karls II. (1660-1685), und Miniaturen in naiver Manier.

Ein halbes Jahrhundert sollte verstreichen, ehe eine andere sephardische Jüdin namens de Castro ihre Ölbilder - Blumen und Landschaften - in der Royal Academy of Arts London im Jahre 1777 ausstellen durfte. Sie war die erste jüdische Malerin, der diese hohe Ehre zuteil wurde.

Historische Ereignisse, Kriege, blutige Pogrome in Osteuropa, brachten eine große Einwandererwelle von Ostjuden nach England, die hier eine neue, freundlicher gestimmte zweite Heimat fanden. Sie brachten mit ihrem Glauben auch ihre Bräuche und Sitten sowie andere Kunststile aus dem Ghetto und dem russischen oder polnischen Schtetl, wobei sie ihre künstlerischen Talente im demokratischen England frei entfalten konnten. Junge Künstler und Künstlerinnen bildeten Zirkel und Kunstschulen unter der Leitung geschulter Maler, Kupferstecher und Miniaturenmaler und veranstalteten Ausstellungen ihrer Werke.

In der Schule des bekannten jüdischen Malers Burrell studierte u.a. auch die junge Malerin Martha Isaaks, deren lebendiges, wirklichkeitsgetreues Bildnis des Rabbi Tewelli Schiff im Jahre 1771 ausgestellt wurde. Bemerkenswert ist dabei, daß zu jener Zeit ein Rabbi einer Frau Modell saß. Die Sehnsucht nach exotischen Ländern und auch ein wenig Abenteuerlust bewegten Martha Isaaks zu einer Indienreise ungefähr zu der Zeit, als Kapitän James Cook (1728-1779) mit einem Segelschiff seine Erdumsegelung durchführte (1768/71). Martha Isaaks malte in Indien eindrucksvolle Landschaften und Menschen und blieb am Ende dort, wo sie sich mit einem englischen Offizier vermählte.

Nach einer jahrhundertelangen Pause erscheint im anglo-jüdischen Künstlerzirkel Londons Lilly Delissa Joseph (1863-1940), die Schwester des bekannten Londoner Porträtisten Solomon I. Solomon. Sie brachte mit viel Gefühl und Talent englische Landschaft auf die Leinwand. Gegen Ende des 19. Jahrhunderts wirkte die jüdische Malerin Amalia Besso (1852-1929) in Italien, wo sie die liebliche Landschaft ihrer Heimat naturgetreu in ihren Bildern wiedergibt.

Um die Jahrhundertwende kam es aus demselben Grund wie eh und je, nämlich wegen Antisemitismus zu einer starken jüdischen Einwanderung in die Vereinigten Staaten, die sich in den dreißiger Jahren durch die Machtübernahme der Nazis verstärkte und, hauptsächlich aus wirtschaftlichen Gründen, bis in die Gegenwart anhält. Die Schoáh verschonte jüdische Künstlerinnen nicht, und unzählige große Talente, manche kaum gereift, starben einen grausamen, frühen Tod.

*

Die Wiedergeburt des nationalen Bewußtseins in seiner Verflechtung mit den jahrtausendealten religiösen Aspirationen des jüdischen Volkes und dem ewigen Wunsch, nach Jerusalem und ins Land der Väter zurückzukehren, fanden nach dem Holocaust mit der Gründung des Staates Israel ihre Erfüllung. Viele Tausende Juden der Diaspora kamen heim und legten Hand an, um aus einer Steinwüste ein blühendes Staatswesen zu schaffen, unter ihnen auch viele Künstlerinnen und Künstler.

Das Kunstleben im Lande wuchs und erstarkte. Schon 1906 hatte Professor Boris Schatz die 'Bezalel' Kunst- und Gewerbe-Schule in Jerusalem gegründet, an der bekannte Maler wie Hirschenberg, Ephraim Moses Lilien u.a. wirkten. Leider hielt diese Schule den finanziellen Schwierigkeiten nicht stand, wurde nach einigen Jahren geschlossen, aber 1936 wiedereröffnet, und zwar als Kunstakademie mit dem Namen 'Neue Bezalel-Schule', die bis heute besteht.

Anfang dieses Jahrhunderts stellten jüdische Maler ihre Werke im Davidsturm der Jerusalemer Altstadt aus, wo sich heute das 'Museum der Stadt Jerusalem' befindet. 1920 wurde der jüdische Künstlerverband gegründet, der 1945 bereits mehr als 120 Mitglieder zählte, darunter viele Frauen. Die nach Erez Israel eingewanderten Künstlerinnen und Künstler mußten umlernen, das Ghetto hinter sich lassen, ihre Thematik und Ausdrucksformen der neuen Landschaft und helleren Farben anpassen. So ist aus der Verschmelzung europäischer Stile und Formen mit der Farbpalette und der prallen Sonne orientalischer Landschaft ein neuer, persönlicher israelischer Stil entstanden.

Zu seiner Gestaltung und Abgrenzung von anderen Kunstrichtungen haben die israelischen Künstlerinnen einen bedeutenden Beitrag geleistet. Sie entdeckten das Milieu, die Familie, die Straße, das Feld, vor allem aber das Kind, dem sie ihre ganze Mutterliebe zuwandten. Altneue Kunstformen wie Keramik, Mosaik, Acrylic-Malerei ebenso wie althergebrachte Ölmalerei und Aquarelle sind ein weites Betätigungsfeld der Malerinnen und Bildhauerinnen Israels, worin sie spezifisch weibliche Qualitäten ihrer Kunst - Wärme, Weichheit der Linien, Ineinanderfließen der Farben - lebensbejahend Ausdruck verleihen.

*

Im folgenden wird der Versuch unternommen, jüdische Künstlerinnen, weltbekannte, weniger bekannte oder der Anonymität und dem Vergessen entrissene, durch eine kurze Darstellung ihrer Lebensläufe einem Kreis von Kunstinteressierten näherzubringen, um damit die hervorragende Rolle jüdischer Frauen auch auf dem ihnen jahrhundertelang verwehrten Gebiet der bildenden Kunst ins rechte Licht zu rücken.

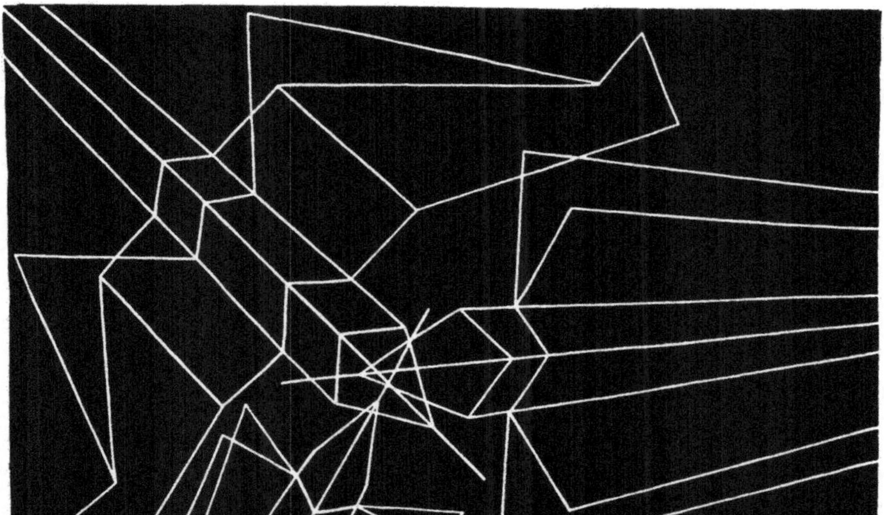

Schoschana Heimann, aus der Serie 'Schwarze Felder' 1994 (Mixed Media, 350 x 550 cm)

3. Die Biographien jüdischer Künstlerinnen

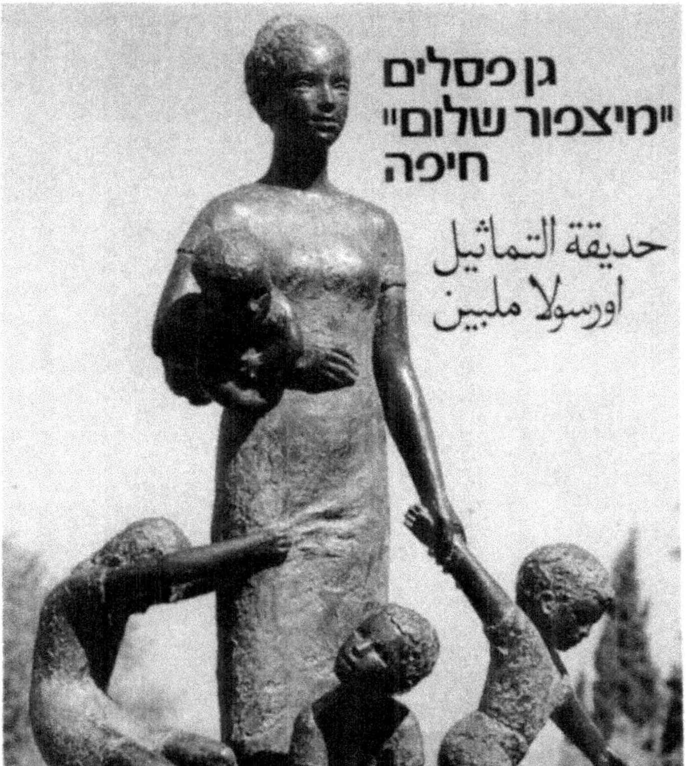

Skulptur von Ursula Malbin im Sculpture-Garden 'Mitzpor-Shalom - Vista of Peace' zu Haifa (Foto in der gleichnamigen Schrift der Municipality of Haifa, hier mit Erlaubnis der Künstlerin)

1. Marianne Ahlfeld-Heymann

Masken- und Puppen-Bildnerin, wurde mit dem Mädchennamen Heymann 1905 als Tochter einer liberalen jüdischen Familie in Köln geboren. Das Zeichentalent der Fünfjährigen wurde durch Zufall von dem damaligen Mäzen Julius Elias entdeckt, als er beobachtete, wie das Kind auf den beschlagenen Scheiben der Straßenbahn zeichnete. Sie genoß eine deutsch-patriotische Erziehung, viele ihrer Verwandten waren im Ersten Weltkrieg Frontkämpfer, und sie inszenierte als junges Mädchen patriotische Puppenvorstellungen. Sie besuchte eine Kunstgewerbeschule, und ihr sehnlichster Wunsch damals war, Holzschnitzerei zu erlernen.

Als sie einen Vortrag von Walter Gropius in Köln hörte, begeisterte sie sich für die Ziele der modernen Kunstschule 'Das Bauhaus' in Weimar und überzeugte ihre Eltern, diese Schule besuchen zu dürfen. So wurde Marianne 1923 Schülerin der 'Bauhaus-Schule', wo sie sich auch in Bildhauerei und Bühnenbild-Entwurf unter Leitung von Oskar Schlemmer ausbildete, darüber hinaus Holzschnitzerei lernte und Malerei bei Paul Klee studierte.

Im Jahre 1925 übersiedelte die Kunstschule nach Dessau, die Holzschnitzerei-Abteilung wurde geschlossen, und Marianne kehrte nach Köln zurück. Dort schnitzte sie Handpuppen für einen Puppenspieler und machte Bühnenmasken für Tänzer. 1928 studierte sie Bühnenbildnerei und Kostümdesign beim Bühnenbildner und Regisseur Hans Strohbach und wurde Assistentin des Designers Dr. Löffler am Mannheimer Nationaltheater. Nach kurzer Zeit kam sie in gleicher Eigenschaft ans Kölner Opernhaus, wo sie u.a. die Bühnenbilder für 'Hoffmanns Erzählungen' und 'Perichole' entwarf.

Im Jahre 1933 gelang ihr die Flucht in die Schweiz und von dort zu Verwandten nach Paris. Unter schwierigen Bedingungen fand sie endlich eine Arbeitsstelle als Entwurfzeichnerin für Holzspielzeuge in einer Arbeitsgemeinschaft von Emigranten, gegründet von Hermann Ahlfeld, der seiner sozialdemokratischen Einstellung wegen damals Deutschland verlassen mußte. Aus finanziellen Gründen wurde die Werkstatt bald geschlossen; Marianne und ihr späterer Mann Hermann Ahlfeld fristeten ihr Dasein mit der Verfertigung von hölzernem Modeschmuck, Knöpfen, Schnallen u.a. Schließlich wurde Marianne am Pariser Marionettentheater engagiert, bei der Pariser Weltausstellung 1937 stellte sie ihre Figurinen, Holzmasken und Marionetten aus und erhielt eine Goldmedaille. Da sie deutscher Flüchtling war, legte man ihr nahe, den Preis mit einer Französin zu 'tauschen'.

Im Jahre 1939 wurden alle Ausländer in Paris von der Polizei festgenommen und in Blois an der Loire interniert, mit Ausnahme der Frauen. Als Hermann Ahlfeld zu Landarbeiten nach Villebon versetzt wurde, heiratete das Paar. Ein Jahr später wurde Marianne Ahlfeld-Heymann im Camp de Gurs am Fuße der Pyrenäen interniert. Durch einen Pfarrer gelang ihr die Flucht aus dem Lager. Mit ihrem Mann ging sie in den Untergrund, sie mußten ständig ihren Wohnort wechseln, da sie von der Gestapo gesucht, aber von Bauern in einsamen Berghütten versteckt wurden. Noch während der schweren Kriegsjahre kamen zwei Kinder zur Welt, denen nach Kriegsende noch ein Junge folgte.

Die Familie zog nun nach Paris, wo Marianne ihre Tätigkeit wieder aufnahm und ihr Mann eine Tischlerwerkstatt eröffnete. Sie verdienten jedoch kaum den Lebensunterhalt und waren glücklich, als ihnen eine Freundin einen Arbeitsplatz als Leiter eines Sammellagers für Flüchtlingskinder verschaffte. Es war eigentlich ein Waisenhaus für Kinder, deren Eltern im Holocaust umgekommen waren und die für die Auswanderung nach Palästina vorbereitet werden sollten. Marianne unterrichtete sie in Zeichnen und Malen, während Hermann Ahlfeld sie in Holzschnitzerei und Tischlerei unterwies.

Im Jahre 1949 kam Familie Ahlfeld mit allen anderen Kindern auf das kleine Schiff 'Marathon', das unter griechischer Flagge nach Israel fuhr. Hier siedelten sich die Ahlfelds in einem Dorf nahe bei Haifa an, wo sie ein Stück Land zur Bebauung erhielten und sich ein Häuschen und eine Werkstatt bauten. Marianne schuf Holzskulpturen und Masken, während ihr Mann eine Kunsttischlerei betrieb und Kurse in Holzschnitzerei für Kinder der umliegenden Siedlungen abhielt. Als begabte Pianistin veranstaltete sie auch musikalische Abende für die Siedler der Umgebung. Nach einigen Jahren übersiedelte die Familie nach Haifa, wo Hermann Ahlfeld 1984 verstarb.

Marianne Ahlfeld-Heymann hat viele Einzelausstellungen zu verzeichnen, so in Köln, München, Magdeburg, Paris, Basel, Antwerpen, Brüssel, New York, Tel Aviv, Jerusalem und Haifa, aber auch in Kibbuzim und kleineren Orten Israels. Einen großen Teil ihrer Bühnenmasken übergab sie nach dem Krieg dem Opernhaus Köln, wo sie ihre Karriere begonnen hatte, ein anderer Teil, besonders Marionetten, wurde dem Münchener Theatermuseum geschenkt. Viele ihrer Werke befinden sich in Privatsammlungen, darunter in der eigenen Sammlung der Künstlerin, z.B. der 'Hausierer', Holzskulpturen von Tieren und einige Bühnenmasken. - Die hochbetagte Künstlerin lebt in einem Seniorenheim in Haifa *(vgl. M. Ahlfeld-Heymann 1994, hier S. 236).*

2. Chaja Alperovitz (1902-1987)

Bühnenbildnerin und Bildhauerin, wurde in Rußland geboren. Dank eines früh erkannten Zeichentalentes wurde sie in ihren Bestrebungen von ihren Eltern unterstützt und lernte Zeichnen in einem staatlichen Studio in Rußland. 1924 fuhr sie nach Polen und lernte Malerei beim litauischen Maler Kejrokschitz. 1929 weilte sie zur Vervollkommnung ihrer Kenntnisse in Berlin, wo sie an der Riemann-Schule (höhere Schule für dekorative Kunst) studierte.

Im Jahre 1930 wurde sie nach Kowno (Kaunas/Litauen) eingeladen, um Bühnenbilder für das Jüdische Theater zu gestalten, das 'Die goldene Kette' von Isaac Leib Peretz (1852-1915) in Szene setzte. 1931/33 weilte sie in Paris und vervollkommnete sich im Entwurf von Kostümen und Bühnenbildern für das dortige hebräische Theater 'Hakhat'.

1934 fuhr sie nach Palästina und beteiligte sich an verschiedenen Ausstellungen mit Bildern und Bühnenbildmodellen, 1937 schuf sie Bühnenbilder für ein Künstlerensemble in Haifa.

1944/48 arbeitete sie für das Studentenensemble der Hebräischen Universität Jerusalem, schuf Kostüme und Bühnenbilder für mehrere Festivals und Vorstellungen in Israel. Ihre Arbeiten erfreuten sich bald positiver Kritiken seitens der Fachpresse. Sie arbeitete u.a. für die Theater 'Ohel' und 'Habimah', außerdem entwarf sie die Kostüme für die Tanzgruppe Yardena Cohen sowie für verschiedene Folkloregruppen.

Chaja Alperovitz hatte 1945 Einzelausstellungen ihrer Arbeiten, 1967 im Künstlerkabinett Jerusalem, 1970 in der Ben-Jehuda-Galerie Tel Aviv. Sie nahm 1942/75 an vielen Gruppenausstellungen in Israel wie auch im Ausland teil, z.B. in Paris ('Design für Tänzerkostüme'), 1959 beim Weltfestival der Kinder (Kostümskizzen) in Italien, 1961 in der Gallery der Fifth Ave. New York u.a. 1960 erhielt sie einen Preis der Stadt Tel Aviv für ihre Skizzen von Nationaltrachten.

Sowohl in ihren Bühnenbildern und Kostümentwürfen wie auch in ihren Bildern tritt eine zarte Poesie zu Tage, die jede Bombastik und Aufdringlichkeit vermeidet. Diese Poesie war ein Teil ihrer Persönlichkeit, die sich durch eine verinnerlichte, ureigene Phantasie zur greifbaren Form durchringt.

Die von ihr verwendeten Techniken sind Öl, Aquarell, Gouache, Pastell, Modelle aus Karton, Figurinen aus Ton. Ihre Bilder befinden sich in Privatkollektionen, z.B. in der des ehemaligen israelischen Staatspräsidenten Jizchak

Navon, bei Mrs. Blanche in New York, Mr. Milbauer sowie Yoel Shanan in Jerusalem u.a.

Chaja Alperovitz war in den letzten 15 Jahren ihres Lebens gelähmt, malte aber trotzdem mit ihrer linken Hand. Ihre Tochter Asa ist Literaturkritikerin und lebt in Jerusalem.

3. Arlene Amaler-Raviv

Malerin, wurde 1953 in Johannesburg/Südafrika geboren. 1970/73 studierte sie an der Universität von Witwatersrand unter der Leitung von Cecily Sash, anschließend bei Erica Berry und Judith Mason und erwarb ein B.A.(FA)-Diplom. Zur Vervollkommnung ihrer Studien besuchte sie gleichzeitig Pädagogikkurse am Erziehungs-College von Johannesburg und erhielt ein Abschlußdiplom für höhere Studien.

1981/82 verbrachte sie in Israel, wo sie am Midrasha Ramát-Hascharón-College unter Anleitung von Raffi Lavi arbeitete. Arlene malt Figuren, Interieurs und Stilleben in lebhaften Ölfarben und kreiert auch interessante Collagen.

Nach Abschluß ihrer Studien unterrichtete sie 1974/75 bildende Kunst an der Johannesburger Schule für bildende Kunst, Musik und Ballett, ebenso 1979 am King-David-Gymnasium in Linksfield/Johannesburg. 1980 hielt sie Vorlesungen über bildende Kunst am Pädagogischen Institut von Johannesburg, wo sie vorher studiert hatte.

Während der in Israel verbrachten Zeit arbeitete sie als Lehrerin an einem Kunstzentrum, und hier entstand auch ihr Interesse am Theater und der Filmkunst. Im Jahre 1987 lehrte sie Malerei an der Chinta-Park-Galerie in Johannesburg und gab Privatstunden in Zeichnen und Malen. Seit 1979 hatte sie drei Einzelausstellungen ihrer Werke in der Market-Galerie Johannesburg und nahm an zahlreichen Gruppenausstellungen südafrikanischer Künstler in Südafrika und Israel teil. - Sie lebt und arbeitet in Johannesburg.

4. Bettina Amir

Malerin, wurde Ende der vierziger Jahre in Beirut/Libanon geboren und wanderte 1950 mit ihren Eltern nach Israel aus. Sie studierte Philosophie und französische Literatur und veröffentlichte Gedichte in hebräischer und französischer Sprache. Im Jahre 1958 begann sie das Studium der Malerei am Kunstinstitut von Bat Yam/Israel unter Leitung von Arie Marguschilski. In den Jahren 1963/64 arbeitete sie in Paris im Atelier von Frèderic Delanglade, 1969/70 in Israel an Drucken in einem von Tuvia Beeri geleiteten Studio. Gleichzeitig besuchte sie Kunsttherapiekurse, geleitet von T.E. Dreyfuss. In den Jahren 1974/89 praktizierte sie Kunsttherapie und lehrte in Ateliers für Instruktoren der Maltherapie psychiatrischer Kliniken, die dem israelischen Gesundheitsministerium unterstehen.

Bettina Amir verzeichnete viele Einzelausstellungen und nahm auch an Gruppenausstellungen teil; erwähnt seien die Einzelausstellungen in der Galerie du Damier Paris 1964, im Musée de l'Art Modèrne Paris 1965, in der Galerie Municipale Istanbul 1965; bei der Internationalen Biennale für Künstlerinnen in Vichy 1966 (hier erhielten die israelischen Künstlerinnen eine Goldmedaille), in 'Eldorado Heights' Washington 1970. In den Jahren 1971/88 hielt Bettina Amir Einzelausstellungen in der Kimchi-Gallery Tel Aviv, der Nachmani Gallery Haifa, der Engel Gallery Jerusalem, der Israel Gallery Tel Aviv, der Sulamit Gallery Jaffo, der Jarden Gallery Tiberias u.a. Im Herbst 1996 wurde eine große Einzelausstellung bei der Künstlervereinigung Tel Aviv durchgeführt. Ihre Bilder befinden sich im Musée de l'Art in Paris sowie in Privatsammlungen Israels und im Ausland.

5. Lehoslava Amit

Malerin, wurde 1930 in Warschau/Polen geboren und überlebte den Holocaust bei christlichen Freunden ihrer Eltern versteckt. In den Jahren 1947/49 lernte sie Malerei in Krakau, anschließend war sie Studentin an der Akademie der Schönen Künste in Krakau. Sie malt in Öl und Aquarell, beteiligte sich 1947/56 an Gruppenausstellungen in Krakau; 1957 zeigte sie ihre Werke im Herbstsalon des Verbandes polnischer Künstler in Radom/Polen, 1958 in Warschau.

Im Jahre 1960 emigrierte Lehoslava Amit nach Israel und wurde in die israelische Künstlervereinigung aufgenommen. Sie änderte ihre Maltechnik, brach mit den traditionellen Materialien, verwandte nun Metallfäden, Nägel, Flachsfasern, die aus der Leinwand herausragen; es handelt sich also um eine Art Reliefbilder. Auch in diesen Werken bleibt Lehoslava ihren permanenten

Bestrebungen treu, nämlich der Synthese von Form und Farbe, wodurch sich ihr persönlicher Stil auszeichnet.

Die Techniken der Malerin sind Öl, Glasmalerei, Malerei auf Nirost-Blech mit Flächenerhebungen, Radierungen und Schmiedekunst. - Einzelausstellungen ihrer Werke wurden in den Jahren 1960/75 in der Gallery Studio Bat Yam/Israel, Gallery Sabra New York und Gallery Piniques Manchester gezeigt. Ihre neue Technik stellte sie 1964/66 in Einzelausstellungen im Stadtmuseum von Bat Yam aus, womit sie eine lebhafte Diskussion in der israelischen Kunstwelt hervorrief.

6. Evelyne Amselem

Malerin, wurde 1934 in Lyon unter dem Mädchennamen Glazer geboren; den Krieg überlebten die Eltern mit ihren zwei Töchtern in Saint Etienne du Grès (ca. 3000 Einwohner) in der Nähe von Avignon. Die in ihren Bildern zu Tage tretende Faszination der Farbe verdankt Evelyne zum großen Teil der strahlenden Farbpalette der Sonnenaufgänge und dem allgegenwärtigen starken Sonnenlicht des französischen Südens, das schon Van Gogh entzückte. Allerdings dürfte auch das Familienmilieu eine gewisse Rolle gespielt haben, denn der Vater war Farbenchemiker in einer Textilfabrik.

In den schweren und mit dauernder Lebensgefahr bedrohten Kriegszeiten, wo wenig Platz für Muße und Poesie übrig blieb, klärten die Eltern das kleine Mädchen auf, daß sie Juden seien, und daß ihnen jeden Moment die Gefahr drohe, auseinandergerissen und verschleppt zu werden. Trotzdem besuchte Evelyne weiter die Schule, lernte Klavierspielen und entdeckte für sich die Schönheit der Farben und die Lust am Zeichnen.

Nach dem Krieg übersiedelte die Familie nach Toulouse. Die Eltern, die aus Polen stammten, hatten einen großen Teil ihrer Verwandten in Lodz verloren. In Toulouse besuchte Evelyne die Mittelschule, dann die Universität und erwarb ein Diplom für französische Literatur. Gleichzeitig und als Autodidaktin zeichnete sie mit dem Kohlestift und begann zu malen, zuerst in Gouache Porträts ihrer Lieben, ihrer Freundinnen oder bekannter Persönlichkeiten. Etwas später vertiefte sie sich in Farbstudien und versuchte sich in Lichteffekten.

Im Jahre 1948 erfuhr sie mit Begeisterung von der Gründung des Staates Israel, betätigte sich aktiv in der jüdischen Jugendbewegung und wurde Mitglied im Verband der jüdischen Studenten Frankreichs (UEJF), wo sie einige Jahre später ihren zukünftigen Mann kennenlernte, ein überzeugter Zionist. Gerade von einer Israelreise zurückgekehrt, schwärmte er von der Schönheit des Landes und der Pflicht jedes Juden, sein Schicksal mit dem des Landes und seines Volkes zu verbinden.

Evelyne Amselem übte ohne viel Lust ihren Lehrberuf aus, während sie ihre ganze Freizeit der Malerei widmete. Ihre Themen waren jetzt die Landschaften von Toulouse und Umgebung in mehr oder weniger impressionistischer Manier, z.B. 'Abenddämmerung in Toulouse', 'Der Canal du Midi', 'Das Toulouser Venedig' u.a. Sie unternahm Studienreisen nach Spanien ('Die Windmühlen Don Quijottes'), Italien, in die USA und Israel. Nach der Geburt zweier Söhne zog sie sich ganz aus ihrem Lehrberuf zurück und ging in das Atelier eines der Meister der Ecole des Beaux-Arts Toulouse, Rémy Peyranne, der sie beriet und sie zu ihren ersten Ausstellungen ermutigte. Sie wechselte nun von Gouache zur Ölmalerei auf größeren Bildflächen, die ihren Aspirationen eher entsprachen.

Ihre Reisen nach Israel eröffneten ihr eine neue Welt, die der jüdischen Mystik, in die sie einzudringen versuchte. Die schemenhaften Gestalten aus dem orthodoxen Viertel Mea Schearim oder die Klagemauer in ihrer grandiosen Einsamkeit inspirierten sie zur Bilderfolge, die sie 'Saga juive' nannte.

Ihre Söhne kamen 1987 nach Israel, und 1990 folgten auch Evelyne und ihr Mann, um sich dauernd in ihrem geliebten Jerusalem niederzulassen.

1994 hatte sie Einzelausstellungen in Paris, Toulouse, Albi, Saint Jean, Castres, Jerusalem und Karmiel. Im Herbst 1996 gab es eine Ausstellung in den Räumen der Alliance Française. Ihre französischen Kritiker stufen sie als Koloristin ein, die es versteht, eine reiche Farbenpalette vernünftig zu gebrauchen. Auch wenn sie grau oder schwarz malt, strahlt ihre Lebensfreude durch.

7. Anna Andersch-Marcus

Malerin, Graphikerin, Kunsthandwerkerin, wurde 1914 als Tochter des Ingenieurs Christian Henry Nagel (Sohn eines Malers, der viele Jahre in Frankreich gelebt hatte) und Anna Peters, einer Kielerin, in Kiel geboren. Die Familie wohnte nach dem Ersten Weltkrieg in Mannheim, wo Anna die Schule besuchte und ihr Abitur machte. Im Jahre 1930 zog Anna zu ihrem Großvater nach Kiel, der Geologe und Rektor war, der ihren Blick für die Topographie der Landschaften schärfte und das Interesse an Tektonik weckte, was ihr später sehr von Nutzen sein sollte. Der Großvater übertrug Anna sein politisches Credo samt seiner liberalen Ideen und finanzierte auch ihr Studium; denn Anna wollte schon immer Malerin werden. 1931 begann sie ihr Studium an der Kieler Kunstgewerbeschule, nebenbei studierte sie Kunstgeschichte, Malerei und Graphik, Kupferdruck und Schrift bei den Professoren Werner Lange und T. Passarge. Vom jüdischen Großvater erhielt sie Pinsel, Farben und nichtvollendete Bilder, die sie beenden sollte; sie vollendete einige in ihrem Stil, darunter den 'Hohlweg', 1965 im Musée d'Art Modèrne in Paris ausgestellt.

1933 wurde die Kunstgewerbeschule als „antinazistisch" geschlossen, und Anna zog nach Berlin. Sie wurde Assistentin von Professor Johannes Boehland an der Graphischen Fachschule, machte den Abschluß als Dozentin, belegte Abendkurse in Malerei an der Akademie der Freien Künste und trat dem Deutschen Künstlerbund bei. In dieser Zeit entstanden ihre ersten Seidenwandbehänge, die von der Städtischen Kunsthalle Mannheim und vom Museum Moritzburg/Sachsen gekauft wurden.

Wegen ihrer Vorträge über Demokratie und des aktiven Widerstandes gegen den Nationalsozialismus erhielt sie 1935 Studien- und Malverbot, wurde vom Deutschen Künstlerbund ausgeschlossen und kam auf die Schwarze Liste. 20 ihrer Holzschnitt-Illustrationen für ein Buch wurden von der SS als „bolschewistische Kunst" eingestuft, konfisziert und vernichtet. Sie mußte 1938 Berlin verlassen, da die Freunde der Untergrundbewegung durch eine Bombe getötet wurden, und zog mit ihrem Mann Adolf Kinau, den sie ein Jahr zuvor geheiratet hatte, nach Dessau.

Als er 1939 einberufen wurde, ging sie mit ihrer Tochter Anna, die kurze Zeit zuvor geboren wurde, zu Verwandten nach Hamburg-Finkenwerder. Hier mußte sie Schwerarbeit leisten wie die Gefangenen vom nahegelegenen Lager. Sie malte heimlich, um sich und ihre beiden Kinder (Sohn Jan wurde 1941 geboren) zu ernähren. Die Bewohner der Insel Finkenwerder halfen ihr, die Fischer versorgten sie mit Nahrung, und sie konnte manchmal ihre Bilder gegen Nahrungsmittel tauschen. Ihre Ehe wurde geschieden.

Nach Kriegsende erhielt sie Aufträge für 'Kunst am Bau' vom Architektenkonsortium 'Am Grindelberg' und für die britische Besatzungsmacht. Sie entwickelte neue Verfahren wie Stiftmosaiktechnik und Glasverarbeitung im Sandwichverfahren für Kirchen- und Synagogenfenster. In der Malerei, die sie in keiner Weise vernachlässigte, arbeitete sie nach 'live'-Skizzen oder Aquarellen, die sie dann im Atelier in Öl oder Gouache umsetzte.

1949 heiratete Anna in zweiter Ehe den Graphiker Martin Andersch, 1950 wird ihr Sohn Dirk geboren. Durch ihren Schwager Alfred Andersch, Autor und Journalist, bekam sie Kontakt zur Gruppe 47, deren Meinung über Kunstprobleme sie nicht immer teilte. In den fünfziger Jahren entwarf sie Kostüme für die 'Junge Bühne' Hamburg, arbeitete an Buch- und Zeitungsillustrationen für Axel Springer, Rowohlt und andere Verlage. Ihre Bilder im Großformat 120 x 100 cm sind in hellen Farben gehalten, z.B. das Bild 'Helle Klänge' in gold-braunen Abtönungen mit abstrakten Vögeln, das von der Hamburger Kunsthalle erworben wurde, oder 'Angst' in Gouache, blau-grün, in dem sie die Bedrückung, der sie in der Nazi-Zeit unterworfen war, zum Ausdruck bringt. Ihre Bilder haben scharfe, kantige Linien, vielleicht eine leichte Anlehnung an den Expressionismus, die Landschaften sind farbenfroh und zeugen von ihrem Optimismus, während die Kirchen- und Synagogenfenster abstrakt sind und trotzdem die Grundidee vermitteln.

Bereits in den fünfziger Jahren war Anna Andersch dem GEDOK (Gemeinschaft deutscher und österreichischer Künstlerinnen) wie auch der BBK (Berufsverband bildender Künstler) beigetreten und nahm an dessen Jahresausstellungen teil. Von den ausgedehnten Studienreisen brachte sie stets viel Material und neue Ideen für ihre Werke mit. In der zweiten Hälfte der sechziger Jahre fuhr sie nach Anatolien und in den Nahen Osten, wo sie die Stätten der archäologischen Ausgrabungen und die heiligen Stätten der großen Religionen besuchte.

1968 hielt sie ihre erste große Einzelausstellung in der 'Haifa-Galerie' Haifa, und 1969 erfüllte sie sich ihren Jugendwunsch und wanderte nach Israel aus, wo sie 1970 ihren jetzigen Mann, Schlomo Marcus, heiratete. Sie wohnten am Ölberg in Jerusalem in arabischer Umgebung. 1988 wurde die Gegend unruhig, es kam zu Angriffen, zu einer Brandstiftung, Anna und Schlomo Marcus übersiedelten nach Yeruham/Negev, wo sie noch heute wohnen und wo Anna in ihrem Atelier weiterhin malt und Glasfenster entwirft.

Annas breitgefächertes Talent findet in Israel seine Erfüllung. Die Liebe zu Wasser und Erde läßt ihre großen Landschaftsbilder, etwas Kubismus und Gegenständlichkeit trotz ihrer Abstraktheit lebendig wirken. Anna hat ihren persönlichen Stil, und das gibt ihrem Werk eine ganz spezifische Note. Von sich sagt die Künstlerin, daß sie sich nie in eine bestimmte Stilrichtung eingeordnet hat (Brita Reimers Katalog zur Ausstellung 'Wüste und Wasser' 1994).

In den Jahren 1946/80 beteiligte die Künstlerin an Gruppenausstellungen im Museum für Kunst und Gewerbe, im Kunstverein, in der Kunsthalle, Bauzentrum Hamburg, im Musée d'Art Modèrne Paris und in der Galerie Castrum Roussillon; Einzelausstellungen gab es in den Jahren 1948/94 in Hamburg, Buchhandlungen Henschel und Müller, Helmut von der Höh, Café Latin, Gedok-Haus Mannheim und Stuttgart, Esso-Motorhotel Hannover, Haifaer Galerie Haifa, Nora-Galerie Jerusalem, Galerie der Universität Konstanz, Beit Tarbut le Zeirim, Kfar-Saba/Israel, u.a.

Anna Andersch-Marcus verzeichnet zahlreiche Arbeiten an öffentlichen Gebäuden, z.B. die Inschrift auf dem Ehrendenkmal KZ Ohlsdorf, Bleiglasfenster der Erlöserkirche Borgfelde, der Heiliggeistkirche Barmbeck, der Synagoge Beth Nophim, der Synagoge Afikim ba'Negev Yeruham und Wandbilder aus Glas in Schulen in Deutschland und Israel *(s. S. 218)*.

8. Rifka Angel (1899-1988)

Diese Malerin hieß eigentlich Angelovitch und wurde in Calvania/Rußland geboren. Im Jahr 1914 wanderte sie nach New York aus, wohin ihr Vater schon vorausgefahren war, um die Emigration der Familie vorzubereiten. Zwei Schwestern und ein Bruder, die zurückgeblieben waren, kamen im Holocaust ums Leben. Bis zu ihrem 25. Lebensjahr beschäftigte sich Rifka nur amateurmäßig mit Zeichnen und Malen. Mit 25 Jahren schrieb sie sich zum Studium an der Art Students League in New York ein, wo sie kurze Zeit bei Boardman Robinson Malerei lernte, der ihr riet, in ihrer eigenen Manier fortzufahren, damit sie ihre Spotaneität nicht verliere. Sie befolgte diesen Rat und schloß sich keinem der 'ismen' an, die damals die Kunstszene New Yorks beherrschten.

Mitte der zwanziger Jahre stellte sie ihre Bilder zum ersten Mal aus, und Kritiker verglichen ihren Stil mit Matisse, obwohl ihr Werk eigentlich viel mehr Anklänge an das ihrer Landsleute Marc Chagall und Wassily Kandinsky aufwies. Gleich den frühen Arbeiten Kandinskys ist Rifka Angels Werk tief in der russischen Volkskunst verankert, voran besonders die Darstellungen von Hausinterieurs oder Stickereien der Bäuerinnen erinnern. Doch wurde sie auch von den russischen Ikonen beeinflußt.

1927 kehrte Rifka nach Rußland zurück, um dort zwei Jahre bei ihrer Schwester zu bleiben. Bei dieser Gelegenheit studierte sie neun Monate an der Moskauer Kunstakademie, wo Kandinsky seit dem Ersten Weltkrieg gewirkt hatte. Ihr Malstil in den dreißiger Jahre ist dem naiven Realismus Kandinskys seiner Moskauer Zeit nachempfunden.

Nach ihrer Rückkehr heiratete sie in den USA den Schiffbauingenieur Milton Douthat, und das junge Paar übersiedelte 1931 nach Chicago. Hier malte sie 1935 ihr bekanntes Bild 'Die Schachspieler', in dem vier junge Frauen mit Spannung die Züge zweier Schachspielerinnen verfolgen. Die Blumenmotive der Kleider der dargestellten Personen kontrastieren harmonisch mit der Wandtapete, als wären sie Vorläufer der in den siebziger Jahren entstehenden Bewegung 'Pattern and Decoration' (Motive, Muster und Schmuck). Dieselbe Gegenüberstellung von Blumenmustern und Tapete entdeckt man auch in ihrem Bild 'Drei kleine Mädchen' 1935, wo eines der Mädchen ihre einzige Tochter darstellt.

Rifka Angel malte mit Vorliebe Kinder, die mit großen Augen, drall, pausbäckig und mit roten Lippen naiv in die Welt schauen. Für mehrere ihrer Kinderbilder stand ihr in verschiedenen Altersperioden ihre Tochter Blossom Margaret Modell. Die Farbenpalette der Künstlerin ist hell und optimistisch, ihre Themen zeugen von ihrer Menschenkenntnis und von ihrer Liebe zu Kindern.

Sie verzeichnete viele Einzelausstellungen und nahm an Gruppenausstellungen teil. Eine besonders erwähnenswerte Ausstellung ihres Werkes wurde 1989/90 anläßlich des zehnjährigen Jubiläums des 'Woman's Art Journal' als Retrospektive für sie und als Wanderausstellung für andere Künstler Amerikas im 20. Jahrhunderts veranstaltet. Auch hier fielen ihre an Chagall erinnernden phantastischen Gemälde auf, die ihre russische Kindheit in Erinnerung bringen.

9. Esther Arad, geb. Peretz

Diese Malerin wurde 1921 in Bulgarien geboren und kam 1924 mit ihren Eltern ins damalige Palästina. Ihr Vater war ein glühender Zionist und wanderte als 19-jähriger zu Fuß von Burgas, einem bulgarischen Badeort am Schwarzen Meer, bis nach Basel, um Theodor Herzl persönlich kennenzulernen. Seit ihrer Kindheit bewies Esther Arad ihr Zeichen- und Maltalent, indem sie nicht nur Skizzen oder kindliche Bildchen, sondern ernstzunehmende, qualitativ bemerkenswerte Bilder schuf. Obwohl die Eltern über den Wunsch ihrer Tochter, Malerei zu studieren, nicht sehr erbaut waren, unterstützten sie sie materiell und ermöglichten ihr das Studium am Avni-Institut in Tel Aviv bei dem Maler Aharon Avni.

Esther heiratete den russischen Emigranten Grischa Arad, der 1938 aus Wien, wo er Bildhauerei und Musik studiert hatte, vor Hitler nach Palästina floh. Hier erhielt er seine junge Familie mit Geigenspiel und Arbeit in einer Diamantenschleiferei. Im israelischen Unabhängigkeitskrieg 1948 wurde Grischa Arad schwer verwundet. Das Ehepaar hat zwei Söhne; der Ältere ist ein bekannter Bratschist und Professor am Eastman-Institut in Rochester/USA, der Jüngere arbeitet als Designer in England.

Esther Arad hatte ihre erste Einzelausstellung 1942 in der Katz-Galerie Tel Aviv. Seit 1955 ist sie Mitglied des israelischen Künstlerverbandes und erhielt im selben Jahr den Dizengoff-Preis der Stadt Tel Aviv. Ihre Techniken sind Öl auf Leinwand, Lithographie, Kupferstiche, Collagen, Tuschezeichnungen, Kohlezeichnungen und Aquarelle. - Einzelausstellungen verzeichnete Esther Arad 1955/92 in verschiedenen Städten Israels, nahm 1966 an einer Gruppenausstellung israelischer Künstler in Moskau teil, ebenso 1968/69 in Johannesburg und Argentinien. Im Mai 1996 gab es eine große Ausstellung unter dem Titel 'Ansichten des Nordens' in der Neveh-Zedek-Galerie Tel Aviv.

Sie arbeitete auch als Bildhauerin, wo sie Schülerin von Jizchak Danziger war. Sie lebt und arbeitet in Tel Aviv und sagt über ihre Arbeit, daß eine Linie auf dem Papier zu ziehen dem Bogenzug über die Saiten einer Geige gleichzusetzen sei und ebenso dauernder Übung bedürfe.

10. Yael Artzi

Bildhauerin, geboren 1946 in Rabat/Marokko, wanderte im Jahre 1966 nach Israel aus. Sie studierte bis 1971 Bildhauerei am Avni-Kunstinstitut in Tel Aviv und setzte ihre Studien in Paris fort, wo sie sich mit Monumentalskulptur bei Etiènne Martin beschäftigte. 1974 absolvierte sie mit Auszeichnung die Pariser Ecole des Beaux-Arts. Ihre ersten Arbeiten stellte sie in der Galerie der Schule aus, dann im Musée d'Art Modèrne Paris; ihre erste große Einzelausstellung fand 1977 im Grand Palais in Paris statt.

Nach Israel zurückgekehrt, stellte sie ihre Skupturen in der Bineth-Galerie Tel Aviv aus. Sie gehörte 1987 zu den Organisatoren des Internationalen Marmor-Symposions in Eilat, wo sie durch mehrere ihrer Statuetten und Büsten vertreten war. Yael Artzi hatte 1987/89 auch Ausstellungen in New York, Chicago, Atlanta, Honolulu, Los Angeles und im Freiluft-Museum Tefen/Israel. 1970 erhielt sie den ersten Preis für Skulptur bei der internationalen Ausstellung moderner Kunst in Lyon.

Yael Artzi arbeitet mit Stein, Marmor, Bronze und Holz. Ihre Themen sind Menschen ihrer Umgebung, vor allem Frauen, die sie im Rahmen der Familie in ihrer Weiblichkeit und Mutterschaft mit viel Gefühl lebendig darstellt. Größere Monumentalwerke beinhalten Szenen aus dem Alltag, Motive des Alters u.a. - Die Künstlerin lebt und arbeitet in Tel Aviv.

11. Susanne (Landau-) Aufrecht

Malerin und Graphikerin, wurde 1926 in Haifa geboren. Wegen materieller Schwierigkeiten ihres Vaters, dem die Gründung einer Wäschefabrik mißlang, mußte die Familie auswandern, und Susanne kam als Kleinkind mit ihren Eltern nach Deutschland. Dort promovierte der Vater in Physik und wurde in die USA eingeladen, um Forschungen über die Nutzung von Sonnenenergie durchzuführen. Die Ehe der Eltern ging auseinander, und nach der Scheidung kehrte Susanne ins damalige Palästina zurück.

Bis 1933 lebte Susanne mit ihrer Mutter einige Zeit in Deutschland, flüchtete mit ihr dann nach Paris, wo sie die Volksschule besuchte, um in der Schweiz ihre Gymnasialzeit fortzusetzen. In den Jahren 1946/49 lernte sie in der Schweiz Malerei bei Leo Maja, einem Schüler von Max Beckmann. Anschließend studierte sie an der Kunstakademie von Kansas City, erwarb 1958 ein B.A.-Diplom in Malerei und setzte ihre Studien an der Universität von Kansas City fort, wo sie Pädagogik und Kunsterziehung studierte und Kurse in Darstellungstechniken, Graphik, Keramik, Weben und Kunstgeschichte besuchte. 1960/61 arbeitete sie an der Hochschule für Kunst in Rhode Island und erwarb den M.A. in Kunsterziehung. 1961/62 lehrte sie Kunst an Mittelschulen in Kansas und New Jersey.

1962 kehrte sie nach Israel zurück, nahm in ihrem steten Wissensdrang ein neues Studium am Lehrerseminar für bildende Künstler unter der Leitung von Ron Shachori auf. 1972/73 arbeitet sie im Atelier des Malers Shaltiel Davidovicz im Künstlerdorf Ein Hod. 1974/76 lernt sie Blumenmalerei für Stoffe sowie Radieren unter Anleitung von Dan Krüger. Dann arbeitet sie fünf Jahre als Kunstlehrerin in Schulen für pflegebedürftige Kinder in Beer Schewa. Nach ihrer Heirat übersiedelt sie nach Bet Schemesch, dann nach Jerusalem und Or Jehuda, wo sie als Lehrerin arbeitet.

Ihre Techniken sind Ölmalerei, Radierung, Holzschnitt, Linolschnitt, Batik auf Holz, Leinen und Pergament; sie arbeitete auch in Glasmalerei, Applikationen und Monumentalmalerei (Fresken). - Ihre Bilder befinden sich in Museen und Privatsammlungen in Israel, der Schweiz, den USA, Frankreich. 1949/79 verzeichnete sie Einzelausstellungen in den USA und Israel und erhielt 1963 für ihr Werk den Preis der Stadt Beer Schewa. Susanne Landau-Aufrecht nahm an zahlreichen Gruppenausstellungen israelischer Künstler teil, u.a. in Israel und den USA. - Sie lebt und arbeitet in Tel Aviv.

12. Sally Avery, geb. Michel

Malerin, wurde 1905 geboren, studierte an der Art Students League. In Gloucester/Massachusetts lernte sie im Sommer 1924 den schon damals bekannten, 20 Jahre älteren Maler Milton Avery kennen, den sie zwei Jahre später heiratete. Das Ehepaar ließ sich in New York nieder, wo Sally Illustrationen schuf, zuerst für 'Progressive Grocer', dann für Macy's und schließlich 20 Jahre lang für das New York Times Magazine. Sie malte auch, stellte aber nie aus, um Milton Averys Ruhm nicht zu schmälern.

Ab 1930 arbeitete sie im Atelier ihres Mannes, und es entwickelte sich eine künstlerische Partnerschaft mit gegenseitiger Kritik und Ermunterung. Der Kunstkritiker Robert Hobbs bezeichnet den von beiden während ihrer vierzigjährigen Zusammenarbeit entwickelten Stil als „collaborative". Oft schloß sie sich seiner Auffassung an, aber ebenso oft entwickelte sie gleichzeitig ihre eigenen Ideen. Jedenfalls war es Sally, die jene Atmosphäre von Optimismus und Wohlbefinden schuf, in welcher ihre 'Familienkunst' blühte. Ihre 1933 geborene Tochter March setzt die Maltradition der Avery-Familie fort.

Robert Hobbs zufolge wurden die Averys sowohl von der amerikanischen Volkskunst des 19. Jahrhunderts beeinflußt als auch von Henri Matisse, Raoul Dufy und André Derain bzw. von Pierre Bonnard und Edouard Vuillard. Ihre Landschaften, Blumen- und Genrebilder waren ein Elexier gegen das Elend der Depression und die erstarkende Bürokratie. Ihre Techniken sind Öl auf Leinwand, Pastell und Zeichnung.

Sally lebte im Schatten ihres Mannes bis zu seinem Tode im Jahre 1965. Auch danach weigerte sie sich, ihre Bilder öffentlich auszustellen und war bekannt als „Witwe eines berühmten Malers", dessen Erbe sie treu verwaltete. Es war der Beharrlichkeit Robert Hobbs zu verdanken, daß Sally (Michel-) Avery sich 1987 endlich entschloß, also 63 Jahre nach ihrer ersten Begegnung (1924) mit Milton Avery, ihre erste Ausstellung im Kunstmuseum der Universität von Iowa zu veranstalten. Seither gab es mehrere Einzel- und Gruppenausstellungen.

Noch als 90-jährige malte sie mit erstaunlicher Vitalität, und ihre späteren Blumenbilder sind Andenken an die Blumensträuße, die ihr Verwandte und Freunde im Laufe der Jahre schenkten. Ihr Bild 'Amaryllis' gibt die Intensität und vitale Stärke dieser roten Blume naturgetreu wieder, deren grüner Stengel zu vibrieren scheint: Zartes Farbenspiel und spielerische Beherrschung der Perspektive. 'Friendly Feline' stellt eine ruhende Frauengestalt mit bunter Katze dar und geht auf eine von Sally angefertigte Skizze zurück, die sie in der Zeichenschule ihrer Tochter March flüchtig zu Papier brachte. Auch in diesem Bild verwendet sie breite, flache Farbflächen; die abstrakt dargestellte Gestalt drückt Kraft aus, alles erinnert an die einstige Avery-Manier. Beide erwähnten Bilder haben das von Sally erst nach dem Tod ihres Mannes benutzte Großformat. 1987 erschien in Art's Magazine ein Artikel der Künstlerin; im Bard-College New York gibt es ein 'Milton & Sally Avery-Center for Arts'.

13. Irene Aweret

Malerin, wurde in den zwanziger Jahren in Deutschland geboren und flüchtete 1933 mit ihren Eltern nach Belgien. Schon als Kind bewies sie großes Zeichentalent und studierte dann an der Brüsseler Akademie des Beaux-Arts Malerei. Nach der Besetzung Belgiens durch die deutsche Wehrmacht wurde sie 1941 verhaftet und im Lager Malines interniert, wo sie nachts heimlich weiter zeichnete. Diese Zeichnungen beinhalten Szenen des Lagers als stumme Zeugen des Elends.

Sie überlebte den Holocaust und heiratete ihren aus Polen stammenden Freund, einen Überlebenden der Schoáh und Künstler, der seine Studien in Genf beendet hatte. Das Künstlerehepaar emigrierte nach Israel und ließ sich in der Künstlerkolonie der Stadt Safed nieder.

Die Künstlerin malt mit Vorliebe Porträts, Selbstbildnisse, Landschaften und Stilleben, versuchte sich aber auch in Skulptur und Keramik. Ihre Techniken sind Öl, Aquarell, Gravur. Für eine Synagoge in Chicago fertigte sie Keramikwände, ebenso für eine Synagoge in Israel. Eines ihrer bekanntesten Werke ist das Ölbild 'Gepäck vor der Beschlagnahme', das die letzten Augenblicke der Deportierten vor dem Transport in ein Vernichtungslager vor Augen führt.

Einzelausstellungen hatte Irene Awret 1958 in der Galerie Tschamrinski Tel Aviv, 1960 im Künstlerhaus von Jerusalem, 1967 in der Galerie für moderne Kunst in Washington, D.C.; 1964 beteiligte sie sich an Gruppenausstellungen im Museum für Moderne Kunst in Haifa und Tel Aviv ('Künstler aus Safed'). - Sie lebt und wirkt in Washington, D.C. und kehrt alljährlich während des Sommers in ihr Studio nach Safed zurück.

14. Nina Barska (1887-1946)

Nina Barska wurde unter dem Mädchennamen Mina Bardach in Stryj (Galizien, damals Österreich-Ungarn, später Polen, heute Ukraine) als Tochter eines Holzgroßhändlers geboren. Bereits in der Volksschule entwickelte sie ein auffallendes Zeichentalent, unterbrach daher den Gymnasialunterricht, um an der Lemberger Gewerbeschule Malerei zu studieren (die Familie war inzwischen nach Lemberg übersiedelt); gleichzeitig bereitete sie sich auf das Abitur vor.

In den Jahren 1910/19 studierte sie Malerei zuerst in Wien, dann in Paris und verdiente ihren Lebensunterhalt als Modezeichnerin. Bei Kriegsausbruch 1914 wurde sie als 'feindliche Ausländerin' von Paris in ein Lager in Argenton sur Creuse deportiert und mußte dort einige Monate unter sehr schweren Bedingungen zubringen. Bei einem Gefangenenaustausch wurde sie nach Wien entlassen, wo ihre Mutter sie erwartete; ihr Vater war 1910 in Lemberg verstorben. In Wien arbeitete sie während des Krieges bei der Zensur der Gefangenenpost, doch gab sie die Malerei nicht auf, sondern schuf Porträts von Bekannten und verschiedenen Persönlichkeiten. In diesem Zusammenhang lernte sie auch ihren späteren Mann kennen, der für die zionistische Bewegung bei ihr ein Porträt Max Nordaus bestellte, des Freundes und Mitarbeiters Theodor Herzls.

1918 heiratete sie Dr. Arnold Friedmann; 1931 zog die Familie nach Warschau, wo Nina Barska weiter als Porträtistin wirkte. Als die Familie 1939 zur Kur in Vichy weilte, brach der Zweite Weltkrieg aus, Polen wurde von Hitlers Truppen besetzt, sie konnten nicht mehr nach Warschau zurück und verbrachten zwei schwere Jahre als Flüchtlinge in Frankreich, bis endlich im Dezember 1941 die Flucht in die USA gelang. Sie gingen nach Iowa, dann nach Kansas City, wo der Ehemann 1943 verstarb.

Noch in Kansas City, besonders aber in New York, wohin sie 1944 übersiedelte, schuf sie zahlreiche Porträts und hatte viele Aufträge. Eine Freundin, die Witwe eines bekannten amerikanischen Malers, erfand für sie den Künstlernamen 'Nina Barska', mit dem sie nun ihre Werke signierte. Dieselbe Freundin führte sie auch in den Künstlerclub der Metropolitan Opera ein, wo sie unter anderem den Auftrag erhielt, das Porträt Giaccomo Puccinis zu malen, um es am 20. Todestage des Komponisten dem damaligen Bürgermeister New Yorks, Fiorello La Guardia, als Geschenk zu überreichen. La Guardia schenkte das Porträt der High School of Music and Arts in New York, wo es noch heute zu sehen ist. Kurz vor dem frühen Tod der Künstlerin im Jahre 1964 malte sie das Porträt von Blanche Thebom, einer damals berühmten Sängerin der Metropolitan-Opera.

Nach den wohlverdienten Erfolgen in New York bemühte sich Nina, in die elegante New Yorker Gallery 'Portraits Inc.' aufgenommen zu werden, womit ihr regelmäßig Aufträge gesichert worden wären. Als sie die Zusage erhielt, war ihre Freude so groß, daß sie einen Herzinfarkt erlitt und eine Woche später starb.

Nina Barska hat eine Tochter, die in der Schweiz lebt. Ihre in Öl, Pastell, Kohle und Kreide ausgeführten Porträts wirken wie Ebenbilder ihrer Modelle und spiegeln auch das Innere der Menschen. Die meisten Werke befinden sich in Privatsammlungen in den USA, der Schweiz und in Israel (s. S. 11).

15. Liana Ben-Itzhak, geb. Rafael

Malerin, Graphikerin und Lithographin, wurde 1937 in Bukarest geboren. Sie studierte Malerei an der Bukarester Akademie der Schönen Künste und vervollkommnete ihre Kenntnisse im Privatunterricht bei dem bekannten rumänischen Maler Rudolf Schweitzer-Cumpana und anderen.

Im Jahre 1961 kam sie mit ihrer Familie nach Israel. Liana entwickelte ihr künstlerisches Schaffen im Kontext ihres sich zur Staatsnation entwickelnden Volkes. Sie studierte und absolvierte als Kunstlehrerin das Ramát Hascharón College für Kunsterziehung und arbeitete in Öl, Graphik und Reklamezeichnen. Seit 1976 befaßte sie sich mit Tiefdruck, Radierungen, Aquatinte, Reliefdruck usw.

Liana Ben-Itzhak ist Mitglied des Israelischen Künstlerverbandes und unterrichtet bildende Kunst in Mittelschulen und Kulturzentren. In den Jahren

1983/85 beschäftigte sie sich mit der Illustration von Kinderbüchern. Sie ist verheiratet und Mutter von drei Kindern. In ihrem Werk spielt das immer wiederkehrende Thema des Friedens eine große Rolle, und die zarte Verwendung erdener Töne vermittelt ihr Verhältnis zur Erde Israels.

Einzelausstellungen ihrer Werke gab es 1978 in der Nahmani-Galerie in Haifa, 1979/80 in Miami/Florida, 1981 im Künstlerhaus Jerusalem, 1985 in Haifa. Sie nahm an vielen Gruppenausstellungen teil: 1969/85 in Haifa, 1979/80 in Boston, Baltimore und Los Angeles, 1981/84 in Tel Aviv, 1985 bei einer Miniprint-Ausstellung in Spanien. 1990 organisierte das französische Kulturzentrum Haifa eine Einzelausstellung der Künstlerin, 1995 beteiligte sie sich an der Gruppenausstellung 'Gravura actual' in Porto Allegre/Brasilien.

Von ihren Werken sind besonders zu erwähnen 'Der Traum vom Frieden', 'Der Zauberteppich', 'Mütter, Kinder und die Friedenstaube', welche die Gefühle oder Ereignisse der Geschichte des jüdischen Volkes in Israel zum Ausdruck bringen. - Die Künstlerin lebt und wirkt in Haifa.

16. Siri Berg

Malerin und Graphikerin, wurde 1921 in Stockholm geboren; ihre Eltern waren Immigranten in Schweden, der Vater aus Deutschland, die Mutter aus Polen. Der Beruf des Vaters (Möbel-Import und -Export) veranlaßte die Familie, öfter den Wohnsitz zu wechseln, und so besuchte Siri Schulen in Berlin, Brüssel und Prag, doch verließ die Familie immer rechtzeitig die oben erwähnten Städte vor dem Einmarsch der deutschen Wehrmacht. Schließlich gelang es ihnen 1940, wenn auch separat, Europa zu verlassen und in die USA auszuwandern. Siri, damals 19 Jahre alt, fuhr von Schweden nach Petsamo/Finnland, von wo sie mit einem der letzten Frachter 28 Tage lang den Atlantik überquerte. Den Eltern gelang es nach Liquidierung der Firma in Stockholm, sechs Monate später ihrer Tochter nachzufolgen. Siri nutzte ihr Zeichentalent und arbeitete als Modezeichnerin, Vitrineuse und Innendekorateurin. Sie heiratete bald darauf den Konfektionsfabrikanten Robert Berg und brachte vier Kinder zur Welt.

Ihre abstrakt-expressionistischen Bilder, geometrische Gemälde, deren Grundformen die einfachsten Gebilde - Linie, Dreieck, Quadrat, Kreis - bilden, sind in Pastellfarben oder schwarz-weiß ausgeführt und verhalfen ihr bald zu Ruhm. Sie wurden von vielen Museen, öffentlichen Ämtern, Galerien oder

Sammlern gekauft, z.B. vom Guggenheim-Museum New York das Bild 'Vier Elemente'; im Israel-Museum in Jerusalem befinden sich die 'Japanischen Holzdrucke'; in der Kollektion der Pace-University/USA 'Die Phasen', eine abstrakte Bilderserie; im Coca-Cola-Haus in Atlanta 'Die Kabbala'.

In der Alena-Adlung-Gallery in Soho fand 1989 eine der zwölf Einzelausstellungen Siri Bergs statt, betitelt 'Schwarz-Weiß', in der sie ihre große Schaffenskraft, ihr Talent und ihre Gabe unter Beweis stellte, dem Beschauer die abstraktesten Werke näherzubringen und ihn in die Symphonie ihrer Kreise und Geraden hineinzureißen. - Siri Berg lebte 1995/96 in New York.

17. Genia Berger (1912-1994)

Bühnenbildnerin und Keramikerin, geboren in Charkiv/Ukraine (damals Charkov/Rußland), kam 1925 als Kind nach Palästina. Sie fuhr Ende der zwanziger Jahre nach Berlin, begann ein Kunststudium bei Willy Jäckel, um dann ihr Studium an der Preußischen Akademie der Schönen Künste in Berlin bei Karl Hoffer fortzusetzen, das sie jedoch wegen der nationalsozialistischen 'Rassengesetze' bald abbrechen mußte. Zwei Jahre später setzte sie ihre Studien in Paris fort und wurde als begabte Designerin für Theaterdekoration und Kostüme rasch bekannt.

Neben ihren Arbeiten als Buch-Illustratorin und einigen Keramikausstellungen beschäftigte sie sich hauptsächlich als Bühnenbildnerin in den israelischen Theatern 'Ohel' und 'Habimah'. So entwarf sie die Kostüme und Bühnenbilder für israelische Dramen wie 'Michal, Tochter des Saul', 'Bar-Kochba', 'Mein Sohn' u.a., ebenso für Dramen der Weltliteratur wie 'Le Bourgeois Gentilhomme' und 'Die Dreigroschenoper'. Für die Israel-Oper in Tel Aviv schuf sie mehrere Bühnenbilder. Genia Berger-Gabbai hatte bei internationalen Ausstellungen auch Erfolg mit ihren Keramikschöpfungen, z.B. in Florenz, Berlin, Wien, Los Angeles und bei der Biennale in Sao Paulo 1963.

In Israel wurden ihr Preise verliehen, z.B. der Preis der Gewerkschaft, der Preis der Stadt Haifa und ein Preis der Künstlerstadt Ein Hod. Im Sommer 1997 ehrte das 'Janco-Dada'-Museum Ein Hod die Künstlerin durch zwei Retrospektiven; denn sie war Mitbegründerin des berühmten Künstlerdorfes.

18. Miryam Bernhard (1946-1993)

Malerin und Graphikerin, geboren in Rumänien, kam Anfang der sechziger Jahre nach Israel. Ihre künstlerische Ausbildung erhielt sie zunächst in Rumänien und vollendete sie in Israel. Sie ist Mitglied des Israelischen Künstlerverbandes.

In ihren Bildern spiegeln sich verschiedene Aspekte ihrer künstlerischen Persönlichkeit wie der Hang zu Illusion, Phantasie und Ironie, auch die Einflüsse jüdischer Kultur und besonders der Einfluß der israelischen Wüstenlandschaft.

Miryam Bernhard verwendet sehr verschiedene Techniken: Bleistift- und Kohlezeichnungen, Tuschezeichnungen, Aquarell, Acryl, Collagen, Spritztechnik, Monotransfer und Monoprint.

Im Jahre 1977 veranstaltete sie Einzelausstellungen in den USA, und zwar in der Park-Avenue-Gallery in New York, in Phoenix/Arizona, in New Jersey und Toronto/Kanada. Im selben Jahr stellte sie auch im alten Schmiede-Museum in Wien aus. In Israel selbst nahm sie an vielen Gruppenausstellungen teil. - Miryam Bernhard lebte und wirkte in Tel Aviv.

19. Theresa Bernstein (1896-?)

Malerin, in Philadelphia geboren, erhielt bereits in der Mittelschule Zeichen- und Malunterricht. Dann absolvierte sie die School of Design for Women (jetzt Moore College of Art) und besuchte 1907 Vorlesungen an der Kunstakademie ihrer Vaterstadt. 1912 studierte sie an der Art Students League in New York zusammen mit William Merrit Chase.

Anschließend fuhr sie nach Europa, um die Künstler der französischen Avantgarde kennenzulernen. In Paris heiratete sie 1919 den jüdisch-russischen Emigranten William Meyerowitz. Ihre Ehe dauerte 62 Jahre und war eine der glücklichen Künstlerehen bis zum Tod ihres Mannes 1981. Ihr einziges Kind starb in früher Jugend.

Theresa Bernstein blickt auf eine lange und glanzvolle Karriere zurück. Sie hatte viele Einzelausstellungen in Museen und Galerien der USA und nahm an Gruppenausstellungen teil, z.B. 1908 mit einer Gruppe realistischer Maler, von denen Robert Henry, John Sloan und George Bellows die bekanntesten waren. Sie stellte ihre Werke auch mit einer von Henry geführten Gruppe in der 'Mac Dovell Peoples Art Guild' aus, die 1915 von John Weichsel gegründet worden war, wozu bemerkt sei, daß letzterer eine Verschmelzung amerikanischer und jüdischer Kultur befürwortete.

Ihr realistischer Stil wird durch ihre kraftvollen Pinselstriche und eine dunkelgetönte Farbenpalette unterstrichen. Die Themen ihrer Bilder kamen aus dem täglichen Leben der Großstadt New York: Straßenszenen, Menschen im Bus, andere im Kino oder bei der Arbeit und bei festlichen Gelegenheiten. Einige ihrer bekanntesten Bilder sind 'At the Movies' 1917, 'Joy of Life' 1920 und 'New York Street' 1932. Charakteristisch für ihre originelle Art der Wiedergabe von Massenszenen sind 'Waiting Room in Employment Office' 1917, ebenso wie 'Zionist Meeting' 1926. Sie schuf auch gelungene Porträts, z.B. Billy Holiday und Louis Armstrong 1939, Judy Garland 1955 und das ihres Mannes William Meyerowitz 1964.

Theresa Bernstein war ihr Leben lang eine aktive Frauenrechtlerin und Mitbegründerin der New Yorker Vereinigung der bildenden Künstlerinnen. Sie selbst hatte am Anfang ihrer Karriere die Benachteiligung der Frau als Künstlerin am eigenen Leib erfahren, als viele Galerien und Ausstellungen ihre Bilder ablehnten oder zurückstellten. Aus diesen Gründen signierte sie zu jener Zeit ihre Werke nur mit den Anfangsbuchstaben ihres Namens.

Sie arbeitete viel mit ihrem Mann zusammen, wobei sie sich gegenseitig kritisierten und über ihre Werke diskutierten. Bei Theresa Bernstein ist es wie bei vielen Malerinnen, nämlich daß sie sich in den Hintergrund zurückziehen, um der Karriere ihrer Männer nicht zu schaden, obwohl sie ihnen an Talent und Können keineswegs nachstehen. Bei ihrer großen Retrospektive 'Expressions of Cape Ann & New York. 1914/72, A Centennial Exhibition', die vom Stamford Museum and Nature Center in Connecticut organisiert war, bestand sie darauf, daß neben ihren Bildern auch einige Werke von William Meyerowitz ausgestellt würden.

Über ihr Werk sagt der amerikanische Kunstkritiker Eduard Alden Jewell: „Theresa Bernsteins Werke zeugen von der Aufrichtigkeit der Gefühle und des Ausdrucks, von einer persönlichen Kraft, die sie vor anderen hervorhebt" (Th. Bernstein 1990). Nach dem Tod ihres Mannes veröffentlichte Theresa ihre Biographie 'William Meyerowitz: The Artist Speaks' und einen Band ihrer Lyrik 'The Poetic Canvas'. In den achtziger Jahren arbeitete sie in Philadelphia neben der Malerei auch an der Beendigung ihres Tagebuchs. Sie lebt in einem Seniorenheim.

20. Viola Bindisch

Malerin, wurde 1918 in der ungarischen Kleinstadt Szombathely als Tochter einer kinderreichen Arbeiterfamilie geboren. Viola und ihre ältere Schwester Luise zeigten besonderes Talent zum Zeichnen und Malen. Nach ihrer Reifeprüfung studierte Viola an der Freien Akademie Budapest Malerei bei Borgony Ferencz und Bildhauerei bei Orkany-Strasser; einer ihrer Budapester Lehrer war Schüler von Matisse.

Während der Besetzung Ungarns durch die Nazis und der antisemitischen Pfeilkreuzler-Bewegung begann für die Judenheit Ungarns das Grauen des Holocaust *(vgl. D. Guttmann 1997)*. Während mehrere ihrer acht Geschwister den Leidensweg nach Auschwitz gingen, gelang es Viola, in Budapest unterzutauchen. Sie arbeitete in einer Sargfabrik und wurde mit anderen Juden von einem christlichen Arbeiter am Tag in Särge gelegt und nur nachts für kurze Zeit herausgelassen, um Atem zu holen.

In dieser Situation lernte sie ihren künftigen Mann kennen, der sich unter den Versteckten befand. Nach Jahren des Gejagtseins und Versteckens kam endlich das Ende des Krieges, und das junge Ehepaar ging nach Paris, wo Viola ihren Malstudien nachging und ihr Mann als Gelegenheitsarbeiter den Unterhalt verdiente.

1948 emigrierten sie nach Israel. Viola wurde nach kurzer Zeit in den israelischen Künstlerverband aufgenommen und nahm 1952 an einer Gruppenausstellung im Kunstmuseum Tel Aviv teil. Ihre erste Einzelausstellung hatte sie 1956 in Tel Aviv, der in den Jahren 1957/71 Ausstellungen im Chagall-Haus Haifa und im Haus der Kunst Jerusalem folgten. 1979 stellte sie in der Ben-Ury Gallery London aus, dann in Zürich und anderen Städten Europas. Im Jahre 1973 wurde Viola Bindisch in Israel mit dem Nordau-Preis ausgezeichnet.

In ihrer Farbenzartheit und Gestaltung sind ihre Pastelle - hauptsächlich Porträts und Aktstudien - voller Vitalität und psychologischer Einfühlung. Ihre Öl-Landschaften von Haifa und vom Carmelgebirge bekunden die harmonische Meisterung dieser Technik. Besonders beeindruckend sind ihre Holocaust-Bilder, tote Kinder, trauernde Frauen und Szenen aus den Lagern, z.B. das Gemälde 'Der Selbstmord', 'Kummer' u.a. Ihr expressionistischer Stil, der leichte Reminiszenzen einer früheren Neigung zum Kubismus aufzeigt, drückt oft mit einfachen Mitteln tiefe Zusammenhänge aus.

Die von ihr angewandten Techniken sind Öl, Pastell und Kohle. In den achtziger Jahren versuchte sie sich auch in Skulptur. Die Vielseitigkeit ihrer Begabung wird nicht nur durch die Beherrschung mehrerer Maltechniken bewiesen, sondern auch durch ihre lebendig wirkenden Holz- und Keramik-Skulpturen der neunziger Jahre.

Außer den regelmäßigen Ausstellungen in Galerien Israels hatte sie 1985 beachtlichen Anteil an einer Gruppenausstellung im Centre International d'Art Contemporain Paris. - Viola Bindisch ist Mutter zweier Töchter und wohnt mit ihrer Familie in Kirjat Ata, unweit von Haifa.

21. Doris Desirée Bloom

Malerin und Keramikerin, wurde 1954 in Südafrika geboren, machte ihre Studien am Witwatersrand Technical College und erwarb 1974 ihr Diplom als Keramikerin. 1976 vervollkommnete sie ihre Kenntnisse an der Königlich-Dänischen Akademie der Schönen Künste bei Robert Jacobson und Dan Sterup Hansen. Sie wurde Mitglied des Verbandes dänischer Graphiker und bildender Künstler; 1976 lehrte sie Kunst im Erholungszentrum von Doornfontein.

Sie malt Landschaften und Figuren, wobei sie Öl auf Leinwand oder gemischte Techniken verwendet. Als Graphikerin macht sie Kupferstiche, Drypoints oder Aquatintedrucke. Sie modellierte auch in Keramik und schuf in Dänemark mehrere Wandgemälde.

Die Künstlerin nahm an etlichen Gruppenausstellungen in Südafrika und Dänemark teil und veranstaltete 1970/80 Einzelausstellungen ihrer Bilder in Südafrika und Dänemark. Ihre Werke findet man in der Königlich-Dänischen Nationalgalerie in Kopenhagen.

22. Clara Bratt

Bildhauerin, wurde 1910 in Kischinow/Moldavien geboren. Im Jahre 1913 wanderte die Familie in die USA aus, wo das talentierte Mädchen später Zeichnen und Modellieren lernte. Tagsüber mußte sie für ihren Lebensunterhalt arbeiten, abends besuchte sie Kurse im Grafikerklub und ging schließlich an die Kunstakademie von Pennsylvania, um Bildhauerei zu studieren. 1921 fuhr sie nach Paris und vervollständigte ihre Kenntnisse an der Académie de la

Grande Chaumière unter der Leitung des berühmten Bildhauers Antoine Bourdelle. Nach ihrer Rückkehr in die USA lehrte sie an der Kunstakademie von Pennsylvania, wo sie studiert hatte.

Ihre Skulpturen wurden mit mehreren Preisen ausgezeichnet, z.B. mit dem Stewardson-Preis, dem Simson & Jones-Preis und dem Lewis-Preis. Bei einem Wettbewerb gewann sie ein Stipendium für eine viermonatige Europareise zwecks weiterer Studien. In den Jahren 1936/55 wurden ihre Skulpturen in verschiedenen Ausstellungen in den USA und in Israel gezeigt, und im Jahre 1961 erhielt sie in Israel den Hermann-Struck-Preis.

Ihre Werke - Büsten, Köpfe oder Figuren - haben manchmal scharfgeschnittene Züge, wie z.B. 'Die Großmutter' oder 'Alter Jemenite', andererseits versteht sie es, geschmeidige, weiche Formen zu gestalten, wie etwa bei der Skulptur 'Das Mädchen Silvia', das den Liebreiz des jungen Modells zeigt. Ihre Werke sind in Philadelphia, Mexico City und Ein Harod/Israel zu finden, aber auch in vielen Parkanlagen, z.B. im zoologischen Garten von Tel Aviv. Die Mannigfaltigkeit ihres Schaffens von Porträtbüsten bis zu Gartenskulpturen und Monumenten zeigt, wie tief sich die Künstlerin in die Psyche ihrer Modelle einfühlen kann.

Nach einigen Besuchen wanderte Clara Bratt im Jahre 1959 nach Israel aus, wo sie als Bildhauerin tätig war. In den Jahren 1961/65 hielt sie Einzelausstellungen in Tel Aviv und nahm an Gruppenausstellungen der Künstlervereinigung teil.

23. Zipora Brenner

Malerin, geboren 1917 in Rußland, kam mit ihren Eltern als zweijähriges Kind ins damalige Palästina. Nach der Mittelschule studierte sie Kunst am Avni-Institut in Tel Aviv unter Anleitung der bekannten israelischen Maler Avigdor Stematsky, Jeheskel Streichman sowie des Dadaisten Marcel Ianco.

Eine Studienreise führte sie 1954 nach Paris und in die USA. In den Jahren 1951/64 wirkte sie als Direktorin des Kunstmuseums der Stadt Tel Aviv. 1972 besuchte sie zu Studienzwecken wieder Paris, und 1975 unternahm sie eine längere Reise nach Spanien und Italien. Sie eröffnete ein Atelier in der israelischen Künstlerstadt Safed, wo sie einen Teil des Jahres verbrachte. Hier wurde sie 1970 zum Vorstand der Künstlerkolonie gewählt. Die altjüdische Stadt Safed - urkundlich seit dem 1. Jahrhundert u.Z. belegt, im Mittelalter Zentrum jüdischer Gelehrsamkeit und Mystik (Kabbala) - inspirierte sie dank ihrer malerischen Gäßchen zu einer Serie von Bildern; die markanten Gesichter der dort ansässigen Juden regten sie zu einer Serie von Porträts an. Nach dem Jom-Kippur-Krieg 1973 schuf sie einige eindrucksvolle Collagen über Themen des Krieges. Ihre Werke, die drei verschiedene Perioden wiedergeben (Tel Aviv-Jaffo, Neve Zedek und Safed), bringen ihre tiefe Zuneigung zur Landschaft Israels, zum oft schweren Klima und seinen oft rauhen Menschen lebendig zum Ausdruck.

Zipora Brenner hielt von 1945/90 Einzelausstellungen in mehreren Museen und Galerien Israels, 1954/55 in Syracuse und Birmingham/USA, 1980 im National Art Center New York sowie in der Israel-Gallery Washington. Als langjähriges Mitglied nahm sie an zahlreichen Gruppenausstellungen des Israelischen Künstlerverbandes teil, und zwar in Israel, Frankfurt, Berlin und andernorts. Im Jahre 1991 wurde ein großer Teil ihrer Bilder in der Park-Galerie von Tel Aviv gezeigt, während 1995 eine retrospektive Ausstellung ihrer Werke in Safed stattfand, im selben Jahr auch in der Small Gallery Tel Aviv.

24. Louise Catherine Breslau (1856-1927)

Malerin, geboren in München als Tochter des Medizinprofessors Bernhard Breslau und Enkelin des Geheimrats Heinrich Ritter von Breslau, Leibarzt des Königs von Bayern. Als Louise zwei Jahre alt war, übersiedelte die Familie 1858 in die Schweiz, wo ihr Vater als Arzt in Zürich praktizierte.

Schon als junges Mädchen zeigte Louise besonderes Zeichentalent und erhielt ihre Ausbildung an einer Kunstakademie in Zürich. Im Jahre 1876 fuhr sie zur weiteren Ausbildung nach Paris und studierte Malerei an der Académie Julian bei Tony Robert Fleury. In Paris entwickelt sie sich zu einer Vorkämpferin für die Gleichberechtigung der Frau.

Seit 1878 war sie regelmäßig in den Pariser Salons vertreten, wobei sie sich u.a. besonders mit Edgar Degas anfreundete. Im Jahre 1881 errang sie allgemeine Anerkennung durch ihr Gruppenbild 'Portrait des Amis' und wurde zur meistbeschäftigten Porträtmalerin der Damen und Kinder Frankreichs, wobei sie Pastelltechnik verwandte.

Sie nahm an zahlreichen Gruppenausstellungen teil, so 1901 im Künstlerhaus Zürich, 1904 in verschiedenen Galerien in Paris, wobei ihr viele Persönlichkeiten jener Zeit Modell saßen, z.B. der Schriftsteller Carl Spitteler und Berliot Björnson, die spätere Frau Henrik Ibsens.

Trotz ihrer großen Erfolge verließ sie 1900 Paris und zog in die Schweiz. Im Jahre 1909 erhielt sie, gemeinsam mit Ferdinand Hodler, die Goldmedaille für ihr Bild 'Contrejour'. Der Erste Weltkrieg erschütterte sie zutiefst, und sie hörte auf zu malen; erst 1921 entstand ein meisterhaftes Porträt von Anatole France.

Ihre letzte große Einzelausstellung hielt sie 1926 in der Galerie Durand-Ruel Paris; ein Jahr später starb sie und geriet in Vergessenheit. Erst 1977 veranstaltete die Gemeinde Baden bei Zürich eine Retrospektive ihres Gesamtwerkes und stellte im städtischen Museum 400 Gemälde von Louise Catherine Breslau aus. Ihre Bilder befinden sich zum großen Teil in Privatbesitz, aber auch in der Galérie du Luxembourg in Paris, im Museum Carpentras, im Museum Rath in Bern und im Musée Arlaud in Lausanne.

25. Rita Briansky

Malerin und Kupferstecherin, wurde 1925 in Polen geboren und kam mit ihren Eltern 1929 nach Kanada. Sie war schon als Kind sehr am Zeichnen interessiert. Ihre Malstudien machte sie 1941/42 bei Alexander Berkovitch an der YWHA (Young Women Hebrew Association); 1942/44 am Museum für Schöne Künste in Montreal unter Anleitung von Jacques de Tonnancour; 1944/46 an der Ecole des Beaux-Arts in Montreal bei M. Charpentier und schließlich 1946/48 an der Art Students League New York bei Jan Carbino, Louis Bosa, H. Sternberg und V. Vitlacil.

Sie malt in Öl und Pastell, macht Zeichnungen und Kupferstiche. Ihre Subjekte sind Kinder, Porträts, Blumen, Stilleben. Alle ihre Werke zeichnen sich durch Zartheit und poetisches Gefühl aus, und ihre Beherrschung der graduellen Abstimmung von Licht und Schatten verleiht ihren Bildern eine besondere Qualität. Sie malt Porträts ihrer Freunde, besonders aber ihrer Töchter und von Menschen, die sie gut kennt, um auch ihr Inneres im Bild wiederzugeben. Typisch für ihre Ölbilder sind weich aufgetragene dünne Farbschichten, entsprechend der Zartheit ihrer Modelle. Bekannter sind ihre Zeichnungen und Kupferstiche. Sie hat sich auch mit der Illustrierung von Kinderbüchern beschäftigt. Rita Briansky ist mit dem Reklamezeichner J. Prezament verheiratet.

Im Jahre 1960/61 nahm sie an der zweiten Internationalen Biennale für Kupferstiche, Drucke, Lithographien etc. in Tokio und Osaka teil, ebenso am Salon International Feminin in Vichy und stellte in der UNO in New York aus. Ihre erste Ausstellung in Kanada fand 1962 im Museum für Schöne Künste in Montreal statt und war von guten Kritiken begleitet. Weitere Ausstellungen gab es in Toronto, Montreal, Burlington/Ontario, Brantford/Ontario. Ihre Werke wurden von verschiedenen Museen und Galerien angekauft, z.B. von der Art Gallery of Hamilton, der Burnaby Art Society/Burnaby (Britisch Columbia/Kanada), vom New Brunswick Museum/St. John N.B., vom St. Joseph Teacher College/Montreal, der Vancouver Art Gallery u.a.

Rita Brianski gewann mehrere Preise und Auszeichnungen, z.B. 1960 das Diplome d'honneur des Salon International Feminin de Vichy; den 3. Preis bei der ersten Nationalen Ausstellung von Graphik in Burnaby ebenso bei der zweiten Nationalen Ausstellung in Burnaby.

26. Sima Bronfenbrenner-Moredin (1904-1981)

Malerin, geboren in Odessa in einer streng religiösen Familie. Sie bekam bereits als Kind Zeichen- und Musikunterricht und studierte in den Jahren 1926/30 am Kunstinstitut von Odessa Malerei bei den Professoren Dr. Freiermann, Mendes und Lyseinkov. Schon als Studentin bekam sie vom Kiewer Künstlerverband Aufträge für Porträts, wurde 1931 Mitglied und arbeitete als freischaffende Künstlerin bis zum Zweiten Weltkrieg. Sie heiratete den Chemie-Ingenieur Dr. Nachman Moredin, aus der Ehe ging eine Tochter hervor.

Bei Kriegsbeginn flüchtete die Familie zum Ural und arbeitete dort unter sehr schwierigen Bedingungen. Nach dem Rückzug der deutschen Wehrmacht konnten sie nach Odessa zurückkehren. Sima Moredin malte die Greuel der deutschen Besatzung, schuf Straßenszenen des Schtetls, Typen aus dem Ghetto nach Skizzen von versteckten Freunden und deren Erzählungen. Sie hatte den größten Teil ihrer Familie verloren. Eine Serie dieser Bilder wurde vom sowjetischen Verteidigungsministerium angekauft und ausgestellt. 1947 erhielt sie für ihre Kriegsbilder einen Preis.

Simas Mann sprach perfekt Hebräisch und gab auch Unterricht in dieser Sprache. Es war die Zeit der Stalinistischen Säuberung, als der NKWD in jedem Juden einen Zionisten witterte. Man verhaftete Ing. Moredin, nach kurzem Prozeß wurde er zum Tode verurteilt, 1950 in zweiter Instanz zu 25 Jahren Verbannung in Sibirien. Seine Frau durfte ihn begleiten.

Nach dreijähriger Deportation und nach dem Tode Stalins wurde er begnadigt, beide kehrten nach Odessa zurück und konnte wieder ausstellen. In den Jahren 1955/60 zeigte Sima ihre Werke in Odessa und Kiew und nahm auch an Ausstellungen in der Moldavischen Sowjetrepublik teil.

Im Jahre 1979 entschloß sich die ganze Familie (samt Tochter, Schwiegersohn, Enkelin und anderen Verwandten), nach Israel auszuwandern, und sie wählten Jerusalem als Wohnsitz. Sima konnte sehr viele ihrer Bilder mitnehmen, wurde schon bald nach ihrer Ankunft in den israelischen Künstlerverband aufgenommen und hielt Ausstellungen im Künstlerhaus Jerusalem. Ihre Kriegsbilder sind ergreifend dank der Intensität der Themen und Farben, z.B. 'Dr. Korczak und die Kinder' oder 'Was nun' u.a., ebenso die Porträts in Pastell und Großformat. Ihre Techniken sind Öl, Aquarell, Pastell, Gouache und Radierung *(s. S. 235)*. Ihre Enkelin verwaltet einen Nachlaß von über 300 Bildern und organisiert posthume Ausstellungen; ihre Bilder befinden sich u.a. in Yad Vashém Jerusalem.

27. Miryam Buckelman, geb. Alpern

Malerin, Graphikerin und Keramikerin, geboren 1922 in Bessarabien (damals Rumänien), besuchte dort eine hebräische Volksschule, dann eine Schule für Schöne Künste in Bukarest.

1951 kam sie nach Israel und vollendete ihre Studien der Malerei am Avni-Institut in Tel Aviv. Sie erhielt ein Diplom als Zeichenlehrerin und arbeitete zehn Jahre als Lehrerin für Keramik und Kunsthandwerk in Mittelschulen. Gleichzeitig vervollkommnete sie ihre Malkenntnisse im Atelier des Malers Moses Rosentalis, der ihren Stil beeinflußte und ihre Anschauungen über moderne Kunst vertiefte. 1969 absolvierte sie einen Pädagogik-Kurs am Institute for Human Development in New York. Sie kehrte nach Israel zurück und wohnte in Ramat Gan, zuletzt in Holon. 1967 erhielt sie den Kunstpreis der Stadt Tel Aviv.

Aufgeschlossen für die Schönheiten Alt-Jaffas und Safeds widmete sie ihnen viele Bilder. Ihre Techniken sind Aquarell, Acrylic, Öl auf Leinwand, Kupferstich, Radierung, Seidendruck und Kohlezeichnung. - In den Jahren 1964/76 hatte sie mehrere Einzelausstellunge in Israel. 1969 nahm sie an einer Gruppenausstellung israelischer Künstler beim Jüdischen Weltkongreß in New York teil, ebenso an Gruppenausstellungen in Jerusalem und Tel Aviv 1975; 1981 verzeichnete sie Einzelausstellungen im Jabotinsky-Haus in Ramat Gan und im Chagall-Haus Haifa. Im Herbst 1983 gab es eine größere Ausstellung in Netanja und im Künstlerhaus Holon. - Miryam Alpern war mit einem Rechtsanwalt verheiratet, ist Mutter zweier Söhne, jetzt Witwe und lebt in Holon/Israel.

28. Charlotte Buresova (1904-1984)

Malerin, wurde in Prag als einzige Tochter eines jüdischen Schneiders geboren. Trotz ärmlicher Verhältnisse ermöglichten die Eltern dem begabten und interessierten Kind Privatunterricht in Zeichnen, Musik und Französisch. Charlotte besuchte drei Jahre die Kunstgewerbeschule in Prag und studierte weitere drei Jahre an der Prager Akademie der Schönen Künste, wo sie 1925 ihr Diplom erhielt. Sie schuf hauptsächlich figurative Gemälde in realistisch-klassischem Stil, aber auch Porträts, Stilleben und Blumen, veranstaltete jedoch keine Ausstellung, sondern verschenkte ihre Bilder an Freunde und Bekannte.

Am 20. Juli 1942 wurde sie zusammen mit vielen anderen Juden aus Prag nach Theresienstadt deportiert. Dort arbeitete sie zuerst in der Keramik-Werkstatt, dann wurde sie einer Sonderwerkstatt zugeteilt, wo sie Fliesen und Kacheln für die Deutschen malen mußte; später kam sie in eine spezielle Malerwerkstatt, um mit anderen Malern Kopien von Bildern großer Meister wie Rubens, Rembrandt u.a. für das höhere Lagerpersonal anzufertigen.

Nachts malte sie jedoch heimlich Szenen aus dem Lagerleben, Porträts von Leidensgenossen, wie z.B. Leo Baeck. Sie arbeitete mit Bleistift, Kohle und Wasserfarben. Es gelang ihr 1942, drei signierte Ölbilder zu vollenden: 'Deportation', 'Der letzte Weg' und 'Porträt eines Kindes'. Diese Bilder wurden von einem Freund gerettet und sind erhalten geblieben. Sie malte Porträts von Freunden, wie jene der Musiker Gideon Klein und Otto Karas-Kaufmann sowie Blumen und Tänzer aus der Phantasie. Später erklärte sie, daß sie bewußt die Grazie der Tänzer darstellen wollte, im Gegensatz zu Leid und Grauen, das sie umgab. Über das Bild eines Mädchens am Fenster, das auf einen Transport nach Auschwitz blickt, sagte sie später: „Dort hatte ich Gelegenheit, Mädchen zu porträtieren, die gerade erst anfangen wollten zu leben, zu lieben, zu arbeiten, eine Familie zu gründen, und mein Herz blutete bei ihrem Anblick." (J. Blatter u. S. Milton 1981)

Es gab unter ihren Kollegen in Theresienstadt Maler, wie der Holländer Jo Spier, der behauptete: „Maler müssen malen, auch wenn die Kanonen donnern" (J. Blatter u. S. Milton 1981) und in Arbeitswut Vergessen suchte. Buresova war nicht dieser Meinung, sie wollte nur alle unglaublichen Dinge, die sie im Lager sah, aufs Papier bannen und als Zeugnis hinterlassen. Immer suchte sie aber dieses Elend durch schöne Phantasiebilder zu kompensieren, Blumen, Kinder, Landschaften ihrer Phantasie.

Dauernd rollten Transporte nach Auschwitz, und Buresova verlor viele ihrer Freunde. Sie selbst verdankte ihr Überleben einem NS-Offizier, der von ihrer Kunst tief beeindruckt war: Er befahl ihr, ein Bild der Madonna zu malen. Buresova malte Maria, aus deren Auge eine Träne rinnt. Als der Offizier das Bild erblickte, sagte er ihr bewegt: „Malen Sie dieses Bild nie zu Ende! Solange Sie an ihm arbeiten, werden Sie nicht nach Osten verschickt!" (J. Blatter u. S. Milton 1981) Buresova blieb in Theresienstadt bis drei Tage vor der Befreiung, kam dann mit acht oder zehn anderen Flüchtlingen in einem Fahrzeug des schwedischen Gesandten nach Prag zurück.

Nach dem Krieg lebte und wirkte sie noch viele Jahre in Prag und malte ihr Lieblingsthema Kinder und - aus der Erinnerung - Lagerszenen von Theresienstadt. Sie starb hochbetagt 1984 in Prag. Die von ihr erhaltenen Werke befinden sich im Jüdischen Museum Prag, in der Gedenkstätte von Theresienstadt sowie im Museum der Ghettokämpfer in Israel.

29. Ghitta Caiserman-Roth

Malerin, 1923 in Montreal/Kanada geboren, begann bereits als junges Mädchen Malunterricht bei Alexander Berkovitch zu nehmen und stellte mit 12 Jahren ihre ersten Arbeiten im Kunstmuseum Montreal aus. Ihre Mutter war Designerin, die wollte, daß auch ihre Tochter diesen Beruf ergreife und schickte Ghitta in die Parsons School of Design nach New York. Dank ihrer Arbeit erhielt sie 1941 ein Stipendium für eine Studienreise nach Europa. Sie setzte ihr Studium an einer Kunstschule unter der Leitung von Moses Soyer in New York fort und ging später in Harry Sternbergs Klasse der Art Students League.

Ende 1940 gründete sie ihre eigene Kunstschule zusammen mit Alfred Pinsky, mit dem sie gemeinsam im Montrealer Kunstmuseum ausstellte. Die Lithographien der Künstlerin wurden in einem Sammelband 'Canadian Drawings and Prints' herausgegeben und ernteten gute Kritiken. In einem anderen Sammelband mit dem Titel 'Canadian Watercolour Paintings' wurden ihre Aquarelle publiziert.

Im Jahre 1951 gewann Ghitta Caiserman-Roth den O'Keefe-Kunstpreis und reiste nach Frankreich und Italien. 1952 hielt sie in Montreal zehn Vorlesungen über den 'Wendepunkt in der Kunstgeschichte', und im selben Jahr erhielt sie ein Stipendium vom Institut Allende in Mexico.

Ihre Werke befinden sich in kanadischen Museen, z.B. in der Vancouver Art Gallery, in der Universität von Britisch Columbia, im Art Center von Saskatoon, in der Art Gallery von Hamilton, in der National Gallery of Canada, im Kunstmuseum Montreal, in der Helene Rubinstein Privatsammlung u.a. Sie ist seit 1944 Mitglied des kanadischen Künstlerverbandes sowie seit 1956 der kanadischen Royal Academy of Arts und gehört der Gesellschaft der Graphiker an. Auch unterrichtete sie in Sommerseminaren kanadischer Universitäten Kunstfächer. - Die Künstlerin lebt in Montreal.

30. Eveline Calin, geb. Els

Malerin, Bildhauerin und Keramikerin, wurde 1925 in Moreni/Rumänien als Tochter eines Erdölingenieurs geboren und ist in der sanften Hügellandschaft der Vorkarpaten in einem der größten Erdölgebiete Rumäniens aufgewachsen.

In den Jahren 1942/45, als Juden in Rumänien die Aufnahme in die Staatliche Kunstakademie verweigert wurde, studierte Eveline Malerei und Graphik bei dem bekannten Maler Max Hermann Maxy in der jüdischen Kunstschule in Bukarest. Gleich nach dem Krieg inskribierte sie sich an der Akademie der Schönen Künste in Bukarest für Bildhauerei, studierte unter Leitung von Cornel Medrea und erhielt 1948 ihr Abschlußdiplom. Im Jahre 1950 gewann sie für ihre Arbeiten den Preis des Ministeriums für Kunst in Bukarest. Ihre erste Einzelausstellung hielt sie 1969 in Bukarest; sie nahm an vielen Gruppenausstellungen teil, und zwar in Rumänien, Israel, Italien, der Tschechoslowakei sowie 1968 und 1970 an der Internationalen Keramikausstellung in Faenza/Italien.

Im Jahre 1972 ging sie nach Israel. Obwohl sie in Rumänien als Bildhauerin allgemeine Anerkennung fand, war es ihr schließlich unmöglich, ihr künstlerisches Schaffen in die strengen Grenzen des 'sozialistischen Realismus' zu zwängen und flüchtete in das Feld der Keramik, wo sie ihrer von der rumänischen Folklore befruchteten Phantasie freien Lauf lassen konnte. Sie führte auch polychrome Bassoreliefs für öffentliche Gebäude in Rumänien aus und setzte diese Tätigkeit später in Israel fort.

Während ihre Arbeiterstatuen noch die stereotypen, dem Regime genehmen Züge aufweisen, erwecken die Keramikfigurinen der späteren Jahre den Eindruck, als würden sie zu den Klängen der melodiösen rumänischen Volksmusik tanzen. Auch ihre Tierskulpturen, z.B. 'Der Schmetterling' und 'Vogel ohne Flug', zeigen weichere Formen. Sie hat sich einige Zeit mit Radierungen beschäftgt und an einigen Wettbewerben teilgenommen. Ihre Miniprints wurden in Barcelona in den Jahren 1982, 1988/89 und 1990 auf internationalen Ausstellungen gezeigt.

Nach ihrer Einwanderung in Israel nahm Eveline Calin die Malerei wieder auf: „Es ist das Licht und die spezifische Koloratur der israelischen Landschaft, die mich bestimmt haben, wieder zur Malerei zurückzukehren." (Katalog zur Ausstellung in Wien 1989; auch in I. Jianu 1986) Im Einklang mit diesem Bekenntnis malte Eveline Calin ihre Landschaften in impressionistischer Manier und versuchte, die bizarre Schönheit der israelischen Natur in warmen, optimistischen Farben auf die Leinwand zu bannen.

Ihre ersten Einzelausstellungen in Israel fanden 1976 und 1978 im Centre Culturel Français in Haifa statt. 1989 stellte sie Kupferstiche und Ölgemälde in der Rumänischen Kunstgalerie in Wien aus, 1992 Ölbilder in einer Galerie in Haifa. Viele ihrer Werke befinden sich in Museen und Privatsammlungen in Rumänien, Holland, den USA, Frankreich und Israel. - Gegenwärtig lebt und schafft sie in Haifa.

31. Eva Cerbu

Malerin, wurde 1924 in Bukarest geboren. Sie studierte zunächst dekorative Kunst und Design und besuchte während der Kriegsjahre die jüdische Kunstschule in Bukarest, die von Professor Max Hermann Maxy geleitet wurde, da ihr ein Besuch der Staatlichen Kunstakademie verwehrt war. Nach dem Zweiten Weltkrieg beendete sie ihr Malstudium an der Akademie für Schöne Künste in Bukarest, wo sie die Ateliers von Professor Max Hermann Maxy und Alexander Ciucurencu (Tschiukurenku) besuchte.

Seit 1947 nahm sie an vielen Gruppenausstellungen rumänischer Künstler teil und war mit Ölbildern, Graphik und dekorativer Kunst vertreten. 1949/60 waren ihre Werke im Rahmen der Gruppenausstellungen u.a. zu sehen in Prag, Budapest, Sofia, Moskau, Belgrad, sodann in Leipzig, Bratislava, Athen, Damaskus, Kairo, Wien (1961), ebenso in Lissabon, Oslo, Stockholm, Australien, Argentinien, Peru, Venezuela, Columbien. 1955/82 hatte sie mehrere Einzelausstellungen in Bukarest. 1961 stellte sie im Rahmen des rumänischen Künstlerverbandes bei der Biennale in Venedig aus, ebenso 1972 in Tokio und bei der Internationalen Graphikausstellung (Biennale) in Florenz. Als Dekorateurin nahm sie an mehreren internationalen Messen in Triest, Turin, Lausanne, Paris teil. Ihre Werke befinden sich in verschiedenen Museen Rumäniens, der Schweiz, Italiens, Deutschlands, Mexicos, Frankreichs und Israels. 1968 wurde Eva Cerbu mit dem Kulturverdienstorden der rumänischen Regierung ausgezeichnet; 1970 wurde sie Ehrenmitglied der Internationalen Akademie 'Tommaso Campanella' in Rom.

Eva Cerbu arbeitet in Tempera, Gouache, Öl, aber auch mit Collagen, Holzschnitt und Plastiken aus Eisenblech. Ihr Holzschnitt 'Erwartung' zeigt eine ruhende Frau mit verschränkten Armen in expressionistischer Manier im Raum, während ihre Jahrmarktszenen, Fabrikansichten, Zirkuskünstler viel Dynamik und Schwung durch eine kräftige, spontane und leuchtende Farbenpalette ausdrücken. Die rumänische Kunstkritik steht der Künstlerin sehr positiv gegenüber und unterstreicht, daß Eva Cerbu es versteht, ihren Bildern durch ausgeklügelte Effekte von Linie und Farbe eine poetische Nuance zu verleihen.

Im Juli 1992 stellte Eva Cerbu in voller Reife ihrer künstlerischen Persönlichkeit in der Bukarester Galerie 'Orizontul' die Früchte eines neuen Arbeitsgebietes vor: 'Metallreliefs', welche die Bewunderung des Publikums und die Wertschätzung der Kritik hervorriefen. Die Kombination von Graphik und Metall beweist die Arbeitskraft und Vielfalt ihres Talentes. Die in feinen Strichen und zarten Farben ausgeführten Porträts von 'Jedermann', also ohne bestimmte Adresse, fallen durch ihre Gestikulation auf, die ihnen Charakter verleiht. Andererseits zeugen die Metallreliefs in gehämmertem und genietetem Blech sowohl vom plastischen Sinn der Künstlerin als auch von der perfekten Beherrschung der Technik.

Eva Cerbu lebt in Rumänien; über die Grenzen ihres Landes bekannt, beweist sie, daß das Talent an sich nicht genügt, sondern daß zum Erfolg gleicherweise Ausdauer und harte Arbeit beitragen.

32. Ilana Cernat

Malerin, geboren 1914 in Lugoj/Rumänien, wuchs in Siebenbürgen mit deutschen Freunden auf. Während ihrer Mittelschulzeit lernte sie Malerei bei dem expressionistischen Maler Emil Lehnhardt, Absolvent der Münchener Kunstakademie. Sie studierte Rechtswissenschaft an der Universität Cluj (Klausenburg) und schloß mit der Doktorprüfung ab. Gleichzeitig malte sie und zeigte ihre Bilder in einer Gruppenausstellung im Journalistenklub von Cluj. Sie arbeitete als Juristin in einem Staatsunternehmen in Bukarest, ohne die Malerei zu unterbrechen.

Im Jahre 1963 wanderte Ilana Cernat nach Israel aus, wo sie sich ganz der Kunst widmete. Seit 1974 nahm sie an vielen Gruppenausstellungen israelischer Maler in den USA und in Israel teil. Ihre Werke sind in öffentlichen und privaten Sammlungen vieler Länder zu finden, so in Rumänien, Israel, Frankreich, Holland, Deutschland, Mexiko, USA und Kanada.

Stil und Themen der Künstlerin ordnen sie dem Surrealismus zu, die Farben entsprechen jeweils ihren Themen, die uns eine Natur näherbringen, welche der Traumwelt der Malerin entspricht. Ihr Ölbild 'Das stumme Echo' zeigt eine tote Landschaft, in welcher der Himmel drei Viertel der Bildfläche einnimmt, sowie einen riesigen Grabstein mit einem Gesicht. Das Gemälde 'Von der Vergangenheit zur Zukunft' zeigt die Erde durch eine abstrakte Diagonale geteilt, mit symbolischen weißen Stiefeln, die sich entfernend in schwarze Vögel verwandeln, welche am Horizont verschwinden.

Die Menschen in ihren Bildern werden wie überirdische Wesen dargestellt, von anderen Planeten vielleicht, aus einer traurigen, hoffnungslosen, nicht ergründeten Welt. Die Werke Ilana Cernats inspirieren zu philosophischen Betrachtungen an, über den Sinn des Lebens und über die verschwindende Kleinheit des Individuums im unendlichen Raum und in der unendlichen Zeit.

33. Judy Chicago

Malerin, geboren 1939 als Judith Cohen in Chicago, nahm ihr Pseudonym 'Chicago' 1970 aus Anlaß ihrer Einzelausstellung an der California State University in Fullerton an. Sie studierte Zeichnen und Malerei am Kunstinstitut ihrer Vaterstadt. Bis 1970 sind ihre Bilder entweder mit 'Cohen' signiert oder mit dem Namen ihres ersten Mannes 'Gerowitz'. Mit der Annahme des Pseudonyms wollte sie neben der Betonung ihrer Zugehörgkeit zu ihrer Vaterstadt auch auf alle Familien- oder durch Heirat erworbene Namen verzichten, ein erster Beweis ihrer Auflehnung gegen ererbte, veraltete Standards im Sinne moderner, feministischer Anschauungen.

In den frühen siebziger Jahren erhielt sie nach ihrer 1966 erfolgten Übersiedlung nach Los Angeles die Erlaubnis, die erste feministische Kunstklasse des Landes an der California State University in Fresno zu eröffnen. Unter anderem lud sie auch Miriam Schapiro als Lektorin ein. Die beiden Künstlerinnen freundeten sich an und gründeten gemeinsam das feministische Kunstprogramm am California Institute of Arts in Valencia. Beide schrieben 1973 den Artikel „Female Imagery", der im Womanspace Journal erschien und Aufsehen erregte, da er eine Theorie der „weiblichen Formensprache" aufstellte, wozu das Konzept eines 'zentralen offenen Kerns' der Schlüssel ist.

1972 begann Judy Chicago abstrakte Bilder zu malen, die auf symbolischen Vaginaformen beruhen. Die Lithographie 'Durch die Blume' charakterisiert diese Schaffensperiode, stilisierte Petalen leiten den Blick zu einem rot und gelb glühenden Zentrum, welches die Öffnung zur Freiheit darstellt. Der Titel des Bildes nimmt den ihrer 1975 erschienenen Autobiographie vorweg: 'Durch die Blume: Mein Kampf als weiblicher Künstler.'

Ihr monumentales Fünf-Jahres-Projekt 'Die Dinner Party' eröffnete 1978 eine erfolgreiche Ausstellung im Kunstmuseum San Francisco, gefolgt von weiteren Ausstellungen dieses Werkes im ganzen Land, z.B. 1980 im Brooklyn Museum New York. Das Gemälde hat jetzt seinen dauernden Platz im Museum of Modern Art New York gefunden. Es stellt eine Art feministisches 'Abendmahl' dar, einen riesengroßen dreieckigen Tisch, wobei das Dreieck als ursprüngliches Symbol der Weiblichkeit und Wahrzeichen der Göttinnen gewählt wurde. Jede Seite des gleichseitigen Dreiecks ist von je 13 Sitzplätzen flankiert, wobei die 39 Frauengestalten die von Judy Chicago auserwählten, repräsentativen Frauen der Geschichte, des Mythos und der Kunst des Westens personifizieren, angefangen mit Göttinnen der Sage, über Eleonor von Aquitanien, Christine de Pisan (Feministin des 15. Jahrhunderts), Virginia Woolf, Georgia O'Keeffe bis zu Margaret Sanger und Sojourner Truth. Vor jedem Sitz ist am gestickten Tischtuch ein Porzellanteller gemalt, auf welchem Motivsymbole die Leistungen der betreffenden Persönlichkeit bewußt machen sollen. Die Entwürfe aller Teller beruhen auf dem für Chicagos Ästhetik so zentralen Vaginasymbol. Der monumentale Tisch (16 m Seitenlänge) mit den 39 Porzellantellern von je 35 cm Durchmesser ruht auf einer erhöhten Plattform, belegt mit handgeformten Ziegeln, auf welchen die Namen von weiteren

999 hervorragenden Frauen eingetragen sind. Das von Chicago mit diesem Monumentalwerk verfolgte Ziel war es, eine Geschichte des Beitrags der Frauen zur westlichen Kultur und Zivilisation sowie zur menschlichen Gesellschaft im allgemeinen zum Ausdruck zu bringen.

Judy Chicago ist Gründungsmitglied der Frauen-Kunstwerkstatt in Los Angeles und aktives Mitglied der amerikanischen Frauenbewegung.

34. Violet Citron (1901-?)

Malerin, in England geboren, absolvierte die zentrale Kunst- und Gewerbeschule in London, war aktives Mitglied der sogenannten 'Londoner Gruppe', einer Malerbewegung der zwanziger Jahre, und nahm regelmäßig an deren Ausstellungen teil.

In den dreißiger Jahren emigrierte sie nach Palästina und wurde dort in den Verband der bildenden Künstler aufgenommen. Sie stellte ihre Arbeiten in Museen von Tel Aviv und Haifa aus und ist Trägerin des Dizengoff-Preises des Jahres 1940. Sie wohnte und wirkte in Sichron Jaakov, einer malerisch gelegenen Ortschaft in den Vorhügeln der Karmel-Bergkette.

Violet Citron war Landschaftsmalerin und hat die spezifischen Schönheiten der israelischen Landschaft - Meer, Neuwald, Wüstenlandschaft - in der ihr eigenen, lebendig-farbigen Art wiedergegeben. Ihr Gemälde 'Landschaft' zeigt einen Durchbruch zu einer neuen Kontrasttechnik: helle Bäume auf dunklem Hintergrund. Ihre bevorzugten Techniken waren Öl auf Leinwand und Aquarell.

35. Maria Constantin

Malerin, Graphikern und Buchillustratorin, wurde 1926 unter dem Mädchennamen Schwefelberg in einer angesehenen jüdischen Familie in Bukarest geboren; ihr Vater war Rechtsanwalt und eine markante Persönlichkeit der jüdischen Gemeinde Bukarest. Als solcher hatte er sowohl unter dem Regime der 'Legionäre' ('Eiserne Garde') als auch nach dem Krieg unter der kommunistischen Diktatur bitter zu leiden. Maria konnte keine öffentliche Schule besuchen, während ihre ältere Schwester, ein literarisch hochbegabtes Mädchen, die Universität nicht besuchen durfte und ihre Gedichte unter dem Pseudonym

'Veronica Porumbacu' veröffentlichte. Sie setzte sich später als eine der führenden Dichterinnen Rumäniens durch, leider fiel sie 1977 einem Erdbeben zum Opfer.

Maria Constantin erhielt bereits mit 14 Jahren privaten Zeichenunterricht bei der Malerin Zoe Vermont, später studierte sie (wie die meisten künstlerisch begabten jüdischen Jugendlichen) an der von Professor Max Hermann Maxy geleiteten Kunstgewerbeschule, wo sie bei den Architekten Stern und Gusti auch Grundbegriffe der Architektur lernte. Sie bereitete sich privat auf das Abitur vor, das sie nach dem Krieg bestand; dann studierte sie Malerei bei dem bekannten rumänischen Maler Alexander Ciucurencu.

Bereits 1945 illustrierte Maria einige Bücher, und 1946 stellte sie ihre ersten Ölbilder und Poster im Dalles-Salon in Bukarest aus, dem offiziellen Herbstsalon der rumänischen Künstler. 1948/50 nahm sie an einigen Gruppenausstellungen teil. In den Jahren 1950/80 erreichte ihre künstlerische Tätigkeit Höhepunkte, sowohl was die Anzahl der Ausstellungen betrifft als auch im Hinblick auf die Qualität ihrer Werke. Außer an zahlreichen Ausstellungen in Rumänien nahm sie in dieser Zeit an 30 Ausstellungen rumänischer Künstler im Ausland teil, so in Athen und Heilbronn und erhielt 1949 und 1953 Preise bei Jugendwettbewerben. Sie machte Studienreisen in die UdSSR und die DDR, nach Italien, Frankreich, Griechenland und Israel und beteiligte sich 1978 am internationalen Symposium für die Kunst des Aquarells in Tirgoviste/Bulgarien.

Maria Constantin illustrierte insgesamt etwa 35 Bücher, Kinderbücher und Lyrik. Bis vor wenigen Jahren arbeitete sie mit verschiedenen Techniken, nämlich Öl, Gouache, Zeichnung, Monotyp, Poster. In den achtziger Jahren hat sie sich streng auf das Aquarell konzentriert, das ihren Möglichkeiten und ihrer Gefühlswelt am ehesten entspricht, wie sie sagt. 1986 gab sie eine Retrospektive über eine Zeitspanne von 40 Jahren im offiziellen Salon der Kunst in Bukarest und seither wurde sie durch ihre Aquarelle berühmt. Seit 1945 ist sie Mitglied der Vereinigung rumänischer bildender Künstler. Sie ist mit Dr. Paul Constantin verheiratet, Professor für Kunstgeschichte an der Akademie der Schönen Künste 'Nicolae Grigorescu' in Bukarest und Autor mehrerer Werke über Kunst. Ihre einzige Tochter Micaela ist ausgebildete Malerin und lebt in Paris.

Maria Constantins Bilder befinden sich in Museen, Galerien und Privatsammlungen Bukarests und anderer rumänischer Städte.

Jüdische Frauen in der bildenden Kunst

36. Micaela Constantin

Malerin, wurde als Tochter von Maria Constantin 1954 in Bukarest geboren und wuchs in einem künstlerischen Milieu auf; denn ihre Mutter Maria ist Malerin und ihr Vater Dr. Paul Constantin Universitätsprofessor für Kunstgeschichte. Nach Beendigung der Mittelschule studierte sie an der Akademie der Schönen Künste in Bukarest Malerei und dekorative Kunst und machte ihr Diplom mit Auszeichnung. Ebenso glänzend absolvierte sie dann die Sorbonne in Paris, wo sie 1989 ein M.A.-Diplom in Kunstgeschichte erwarb. 1984/87 lebte Micaela in Lyon, seit 1987 in Paris. Sie ist sowohl Mitglied des Verbandes rumänischer bildender Künstler als auch der Union Maison des Artistes in Frankreich. Micaela ist künstlerisch vielseitig tätig und arbeitet in Aquarell, Gouache, Entwürfen zu Wandteppichen, Graphik, macht Illustrationen für rumänische Kinderbücher und Bühnenbilder für Marionettentheater.

In den Jahren 1976/82 nahm sie an zahlreichen Gruppenausstellungen in mehreren Städten Rumäniens teil und veranstaltete Einzelausstellungen ihrer Werke in Bukarest und anderen Orten Rumäniens. Im Jahre 1984 hielt sie eine Einzelausstellung in Jerusalem und im Salon d'Automne Lyon. In den Jahren 1986/92 gab es regelmäßige Einzelausstellungen in Paris und Lyon. 1990/91 war sie Mitarbeiterin der Zeitschrift 'Klap' in Holland. Ihre Werke befinden sich in Privatsammlungen in Rumänien, Israel, Frankreich, Dänemark, Holland, England und den USA; einige ihrer Bilder wurden vom rumänischen Kulturministerium erworben. Ihre Themen sind Landschaften und Stilleben, besonders Blumen.

37. Charlotte Corinth, geb. Behrend (1880-1967)

Malerin, wurde in Deutschland als Tochter einer Familie des gehobenen Mittelstandes geboren, bewies schon als Kind Zeichentalent und wurde anfangs von Eva Stort in einer Berliner Schule im Malen unterwiesen.

Dann wurde sie eine der ersten Schülerinnen der von Lovis Corinth anno 1901 gegründeten Malschule für Mädchen. Sie vervollkommnete ihre Studien an der Kunstakademie von Königsberg und an der Academie Julien in Paris.

Charlotte heiratete ihren Lehrmeister Lovis Corinth, den schon damals berühmten Maler (1858-1925), der um viele Jahre älter war als sie. Ihr Ziel war es, nicht im Schatten ihres Mannes zu stehen und auch nicht in derselben Manier wie er zu schaffen.

Die erste Einzelausstellung ihrer Werke wurde von der Sezession Berlin veranstaltet und enthielt u.a. die Gemälde 'Die Mutter', 'Die schwere Stunde', 'Schwere Zeit' und 'Geburt', wobei das letzte Bild von einer Berliner Klinik (Dr. Strassmann) angekauft wurde.

Sie reiste viel und verwandelte ihre Eindrücke einer Spanienreise in lebhafte Bilder. Im Jahre 1925 starb ihr Mann; sie blieb mit zwei Kindern zurück (einem Sohn, heute in den USA und einer Tochter in Hannover). Die Künstlerin hielt sich auch einige Jahre in Italien auf, wo ihre eindrucksvollen Seebilder und viele Landschaftsbilder entstanden, u.a. auf Sizilien. Sie malte gerne in Aquarell, z.B. Landschaften im Mondschein u.a. In der Vielfalt ihrer Themen hatten Porträts einen angemessenen Platz.

Sie war Mitglied der Berliner Sezession, wurde also von den Nazis als „entartete Malerin" eingestuft und mußte Deutschland 1933 verlassen. Sie floh in die USA, wo sie bis an ihr Lebensende wirkte.

Ende des Zweiten Weltkriegs veranstaltete Charlotte Corinth eine Retrospektive ihres Werkes in München, 1957 eine Retrospektive des Werkes ihres Mannes Lovis Corinth. Außer Ölbildern, Aquarellen und Kohlezeichnungen schuf sie Buchillustrationen. Sie stellte ihre Bilder auch in Pittsburgh aus; ihre Werke befinden sich in Museen von Düsseldorf und Berlin sowie in Privatkollektionen.

38. Catherine da Costa (1679-1756)

Malerin, die in der Gruppe sephardischer Maler in London wirkte. Diese Künstler waren Nachkommen der aus Spanien und Portugal vertriebenen Juden und Marranen (zwangsgetaufte Juden), die zunächst in Nordeuropa, in Schweden und Holland eine neue Heimat fanden und dann auch im liberalen England Oliver Cromwells Asylrecht erhielten.

Die Mehrzahl der Künstler schuf Porträts, was sehr einträglich war, da viele reiche Bürger ihre Konterfeis den kommenden Generationen hinterlassen wollten und die Fotografie noch nicht erfunden war. In der Sammlung des Enrique da Costa aus Amsterdam fand man am Ende des 19. Jahrhunderts viele Porträts von Mitgliedern angesehener Familie aus vergangenen Jahrhunderten.

In der Gruppe dieser sephardischen Maler, die unter der Leitung von Solomon da Silva in England wirkten, befand sich auch Catherine da Costa, Tochter einer wohlhabenden jüdischen Intellektuellenfamilie, Schülerin des berühmten Zeichners und Kupferstechers Bernard Lens. Sie malte u.a. als Miniatur, wie seinerzeit üblich, das Porträt ihres zehnjährigen Sohnes Abraham (1714) und das Porträt ihres Vaters, Dr. Fernando Mendez, Hofarzt des britischen Königs Karls II. (1660-1685), den sie in der Mode des 18. Jahrhunderts darstellte (1721).

Ihre Werke zeugen von naiver Anmut und talentiertem Können. Catherine da Costa ist als erste jüdische Malerin namentlich bekannt. Sie hatte den Mut besessen, die gegen künstlerisch tätige Frauen aufgerichteten Barrikaden zu überwinden und das Glück gehabt, daß manche ihrer Gemälde erhalten geblieben sind, die sich zum Teil im Jüdischen Museum London befinden.

Von einer anderen jüdischen Malerin derselben Zeit und ebenfalls sephardischer Herkunft namens de Castro ist nur bekannt, daß sie auch in London wirkte und 1777 das Bild eines farbenprächtigen Blumenarrangements in der Royal Academy of Arts in London ausgestellt hatte. Sie war die erste jüdische Malerin, der diese Ehre zuteil wurde.

39. Sonja (Terk-) Delaunay (1885-1979)

Malerin, in der ukrainischen Ortschaft Gradiszk als Tochter eines Fabrikarbeiters namens Stern im Jahre 1885 geboren. Als dreijähriges Kind verlor sie ihre Eltern und wurde von Henry Terk adoptiert, einem Onkel mütterlicherseits und wohlhabenden St. Petersburger Rechtsanwalt.

Frühzeitig wurde ihr Zeichentalent entdeckt, und sie begann in Petersburg, Malstunden zu nehmen. In den Jahren 1903/05 studierte sie Kunstgeschichte in Karlsruhe. 1905 ging sie nach Paris, wohnte anfangs bei russischen Freunden, übersiedelte aber bald in ein eigenes Atelier in Montparnasse und studierte Malerei an der Akademie La Palette bei Amedée Ozenfant und de Segonzac; gleichzeitig erlernte sie bei Rudolf Grossmann die Technik des Kupferstichs.

Im Jahre 1908 heiratete sie den deutschen Kunsthändler und Kritiker Wilhelm Uhde, der sie mit Malern der französischen Avantgarde wie Rudolf Levy, Jules Pascin, Hans Purrmann, Pablo Picasso, Maurice Vlaminck und Marc Chagall bekannt machte. Eine Zeitlang arbeitete sie auch im Atelier von Gauguin, wo sie den Maler Robert Delaunay kennenlernte. Sonja verliebte sich in ihn, ließ sich von Wilhelm Uhde scheiden und heiratete Robert Delaunay.

Um des Broterwerbs willen ging Sonja nun zur dekorativen Kunst über, die einträglicher war, schuf abstrakte Musterteppiche, Bucheinbände und Illustrationen sowie Design. 1912 entwarf sie bunte, farbenfrohe Bettwäsche mit ukrainischen Folkloremotiven für ihr Kind. 1913 illustrierte sie einen Gedichtband von Blaise Cendrars. Sie wurde eine führende Theoretikerin der Pariser abstrakten Malschule. Der bekannte französische Schriftsteller und Kunstkritiker Guillaume Apollinaire, einer der besten Freunde des Künstlerehepaares, verbrachte mit ihnen die Kriegsjahre 1914/18 in Spanien und schrieb über sie: „Das einzige Gesprächsthema der beiden war das Licht und der Schatten, Farben, Kompositionen und ähnliches." In jenen Jahren schuf Sonja Delaunay das Gemälde 'Simultane Farben' (1913), das sich im Kunsthaus von Bielefeld befindet, ferner 'Portugiesischer Markt' 1915, Museum of Modern Art New York, sowie das abstrakte Werk 'Elektrische Prismen', das im Musée d'Art Modèrne im Centre Pompidou Paris zu sehen ist.

Im Jahre 1921 kehrte das Ehepaar Delaunay nach Paris zurück und bezog ein Appartement am Boulevard Malesherbes, wo oft Mitglieder der Pariser Avantgarde zu Gast waren. In den materiell schwierigen Jahren 1920/30 arbeitete Sonja hauptsächlich als Designerin für Kleider, Stoffmuster und Theaterkostüme. Zusammen mit dem Modeschöpfer Jaques Heim organisierte sie 1925 die Boutique Simultanée für die Internationale Ausstellung dekorativer und industrieller Kunst in Paris. Im Jahre 1927 hielt sie an der Université de Paris Vorlesungen über den „Einfluß der modernen Kunst auf die Kleiderindustrie".

1930 kehrte Sonja zur Malerei zurück, und 1931 schloß sie sich der neugegründeten Gruppe 'Abstraction-Création' an. Ihre Bilder stellen geometrische Figuren in verschiedenen Farben dar und wurden in Paris in der Galérie des Salons de Réalités Nouvelles ausgestellt.

Bei Ausbruch des Zweiten Weltkriegs verließen die Delaunays Paris und übersiedelten zuerst in die Auvergne, dann in den Süden Frankreichs. Hier starb Robert 1941 an Krebs. Sonja zog nach Grasse, einem kleinen Mittelmeerhafen unweit von Nizza, wo sie bis zum Ende des Krieges verblieb. 1945 kehrte Sonja Delaunay in ihre Wohnung in der Rue St. Simon nach Paris zurück, wo sie bis zu ihrem Lebensende wohnte.

1950 erhielt sie eine Anzahl offizieller Aufträge. 1958 wurde sie für ihre Verdienste zum 'Chevalier des Arts et des Lettres' ernannt, und 1975 erhielt sie schließlich den Titel eines 'Ritters der Ehrenlegion'. Sie starb hochbetagt 1979 in ihrem Heim in Paris.

Sonja Delaunay, damals noch Sonja Uhde, hielt ihre erste Einzelausstellung 1908 in der Galerie Notre Dame des Champs in Paris unter der Ägide ihres Mannes Wilhelm Uhde. Es folgten 1014 Ausstellungen im 'Salon des Indépendants' und anderen Galerien in Paris. Im Jahre 1953 hielt sie eine Retrospektive ihres Werkes ebenfalls in Paris. Weitere Einzelausstellungen ihrer Bilder gab es im Musée d'Art Modèrne in Paris (1967, 1988) und im Museum der modernen Kunst in Tokio. Einige Monate nach ihrem Ableben fand 1979 eine Retrospektive ihres Gesamtwerkes in der Albright-Knox-Gallery in Buffalo/USA statt.

Noch im hohen Alter von 90 Jahren malte die Künstlerin 1975 auf Bestellung der UNESCO zu Ehren des 'Internationalen Jahres der Frau' ein eindrucksvolles Plakat. Ihre Empfänglichkeit für alles Neue machte Sonja Delaunay zur Wegbereiterin mehrerer moderner Kunstrichtungen, z.B. gemeinsam mit ihrem Mann Robert Delaunay des 'Orphismus' als Vorläufer des 'Abstraktionismus'. Ihr verdankt man vor allem das Eindringen der modernen abstrakten Kunst in die Kleiderindustrie und ins tägliche Leben. Die Originalität ihrer Farben und die Rhythmen ihrer Bilder sichern Sonja Delaunay einen Ehrenplatz in der Geschichte der Kunst des 20. Jahrhunderts.

40. Renata Duncan-Guertin

Malerin, wurde 1920 in Bozieni-Roman/Rumänien geboren und absolvierte 1954 als Schülerin des bekannten Malers Alexander Ciucurencu das Institut für bildende Kunst (früher Akademie) in Bukarest. Im folgenden Jahr nahm sie am Jugendfestival in Warschau teil, wo sie ihr Gemälde 'Freundschaft' ausstellte. In den Jahren 1957/67 lehrte sie Malkunst am Pädagogischen Institut der Universität Bukarest. Im Jahre 1967 wurde sie zur Chefredakteurin der 'Zeitschrift für Kunstgewerbe Rumäniens' ernannt, wo sie von 1967 bis 1974 wirkte. Ihre erste Einzelausstellung hielt sie 1963 in der Galerie Orizontul in Bukarest, der weitere 14 Einzelausstellungen in Rumänien, Israel, Frankreich, Italien, Belgien, Polen, Japan und Kanada folgten. Sie schuf u.a. Entwürfe für Wandteppiche und Tapeten.

Im Jahre 1976 verließ sie Rumänien und wanderte nach Israel aus, wo sie zwei Jahre arbeitete. 1979 heiratete sie den kanadischen Rechtsanwalt Fernand

Guertin und übersiedelte zu ihm nach Montreal. Ihre Bilder befinden sich in Museen und Galerien sowie Privatsammlungen in Rumänien, Israel, Frankreich, Kanada und andernorts. In den Jahren 1974/85 hatte die Künstlerin Einzelausstellungen in den Galerien Levi Paris, Beit Sokoloff Tel Aviv, Elca London, Centre d'Exposition Brancusi Montreal, Atelier Lucacs Montreal und Toronto u.a.

Für Renata Duncan-Guertin ist die Malerei ihr Lebensziel, dem sie den Reichtum ihrer Gefühle und die Stärke ihres Talentes verleiht. In ihren Werken können die einzelnen Entwicklungsperioden ihres Schaffens klar erkannt werden: Die klassischen Kompositionen des Sozialistischen Realismus, wo ihre Bilder in kräftigen Farben Arbeiterszenen oder das Leben der Kollektivbauern in Rumänien zeigen; dann folgt die Periode der Befreiung von den Fesseln der Diktatur des Proletariats; nach ihrer Emigration der Kubismus, etwa in den Gemälden 'Genesis' oder 'Ewige Rückkehr', die höhere Thematik kosmischer Dimensionen, z.B. in 'Die Klarheit Israels'. Später neigte sie immer mehr zum Expressionismus und verschmolz geometrische Muster in stilisierter Form, die sie schließlich zum Abstraktionismus führten, z.B. in 'Magnetisches Feld', 'Transparenz' oder 'Unendlichkeit'.

41. Rahel Eliezerit (1916-1988)

Malerin, geboren in Hebron, kam als Kind mit ihrer Familie nach Ägypten und wuchs in Alexandria auf, wo sie in Kunstschulen Zeichnen und Malen lernte. Nach ihrer Rückkehr nach Palästina, als sich die Familie in Jerusalem niederließ, besuchte sie die dortige Bezalel-Akademie für Malerei und Bildhauerei. Sie unternahm mehrere Studienreisen, u.a. nach Athen, Rom, Florenz, Paris.

Dann schlug sie die pädagogische Laufbahn ein und arbeitete jahrelang als Lehrerin für bildende Kunst an verschiedenen Mittelschulen Israels. Sie war vor allem Porträtistin und hat Porträts vieler israelischer Persönlichkeiten geschaffen. Ein anderes beliebtes Thema ihrer Bilder war die Landschaft Jerusalems und deren architektonische Eigentümlichkeit, die sie mit viel Liebe und Verständnis einzufangen verstand.

Rahel Eliezerit hatte mehrere Einzelausstellungen in Israel und Europa zu verzeichnen und an vielen Gruppenausstellungen teilgenommen. Ihre Arbeiten befinden sich in Privatsammlungen in den USA, England und Israel. Ihre

Technik ist vielseitig: Aquarell, Gouache, Tempera, Acryl, Zeichnung, gemischte Techniken sowie Drucktechnik; sie hat auch Skulpturen aus Ton und Stein geschaffen, - sie lebte und wirkte in Ramat Gan/Israel.

42. Sarah Faitlovicz-Glückmann

Malerin, wurde 1910 in Lodz/Polen geboren, absolvierte dort eine Kunstschule, studierte dann an der Kunstakademie in Warschau, wurde dank ihrer künstlerischen Tätigkeit in Polen rasch bekannt und bereits 1930 Mitglied der polnischen Künstlervereinigung. Sie beteiligte sich an zahlreichen Gruppenausstellungen in Polen sowie an internationalen Festivals.

Den Zweiten Weltkrieg und den Holocaust hat Sarah Faitlovicz im Ghetto von Lodz überlebt, wo sie trotz Hunger und Lebensgefahr ihre Malerei fortsetzte.

In den Jahren 1946/57 gab es Einzelausstellungen ihrer Bilder in Warschau, Krakau und Lodz. In diesen Jahren wurde sie viermal vom polnischen Ministerium für Kunst und Kultur ausgezeichnet, und 1955 erhielt sie eine Medaille für das Dezennium ihrer Arbeit (1945/55). Mehrere ihrer Bilder wurden vom polnischen Nationalmuseum Warschau, dem Märtyrermuseum in Warschau und dem kunsthistorischen Museum in Lodz gekauft.

Wegen des erstarkenden Antisemitismus in Polen wanderte sie 1957 nach Israel aus, wo sie sich in Tel Aviv niederließ. Sie wurde Mitglied des israelischen Künstlerverbandes und nahm an allen vom Verband organisierten Gruppenausstellungen teil, außerdem hatte sie 1958/66 Einzelausstellungen in verschiedenen Städten Israels zu verzeichnen.

Die Holocaust-Gedenkstätte Yad Vashém in Jerusalem hat einige ihrer Bilder erworben, deren Themen aus dem Lodzer Ghetto stammen und die ihr zu retten gelungen waren, z.B. 'Die Vertreibung ins Ghetto' oder 'Die Brücke im Lodzer Ghetto', beide 1946 in Polen mit Preisen ausgezeichnet. Auch andere Institutionen Israels, z.B. die Gewerkschaft Histadrut und die Staatslotterie, haben Bilder von ihr erworben.

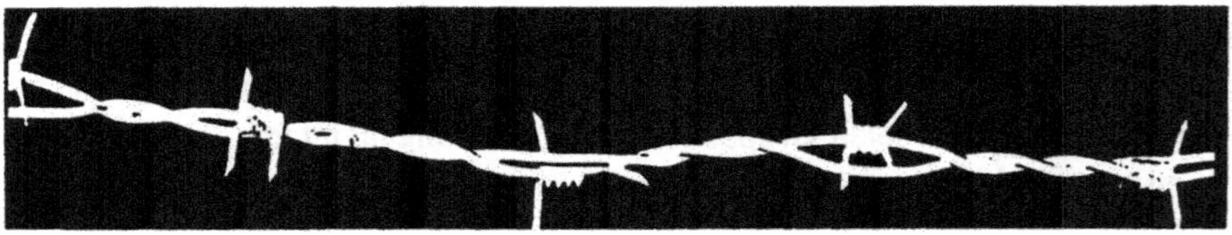

43. Dorothy Field

Bildhauerin, 1944 in New York als Kind einer traditionellen jüdischen Familie geboren; ihre Großeltern stammten aus Osteuropa. Die Eltern selbst waren assimilierte Juden, so daß Dorothy in ihrer Kindheit nichts vom Judentum wußte und erst als Erwachsene zu ihrer jüdischen Identität fand. Nach dem College fuhr sie nach Kalifornien, nicht ohne 1966 an der Universität von Rochester/New York das B.A.-Diplom in Geschichte mit Auszeichnung erworben zu haben.

Sie inskribierte sich an der Universität von Berkley für Textildesign und erwarb 1971 den M.A. in diesem Fach. In Berkley begegnete sie auch ihrem späteren Mann, dem Holländer Rudolf von der Vegt, mit dem sie 1971 nach Kanada auswanderte. Die folgenden zehn Jahre verbrachte sie in einem kleinen Ort auf der Vancouver-Insel/Britisch Columbia. Dort war sie sehr einsam, denn es gab wenig Einwohner, fast keine Juden und keine Künstlerkollegen. Unter diesen Umständen beschloß Dorothy, sich auf ihr Judentum zu besinnen und intensiv jüdische Geschichte und Kultur zu studieren, um auf diese Weise ihre Identität zu formen.

Sie arbeitete im Bereich Textildesign, was ihr aber wenig schöpferische Befriedigung verschaffte. Anfang der achtziger Jahre begann sie, sich näher für handgeschöpftes Papier zu interessieren, welches ihr Spontaneität und Freiheit des Ausdrucks versprach, die sie beim Weben vermißte.

Nun unternahm sie mehrere Reisen in den Fernen Osten, zuerst nach Japan und später nach Korea, Thailand, Nepal, Indien und Burma, wo sie die Technik der manuellen Papierherstellung und die Rolle des Papiers in der fernöstlichen Kultur studierte. In den Jahren 1984/85 erlernte sie koreanische Papiertechnologie bei Kim Yeong Yon in Wonju/Korea, die Shan-Technologie in Ban Mai Mok Yam/Thailand, die Gampi-Methode mit Shimura Asao in Kasama/Japan. Sie arbeitete 1983 in den Werkstätten der Internationalen Papierkonferenz in Kyoto/Japan und bei Lilian Bell in der Oregon School of Arts and Crafts in Portland/Oregon.

1988 erlitt ihr Mann einen schweren Unfall, und Dorothy mußte ihr Reiseprogramm unterbrechen. Kindheitserlebnisse, die ihr tiefe Wunden geschlagen hatten, und der durch den Unfall hervorgerufene Schock beeinflußten ihr Gemüt, und sie befaßte sich nun eingehend mit dem Studium des Holocaust, des Terrors und der Vergewaltigung von Kindern. Es reifte in ihr eine eigene, spezifische Kunstanschauung, die in ihrem ersten größeren Papierwerk 'Women in Black - Mourning the Split' *(s. S. 221)* zum Ausdruck kommt. Diese Papierskulptur wurde 1991 zum ersten Mal in einer Gruppenausstellung jüdischer Künstler von Vancouver und Victoria unter dem Titel 'Exhibition Genesis' im Jewish Community Center in Victoria/Britisch Columbia ausgestellt.

Einige aus selbstgemachtem Papier angefertigte Torsi, z.B. ärmliche Frauenjacken, stehen nebeneinander in stummem Protest gegen Ungerechtigkeit. Die Originalität des Materials und der plastischen Darstellung sind beeindrukkend. Das verwendete Papier wurde von Dorothy Field aus rohen Pflanzenfasern des Maulbeerbaums nach einer japanischen Technologie selbst hergestellt, während die Torsi aus Gips geformt wurden.

Seit 1987 unterrichtete sie in verschiedenen Werkstätten die manuelle Herstellung, Färbung und Marmorierung des fernöstlichen Papiers, z.B. in Cortez Island/Vancouver bzw. im eigenen Atelier in ihrem Wohnort Cobble Hill/Britisch Columbia. Sie hielt eine Reihe von Vorträgen über die oben erwähnten Techniken der Papiererzeugung und Färbung, und zwar im Zusammenhang mit den ostasiatischen Kulturen, sowohl in Kanada als auch in den USA. Mit ihren Papierskulpturen bestritt Dorothy Field mehrere Ausstellungen, u.a. in Kanada und den USA, in San José/Costa Rica, Japan, Mexiko usw.

Die Vielseitigkeit ihrer Begabung und die dauernde Suche nach neuen Ausdrucksmitteln wird auch in ihrem Schaffen als Kunstfotografin deutlich. Auf ihren ausgedehnten Reisen in Ostasien hat sie mit ihrer Kamera eindrucksvolle Landschaften und andere Motive eingefangen und mehrere Fotoausstellungen und illustrierte Artikel über ihre Reisen erarbeitet. Besonders auf ihren Indienreisen beschäftigte sie sich mit den alten jüdischen Gemeinden in Indien, und 1991 veranstaltete sie in Vancouver eine große Fotoausstellung ihrer Arbeiten zu diesem Thema.

Dorothy Field lebt und wirkt in Cobble Hill auf der Vancouver-Insel mit ihrem Mann und ihrer Tochter; die Familie besitzt eine kleine Farm, die sie selbst bewirtschaftet. Die grenzenlose Energie, der Arbeitseifer, die Originalität ihres Werkes und die Vielseitigkeit ihres Talentes verschaffen Dorothy Field einen besonderen Platz im Kreise jüdischer Künstlerinnen.

44. Janet Fish

Malerin, wurde 1938 in New England geboren; ihre Mutter war Bildhauerin, einer ihrer Großväter Maler, so daß es nur 'natürlich' erscheint, daß Janet sich von Kind an für bildende Kunst interessierte. Sie studierte Bildhauerei und Druckkunst am Smith College in Northhampton/Massachusetts und ging von dort 1960 an die Yale University.

Obwohl sie Skulptur studiert hatte, zog sie die Malerei vor und zählte in den sechziger Jahren zu den realistischen Malerinnen Amerikas. Durch diese Wahl ihres Stils isolierte sie sich von der damals vorherrschenden Strömung des Abstraktionismus. Auch die Wahl ihrer sog. weiblichen Subjekte als Themen ihrer Bilder rief den Unmut der dominierenden männlichen Malerwelt hervor.

Sie schuf Collagen, die sie im Stil von Audrey Flack mit Fotografien kombinierte, außerdem Stilleben mit Glastellern und Vasen, bei denen sie es verstand, die Reflexe meisterhaft wiederzugeben, z.B. in ihrem Bild 'Black Vase with Daffodils' (Öl auf Leinwand, 1980), das sich in Privatbesitz befindet.

45. Louise Fishman

Malerin, geboren 1938, stammt aus einer jüdischen Familie Osteuropas; ihr Großvater war Talmudgelehrter in Rußland und emigrierte infolge der Pogrome. Die ganze Familie verließ ihre alte Heimat und zog nach Argentinien in eine der seinerzeit von Baron Hirsch gegründeten landwirtschaftlichen Siedlungen, wo der Großvater ein richtiger Gaucho wurde.

Über Louises Ausbildung sind keine Einzelheiten bekannt. Sie ist eine überzeugte abstrakte Expressionistin, und ein befreundeter Kritiker beschrieb sie mit den Worten: „Ein Talmudgelehrter auf einem bockenden wilden Hengst." (W. Beckett 1988) Tatsächlich verbindet sie in ihren Bildern die formale Disziplin eines Gelehrten mit dem Überschwang ihres Temperamentes, welches sie hin- und herschleudert wie ein ungezähmtes Pferd den Cowboy, ohne daß sie aber jemals aus dem Sattel geworfen worden wäre.

Wenige Künstler üben eine so tiefe 'Weltverschiedenheit' in ihrer abstrakten Kunst aus, wie Louise Fishman, die jede entzifferbare Bilderkunst abgeworfen hat. Ihr Hauptwerk 'Cinnabar and Malachite' ('Zinnober und Kupferspat') mit seinen starken Stürzen von Linien und Farben, seinen heftigen, rauhen horizontalen und diagonalen Bögen, die nach innen gekehrt sind, ist ein Akt der Einkehr wie ein heißes Gebet. Im Grübeln über ihren Großvater und ihre Herkunft sagte Louise Fishman, daß sie in sich eine sehr starke religiöse, spirituelle Seite erkannt habe, und daß dies ihren Zugang zur Malerei unbedingt beeinflußt habe, sowohl in der Linienführung als auch besonders in ihrer Farbpalette.

Zinnober ist ein rotes Quecksilbersulfid, das beides suggerieren kann: Metall und den Götterboten Merkur; Malachit ist ein Mineral, basisches Kupferkarbonat, der Name erinnert jedoch an den biblischen Propheten Malachi. Nichts ist hier Zufall, alles ist gewollt eingesetzt, um das Werk zur emotionalen Schönheit der abstrakten Kunst gelangen zu lassen. Louise Fishman ist eine ihrer großen Interpretinnen.

46. Audrey Flack

Malerin, geboren 1931 in New York, zeigte schon als Kind Talent und Interesse für Zeichnen und Malerei, studierte an der High School of Music and Art New York und stand dort unter dem Einfluß des Kubismus. Dann ging sie zur Cooper Union und erlebte abstrakten Expressionismus als herrschenden Stil. Sie setzte ihre Studien an der Yale University's Graduate School fort, wo Joseph Albers vergeblich versuchte, sie zum Abstraktionismus zu bekehren. Sie erwarb den M.F.A.-Titel in Yale, kehrte aber mutig zu ihrem Realismus zurück, was sie dem Spott und den Angriffen ihrer männlichen Kollegen aussetzte. Sie verneinte den Abstraktionismus aus Prinzip, weil er ihrer Ansicht nach von der Mehrheit des Publikums überhaupt nicht verstanden werde. Im Gefühl, daß sie für realistische Malerei zu wenig vorbereitet sei, besuchte sie Mitte der fünfziger Jahre die Art Students League und war eine der wenigen Künstlerinnen, die den menschlichen Körper zum Thema ihrer Bilder wählten.

Trotz zeitbedingter Ablehnung ihrer Werke arbeitete sie auch in den sechziger Jahren an Bildern mit erkennbaren Sujets weiter. Sie war die erste, die Farbfotos und gemalte Bilder kombinierte, z.B. in 'Kennedy's Autokolonne' 1964, und versuchte dann, Farbdias direkt auf ihre Leinwand zu projizieren, wodurch sie noch stärkere Form- und Farbeffekte erzielen konnte.

Ab 1970 befleißigte sie sich einer speziellen Maltechnik (airbrush), welche die Struktur der Dinge besser wiedergibt. Eines ihrer bekanntesten Werke ist 'World War II, April 1945', das sich auf die Befreiung des Konzentrationslagers Buchenwald bezieht. Hier kombinierte sie einen Teil der Fotografie von Margaret Bourke-White - 'Die lebenden Toten von Buchenwald' - mit 'Stilleben' als Anklänge an die Sterblichkeit: rote Rose, brennende Kerze,

Uhr, Falter, überreife Birnen -, ein Werk, das gleichzeitig Tribut an die Überlebenden und Gedenken der sechs Millionen ermordeter Juden sein soll.

Audrey Flack sagt von sich selbst, daß sie während des Zweiten Weltkriegs „mit all der Furcht und Aufregung des Bewußtseins, eine Jüdin zu sein“, aufwuchs (Aufbau, 19.12.1986), und daß sie zwar in Queens geboren sei, aber ihre Eltern aus österreichisch Galizien stammten und ihr Bruder als einer von zwei Soldaten eines gesamten amerikanischen Bataillons die letzte deutsche Gegenoffensive im Winter 1944/45 überlebte ('Battle of the bulge'). Diese frühen Erfahrungen und ihre jüdische Zugehörigkeit haben sich in Audrey Flacks künstlerischer Arbeit und besonders im oben beschriebenen großen Öl-Acrylic-Gemälde (2,5 m x 2,5 m) verdichtet und ausgereift niedergeschlagen.

Neben Porträts malte sie eine ganze Reihe von Stilleben, in welchen sie persönliche Gegenstände und Hausobjekte darstellte: Schmuckstücke, Lippenstifte, Spielkarten usw. In ihrem Bild 'Marilyn' stellte sie der damaligen Sexgöttin in Schwarz-weiß-Fotografie - jung, gesund, lachend, in ganzer Lebensfülle und Sinnlichkeit - Zeichen des Todes gegenüber: Samt- und Satinstoff, eine Rose, Make-up-Dosen, Parfümfläschchen, glänzende Silberperlen und ein stilisierter Goldrahmen umgeben Marilyns Bild. Aber die Monroe ist ein starkes Symbol einer Kultur der Ausbeutung, von Leid und frühem Tod; daher bringt Audrey Flack verfaulende Früchte ins Bild, eine Uhr, ein Stundenglas, eine brennende Kerze und einen Malerpinsel, von welchem rote Tropfen wie Blut auf die Leinwand fallen. Dieses Bild mutet wie eine Gegenwartsfassung der holländischen 'Vanitas'-Bilder des 17. Jahrhunderts an, welche die Kürze des Lebens und die Nichtigkeit des menschlichen Seins vor Augen führen wollten.

Audrey Flack ist eine der Begründerinnen und hervorragendsten Künstlerinnen der Kunstrichtung, die 'Foto-Realismus 1970' genannt wurde. Ihre Werke befinden sich in amerikanischen Museen und Privatsammlungen.

Anfang der achtziger Jahre gab es einen Wendepunkt im Schaffen der Künstlerin. Ihr neues Wirkungsfeld waren Skulpturen, und ihr Erstlingswerk nennt sich 'Engel mit Herzschild' 1981 (Bronze). Es folgten viele weitere Skulpturen, z.B. 'Die Medizinfrau' in bemaltem Ton 1989, 'Die Göttin der heilenden Wasser' in bemaltem Gips 1987, 'Die Sonnengöttin' 1990 oder 'Diana' in weißem Marmor u.a. Sie schuf auch Köpfe aus Marmor, Gips und Bronze, wobei sie ihre Skulpturen mit Halsketten, Armbändern oder Gürtel ausstattete, die mit verschiedenen Symbolen behängt sind.

Viele ihrer Skulpturen befinden sich in Rock Hill/Südkarolina, in Privatsammlungen in New Jersey, New York und Ontario. Ein Teil dieser Skulpturen wurde vom P. Harn Museum of Art der University of Florida/Gainesville angekauft. Im Jahre 1992 erschien eine umfassende Monographie über Audrey Flack unter dem Titel 'Breaking the Rules' (herausgegeben von Thalia Gouma Peterson, Verlag Harry Abrams, New York), die eine Art Retrospektive ihres wechselhaften Werkes von Anfang bis in die neunziger Jahre darstellt.

47. Toby Flueck, geb. Knobel

Malerin, 1926 in einer streng jüdisch-orthodoxen Familie auf einem kleinen Bauernhof in Czernika/Polen geboren, war Toby mit den Traditionen des ostjüdischen Schtetl aufgewachsen und eng verbunden. Der Vater besorgte das Feld, ihre Mutter und eine ältere Schwester das Vieh, während eine andere Schwester Schneiderin war und der einzige Junge die religiöse Grundschule ('Chéder') in der nahen Stadt besuchte. Toby, die jüngste, ging in die Grundschule am Ort.

Die Familie gehörte zu den Armen des Dorfes. Man aß, was man auf dem Feld und im Garten erntete: Kartoffeln, Gemüse, Getreide, und man sammelte Pilze in den nahen Wäldern. Was von der Ernte übrigblieb, tauschte man gegen Salz, Zucker u.a. Im Haus wurde gesponnen und gewebt. Tobys Mutter buk für die Feiertage Kuchen zum Verkauf. Da es im Dorf keine Synagoge gab, kamen die wenigen jüdischen Einwohner an den Feiertagen zur Familie Knobel, die ihnen zum Beten die beiden Räume des Bauernhauses zur Verfügung stellte.

Dieses friedliche Leben nahm im September 1939 ein schreckliches Ende, als Bomben auf das nahegelegene Städtchen Brody fielen. Der Krieg war ausgebrochen, Polen wurde im Blitzkrieg überrannt, die Behörden flohen. Während der östliche Teil des Landes von den Sowjets annektiert wurde (zunächst nur für die Dauer eines Jahres), kam der westliche Teil unter die Stiefel der deutschen Besatzer.

Nach der Errichtung des Generalgouvernements am 26. Oktober 1939 wurde die Jagd auf Juden immer ärger, Familie Knobel wie alle Juden des Ortes ins Ghetto Brody gebracht, von wo täglich Transporte nach Auschwitz gingen. Obwohl Tobys Eltern ein gutes Versteck hatten, wurden sie aufgespürt, und nur Toby und ihre Mutter konnten in die nahen Wälder flüchten, wo sie sich tagsüber versteckt hielten und nachts Unterkunft und Nahrung bei früheren christlichen Nachbarn fanden.

Nach der Befreiung durch die Sowjetarmee arbeitete Toby eine Zeitlang in einer Bäckerei. Mutter und Tochter beschlossen, zu ihrer Familie nach Amerika zu reisen. Sie überquerten die Grenze zur Westzone, wo sie in ein Lager für 'displaced persons' in Föhrenwald bei München eingewiesen wurden, um auf ihre Einreisebewilligung zu warten.

Inzwischen erlitt ihre Mutter einen Schlaganfall und war an den Rollstuhl gefesselt. Sie kam in ein Hospital für chronische Krankheiten in Bad Wörishofen, wo sie zwei Jahre blieb. Während dieser Zeit lebte Toby im Lager in Bad Wörishofen. Dort lernte sie ihren Mann kennen und heiratete 1949. Im selben Jahr erhielten sie die Einreisepapiere für die USA und gingen nach New York, wo sie endlich Gelegenheit fand, ihr Maltalent zu schulen. Sie lernte bei Joe Hing Lowe, der ihr verschiedene Maltechniken beibrachte, und bei Irving Koenig sowie in der Art Students League bei Robert Beverly Hale.

Wichtig ist Toby Flueck-Knobels 1990 in London erschienenes Buch mit dem Titel 'Memoiren meines Lebens in einem polnischen Dorf', das mit 94 Bildern und Zeichnungen, Fotografien der Ölgemälde versehen ist, die sie in Erinnerung an ihre Familie und ihr Schtetl schuf. Schicksalsmäßig verwandt mit dem Werk Charlotte Salomons in Frankreich, die leider tragisch im KZ endete, schildert Toby das Überleben eines Teiles der Familie und den Neubeginn in einer freundlichen Umgebung. Es ist ein Stück Zeit- und Kulturgeschichte mit den Augen einer naiven Malerin gesehen, das seinen Platz auf dem Kunstmarkt behaupten wird.

Die Künstlerin arbeitet mit Öl und Kohle. Sie hielt in den Jahren 1972/92 Ausstellungen im Bronx Museum of Arts in New York, im Rockland Center for Holocaust Studies in Spring Valley/New York, in der United Jewish Appeal Art Gallery in New York u.a. Sie erhielt 1979 den Preis 'Best Show' der Art League in Nassau und 1991 den Historical Novel Price.

48. Josefa Frenkel

Malerin, wurde 1944 im chinesischen Exil als Tochter jüdischer Emigranten geboren, die vor den Nazis geflüchtet waren. Im Jahre 1949 wanderte die Familie in den neugegründeten Staat Israel ein. Nach Beendigung der Mittelschule setzte Josefa ihre Studien an der Fakultät für Kunstgeschichte der Hebräischen Universität zu Jerusalem fort und erwarb den B.A.-Titel.

Zur Vervollkommnung fuhr Josefa dann in die USA, wo sie an der Fresno-University in Kalifornien einen B.A. in Kunst und englischer Literatur erwarb. Das Studium der Malerei setzte sie dann an der Akademie für Schöne Künste in Chicago und an der Los Andes Universität in Bogota/Kolumbien fort.

Nach ihrer Rückkehr studierte sie in Israel am Avni-Kunstinstitut in Tel Aviv und absolvierte ein Seminar für Zeichenlehrer in Ramát Hascharón. Im Jahre 1985 erhielt sie ein Recanati-Stipendium für Malerei.

In den Jahren 1981/87 veranstaltete sie mehrere Einzelausstellungen in Kunstgalerien von Jerusalem, Tel Aviv, Ramát Hascharón u.a., aber auch im Ausland, z.B. 1989 in der Paloma Galerie in Bogota. Überdies beteiligte sie sich an verschiedenen Gruppenausstellungen, nämlich 1984 in Tokio, 1987 in Bogota bzw. in Long Island/USA. 1988 erhielt sie bei einem internationalen Kunstwettbewerb in New York ein 'Certificate of Excellence'.

In Israel arbeitete sie als Lehrerin für Zeichnen und Malerei. In ihren Bildern wird die Natur einem Abstraktionsprozeß unterworfen, ihre Themen sind sowohl die Natur als auch der menschliche Körper, wobei sie diese integriert behandelt.

Die verwendeten Techniken sind Kohle, farbige Kreiden, Panda, Aquarell, gemischte Technik, Öl- und Acrylicfarben auf Leinwand, Collagen und Glasmalerei. Ihre Werke zeichnen sich durch lebendige, stark kontrastierende Farben aus.

49. Sidi Fuchs, geb. Eidinger

Malerin und Graphikerin, geboren 1930 in Rumänien, studierte Malerei an der Akademie der Schönen Künste in Cluj (Klausenburg), wo sie 1955 ein M.A.-Diplom erhielt.

Im Jahre 1960 wanderte sie nach Israel aus, wurde nach kurzer Zeit pädagogische Leiterin des Instituts für bildende Künste in Bat Yam, wo sie bis 1968 auch eine Professur für freie Graphik innehatte. Außerdem lehrte sie Zeichnen, Holzschnitt und Anatomie für angehende bildende Künstler in der Chana Jaffa Schule.

Sie wurde Mitglied des Verbandes israelischer Maler und Bildhauer. Ihre erste Einzelausstellung hatte sie 1957 noch in Cluj, in den Jahren 1955/58 folgten Einzelausstellungen in Bukarest und Budapest, 1968 mit neuen Bildern in der Antiken-Galerie Alt-Jaffa. In ihrer rumänischen Arbeitsperiode beteiligte sie sich 1955/58 mit anderen jungen rumänischen Malern an mehreren Gruppenausstellungen in Cluj, Bukarest, Warschau und Stockholm, nach 1960/70 in Jerusalem, Tel Aviv und Bat Yam. Im Jahre 1964 erhielt sie den Jahrespreis für Graphik seitens der Stadt Bat Yam.

Ihre Techniken sind Zeichnung, Radierung, Holzschnitt, Monotype, Kupferstich und Aquarell. - Sidi Eidinger-Fuchs lebt und wirkt in Tel Aviv.

50. Sulamit Gaón

Malerin, geboren 1920 in Alexandria, lernte schon als Kind Zeichnen und Malen und hatte mit 15 Jahren ihre erste Einzelausstellung. Als 18-jähriges Mädchen wurde sie 1938 berufen, das Kinderzimmer im königlichen Palast König Faruks zu dekorieren; dieser gab auch den Auftrag, einige ihrer Ölbilder für seinen Palast zu erwerben.

Im Jahre 1950 emigrierte Familie Gaón nach Israel. Sulamit wirkte auch hier als Malerin, und 1958 wurde sie von der Regierung mit der Dekoration des israelischen Pavillons bei der landwirtschaftlichen Ausstellung in Kenia betraut. Sie verblieb einige Jahre in Kenia, eröffnete ein Atelier und malte Porträts von kenianischen Persönlichkeiten und ihrer Frauen.

1972 kehrte Sulamit Gaón nach Israel zurück, beteiligte sich an mehreren Gruppenausstellungen israelischer Künstler und hatte 1962 und 1963 Einzelausstellungen ihrer Bilder in Nairobi/Kenia. 1967 stellte sie im Studio Herzog in Johannesburg aus, 1975/77 verzeichnete sie Einzelausstellungen in Israel.

Außer wohlgelungenen Porträts, wie z.B. 'Das rote Tuch', schuf sie Genreszenen wie 'Erev-Jontev', Stilleben und Landschaften. Ihre bevorzugte Technik ist Öl auf Leinwand.

51. Rachel Gerstenhaber

Malerin und Graphikerin, 1918 in Kowel/Polen geboren, war ein frühes Zeichen- und Maltalent und kam nach Abschluß ihrer Mittelschule mit ihrer Familie 1936 nach Erez Israel, ins damalige Palästina.

Die finanziellen Mittel ihrer Eltern erlaubten es ihr, ein Studium im Ausland aufzunehmen, und so fuhr Rachel nach London, wo sie am Polytechnischen Institut Malerei studierte. Anschließend vervollkommnete sie ihre Kenntnisse an der Akademie der Schönen Künste in Perugia, danach absolvierte sie das Avni-Institut für bildende Kunst in Tel Aviv.

Die Themen ihrer Bilder sind Frauenstudien, Genrebilder und Stilleben; ihre Techniken sind Öl auf Leinwand, Aquarell, Pastell, Radierung und Zeichnung. Sie nahm an Gruppenausstellungen teil, etwa 1964 am Polytechnikum in London, 1969 an der Malakademie in Perugia, 1971/73 in Tel Aviv. Einzelausstellungen verzeichnete sie 1974 in Zürich, 1977 in London und 1979 im Bialik-Haus Tel Aviv. - Die Künstlerin lebt teils in Tel Aviv, teils in London.

52. Judith Gluckman (1915-1961)

Malerin und Graphikerin begann und beschloß ihr nicht langes Leben in Johannesburg/Südafrika. Sie studierte 1934/37 am Witwatersrand Technical College bei Emily Fern, James Gardner und Alan Gourley. Im Jahre 1937 fuhr sie nach Paris und studierte Malerei an der Académie de la Grande Chaumière bei Colarossi, dann an der Académie Ranso bei Mandelbaum und 1948 Bildhauerei bei Ossip Zadkine in Paris. Sie gehörte der 'Neuen Gruppe' an, war mit dem südafrikanischen Theatermann Adam Leslie verheiratet, lebte 1937/38 in Paris und Holland, 1939/48 in Johannesburg und unternahm 1948 eine größere Europareise.

Ihre Themen sind Figuren, Köpfe, Porträts und Stilleben. Sie arbeitete in Öl, Pastell, Bleistift und Kohle sowie mit verschiedenen graphischen Methoden. Judith Gluckman beteiligte sich an mehreren Gruppenausstellungen in Südafrika, Paris, London, Rom und New York. Einzelausstellungen verzeichnete sie in Johannesburg, Kapstadt und Pretoria. 1973 veranstaltete das Kunstmuseum von Pretoria eine Retrospektive. Ihre Bilder und Graphiken befinden sich in Kunstmuseen Südafrikas.

53. Farideh Golbahar

Malerin, geboren 1942 in Teheran; nach der Mittelschule studierte sie Kunst und Literatur an der Universität Teheran. In den Jahren 1961/69 lebte sie in England und Deutschland, um Malerei zu studieren.

Im Jahre 1971 ging sie nach Israel und nahm ihren ständigen Wohnsitz in Jerusalem; sie ist Mitglied des israelischen Künstlerverbandes.

Die von ihr verwendete Technik ist Öl auf Leinwand. Ihre Bilder zeigen Einflüsse der verschiedenen Kulturen, denen sie begegnet ist. 1957 nahm sie an einer Gruppenausstellung in Teheran teil, 1972/73 in Jerusalem; Einzelausstellungen hatte sie 1975/76 in Jerusalem, in den Jahren 1983/91 in der Stadtgalerie Dortmund, der Yakir Gallery Detroit, der Michael Hittleman Gallery Los Angeles, im Museum of Israeli Art Ramat Gan/Israel und andernorts. Außerdem nahm sie an mehreren Gruppenausstellungen teil, z.B. im Kunstpalast Düsseldorf und der Sterling Fine Art Gallery London.

Anfang der neunziger Jahre entwickelte sich die Künstlerin zur „größten und interessantesten Blumenmalerin" Israels (Meir Ronen, in 'Jerusalem Post', Mai 1991). Sie beherrscht die Technik der Ölmalerei auf Papier, ebenso die Verwendung von weißer Emailfarbe und erzielt Farbeffekte, die an Monet erinnern. Die Details sind nur leise angedeutet, und zwar in einer Art Impressionismus mit interessanter und zarter Verwendung von Sgraffiti.

54. Dinah Gottliebova

Malerin, wurde 1923 in Brno (Brünn) geboren, bekam dank ihres Talents schon als Kind Zeichenunterricht und studierte Zeichnen und Malerei. Nach der deutschen Besetzung der Tschechoslowakei wurde sie mit ihrer Mutter und ihrem Stiefbruder im Februar 1941 nach Theresienstadt deportiert *(vgl. P. Stránský 1997; E.M. Kounio-Amariglio 1996)*, 1943 wurden alle drei nach Auschwitz-Birkenau verbracht. Dort arbeitete Dinah im Lagerhospital, wo ihr Dr. Mengele befahl, Porträts von Zigeunerhäftlingen anzufertigen, die später vergast wurden. Sieben dieser makabren Porträts befinden sich im Auschwitz-Museum. Als Häftling Nr. 61016 überlebte Dinah den Holocaust und emigrierte nach dem Krieg in die USA. Von ihren Werken sind nur die oben erwähnten Porträts erhalten; über ihr weiteres Leben und Schaffen in Amerika ist nichts bekannt.

55. Pnina Granirer

Malerin und Graphikerin, geboren 1935 in Rumänien, kam als 15-jährige mit ihren Eltern nach Israel, wo sie die Mittelschule beendete und anschließend an der Bezalel-Akademie für bildende Kunst in Jerusalem Malerei studierte.

Mit ihrem Mann, einem früheren Mitschüler (der an der Hebräischen Universität Jerusalem Mathematik studierte), wanderte sie 1965 nach Kanada aus und ließ sich in Vancouver nieder, wo sie seither lebt und arbeitet. Sie hat zwei erwachsene Söhne, ihr Mann ist Professor an der University of British Columbia; sie besitzen ein Haus in Point Gray mit wundervoller Sicht auf die Nordküste.
Pnina Granirer hat ihr Werk in zahlreichen Einzel- und Gruppenausstellungen in Kanada, den USA, Südamerika, Australien und Europa vorgestellt und ist heute eine der bekanntesten Künstlerinnen Kanadas. 1960 beteiligte sie sich zum ersten Mal an einer Gruppenausstellung in Jerusalem; 1969 erschien ein Bild von ihr auf der Titelseite des UNICEF Kalenders, und im gleichen Jahr fand eine Ausstellung ihrer Bilder in der ständigen Kunstgalerie der Vereinten Nationen in New York statt. Sie beteiligte sich an Gruppenausstellungen in Toronto, Montreal, Burnaby, Vancouver ebenso in New York, Lima, Paris, Bern und Jugoslawien. Einzelausstellungen ihrer Werke veranstaltete sie 1966/91 in Vancouver, Toronto und anderen Städten Kanadas, 1983 und 1987 in Straßburg.

Die felsige Küste von Britisch Kolumbien, steinige Inseln wie Sechelt Island, Gulf Islands u.a. haben die Künstlerin tief beeindruckt und bilden die Themen ganzer Serien surrealistischer Bilder. Dabei benutzte sie eine originelle Mischtechnik von Acrylic-Pastell-Kohle oder Zeichenstift.

Für Pnina Granirer sind Steine also der gemeinsame Nenner von Kultur und Natur; sie sind nicht nur unerläßliches Material für die Bauten der Architekten, sondern auch ein Symbol für Dauerhaftigkeit und Ewigkeit, für die Vergangenheit, auf der sich unsere Gegenwart aufbaut. Sie arbeitet in Serien, um die Idee, den schöpferischen Gedanken tiefer und vielfältiger auszuarbeiten, wie z.B. bei der steingeborenen Venus von Milo (ohne Kopf) und der beschwingten Siegesgöttin Nike; hier wird das Thema der Befreiung der Frau angesprochen, was das feministische Engagement der Künstlerin beweist. In ihren Bildern spiegeln sich auf originelle Weise die in der Natur vorhandenen Kontraste, das Weiche und das Harte, das Runde und das Eckige.

1989 veröffentlichte sie in einer numerierten, kunstvoll ausgeführten Auflage ihr Buch 'The Trials of Eve' (Gaea-Press), welches ihr den Alcuin-Buchpreis einbrachte und verfilmt wurde. Die zwölf Bilder und das sie begleitende Poem geben in künstlerisch-poetischer Weise die biblische Geschichte von Adam und Eva in einer modernen feministischen Vision wieder, wobei indianische Motive den Einfluß der Umgebung auf die Künstlerin zeigen.

Die Serie 'Frauen und schwarze Rosen' besteht aus Zeichnungen und Bildern, die sich dem Thema 'Frau' zuwenden, vom jungen Mädchen bis zur alternden Frau, wobei die schwarzen Rosen einen Hauch von Melancholie vermitteln.

Pnina Granirer hielt auch verschiedene Lehrkurse im Rahmen der fortgeschrittenen Erziehungsarbeit an der Universität von Britisch Columbia. Die Originalität ihres Werkes und ihrer Technik sichert ihr einen Ehrenplatz in der bildenden Kunst Kanadas.

56. Francine Greenblatt, geb. Scialom

Malerin und Graphikerin, wurde 1951 in Kairo geboren; 1956 verließ die Familie Ägypten und zog nach Nairobi/Kenia; 1960 folgte die Übersiedlung nach Dakar/Senegal, und im selben Jahr nach Südafrika, wo sie sich niederließ. 1969 studierte sie an der Universität von Witwatersrand, und 1972 erwarb sie das B.A.(F.A.)-Diplom der Michaelis School der Schönen Künste der Universität von Kapstadt.

1973 arbeitete Francine in einem graphischen Atelier in Kapstadt und hielt Vorlesungen über Kunst am Cape Town Art Center, wo sie Malerei, Zeichnen und Design unterrichtete. 1975 gab sie die Kunstzeitschrift 'Graphic Workshop Portfolio' heraus und nahm 1976 an einer Gruppenausstellung der Graphischen Ateliers Südafrikas teil. Seit 1978 besitzt sie ihr eigenes graphisches Atelier in Wynberg, Kapstadt. 1985 schuf sie die Titelblatt-Illustration für das Werk 'Sephardische Juden - 25 Jahre Cape Town', dem eine ähnliche für das Buch 'Vater und Sohn' von Rabbi N.L. Marcus und Rabbi B. Marcus (Johannesburg) folgte. 1985/86 unternahm sie eine Japanreise.

Francine Greenblatt beteiligte sich mit ihren Graphiken an vielen Gruppenausstellungen, etwa 1976 in Südafrika, den USA, Frankreich und Israel; überdies verzeichnete sie sieben Einzelausstellungen, u.a. in Paris, Basel und New York. Sie gehört zu den führenden bildenden Künstlern Südafrikas.

57. Nancy Grossman

Bildhauerin, Zeichnerin und Malerin, wurde 1940 in New York als ältestes von fünf Kindern geboren; ihr Vater war Jude, ihre Mutter Italienerin. Als sie sechs Jahre alt war, übersiedelte die Familie in das nahe Oneonta, wo sie in einem größeren Haushalt gemeinsam mit den Familien zweier Tanten lebten.

Nach einer ziemlich stürmischen Jugend beschließt Nancy, Kunst zu studieren, ohne recht zu wissen, was das eigentlich bedeutet. Mit 18 Jahren begann sie, das Pratt Institute in New York zu besuchen, aber gleich darauf verschlimmerte sich die materielle Lage ihrer Eltern, die verlangten, das Studium abzubrechen. Sie erhielt jedoch ein Stipendium, gleichzeitig begann sie zu arbeiten.

1965 begann sie eine Serie von Zeichnungen mit darm-ähnlichen Spulen, Rädern, Zahnrädern und schablonenhaften Frauen. Von Anfang an war sie betroffen vom Mangel an Verständigung zwischen Mann und Frau, Menschen und Natur. Die Ausdrucksweise dieser Zeichnungen, unterstrichen durch Andeutungen von Gewalt, wurde von Nancy Grossman in Collagen mit Fundobjekten wie Rohren, Bändern u.a. verstärkt. 1968 schuf sie ihre ersten dreidimensionalen lederüberzogenen Figurinen. Seither hat sie eine Reihe von solchen Figuren und Köpfen geschaffen, manche mit Reißverschlüssen oder Riemen. Die Varianten wechseln in ihrer Haltung von Agressivität zum Mitleiderregen, rufen jedoch in jedem Fall starke Resonanzen beim Zuschauer hervor. Nancy Grossman sagte, daß sie männliche Figuren verwendet, um Tod oder Zerstörung darzustellen. In den achtziger Jahren ist sie zur Bronzeskulptur übergegangen.

Die Künstlerin hielt in den Jahren 1963/92 viele Ausstellungen, z.B. im Whitney Museum und auf der Whitney Biennale 1968, im Fogg Art Museum der Harvard University, im Contemporary Arts Museum Houston u.a. Einige ihrer Werke befinden sich im Whitney Museum New York, im Princeton Art Museum, im Hirschhorn Museum Washington, D.C., im Metropolitan Museum New York, im Phoenix Museum Arizona, im Museum der University von Berkeley, im Dallas Museum of Fine Arts, im Israel-Museum Jerusalem sowie im Museum of Fine Arts Richmond.

58. Lea Grundig, geb. Langer (1905-1977)

Malerin, wurde als Tochter einer wohlhabenden Kaufmannsfamilie in Dresden geboren. Sie besuchte die Kunstgewerbeschule 'Der Weg' in ihrer Vaterstadt und lernte privat Malerei bei Edmund Kessling. Als junges Mädchen gehörte sie dem zionistischen Jugendverband 'Blau-Weiß' an und erhielt dort eine jüdisch-nationale Erziehung.

Sie studierte Malerei an der Akademie der Schönen Künste in Dresden, wo sie Hans Grundig zum Kollegen hatte. Dieser freundete sich mit ihr an und bewog sie, in den kommunistischen Studentenverband einzutreten, da er selbst bereits Mitglied der Kommunistischen Partei Deutschlands war. Nach kurzer Zeit heirateten die beiden und arbeiteten gemeinsam in einem Atelier, zuerst in Dresden, dann in Heidelberg und schließlich in der Schweiz.

Der künstlerische Werdegang Lea Grundigs ist eindeutig vom Werk und der Persönlichkeit Käthe Kollwitz' beeinflußt. Während der ersten Jahre der NS-Zeit 1933/39 hatte Lea Malverbot, wurde mehrmals von der Gestapo verhaftet und stundenlang verhört. Trotz der besonderen Umstände arbeitete sie insgeheim weiter und schuf in dieser Periode ihre 'Serienbilder', z.B. 'Aus dem Leben der Frauen', 'Unter dem Hakenkreuz' u.a. unter Lebensgefahr.

Im Jahre 1939 gelang dem Ehepaar Grundig die Flucht aus Deutschland über die Slowakei nach Palästina, und endlich konnte Lea in Freiheit ihre Gefühle, Ideen und Erlebnisse auf die Leinwand bringen. Hier entstanden u.a. die Bilder 'Im Todestal', 'Ghetto', 'Niemals wieder'.

Kurz nach Ende des Krieges siegte die Sehnsucht nach der alten Heimat, und die beiden Grundigs kehrten 1949 nach Deutschland zurück. Sie siedelten sich in ihrem geliebten, aber jetzt zerstörten Dresden an, und Lea entfaltete ihr Können im Dienste der neu gegründeten DDR. Themen ihrer Bilder waren der Atomkrieg, der Vietnamkrieg, das Leben der Arbeiter im sozialistischen Deutschland.

Sie veranstaltete viele Einzelausstellungen ihrer Ölgemälde, Aquarelle und Zeichnungen, erhielt 1955 eine Professur an der Akademie der Schönen Künste in Dresden, wo sie einst studiert hatte. Gleich danach wurde sie zur Präsidentin der Vereinigung bildender Künstler der DDR gewählt. Im Jahre 1964 wurde sie Mitglied des Präsidiums der SED und blieb es bis 1970.

Während der ganzen Nachkriegsperiode in der DDR bringen ihre Werke ihre bedingungslose Zugehörigkeit zur Linken Deutschlands zum Ausdruck, ihren Kampf gegen Rassismus und Faschismus, ihre Liebe zum sozialistischen Vaterland. Oft wird ihr eigenes ereignisreiches Schicksal zum Thema ihres Schaffens. Sie erfreute sich in der DDR höchster Ehren, wurde in ganz Europa bekannt, konnte auf ein erfolgreiches Leben zurückblicken und starb 1977 während einer Mittelmeerreise.

Im Jahre 1991 fand in Montreal eine große Retrospektive statt, die den zwanziger Jahren dieses Jahrhunderts gewidmet war, bekannt als 'Les Années

Folles' ('The Roaring Twenties'). Die Ausstellung lief unter dem Titel 'The 1920's, Age of Metropolis' in Erinnerung an den berühmten Film von Fritz Lang, und in Gesellschaft der Werke von Otto Dix, Piet Mondrian und Giorgio de Chirico fanden sich auch zwei Bilder von Lea Grundig. Die meisten ihrer Werke befinden sich in Museen und Galerien Deutschlands, aber auch anderer Länder Europas.

59. Alis Guggenheim (1896-1958)

Bildhauerin und Malerin, entstammt einem weniger begüterten Zweig der Familie, was vielleicht der Grund für die revolutionären Ideen der jungen Künstlerin war. 1919 weilt sie in Moskau, wo sie Gelegenheit hatte, die Skulptur-Abteilung der Akademie der Schönen Künste zu besuchen, welche sie sehr beeindruckte und dazu bewegte, selbst plastische Kunstwerke zu schaffen.

Ein Jahr nach der Geburt ihrer Tochter kehrte sie nach Zürich zurück und suchte ihre Erfüllung in der Kreation von Bildwerken und Plastiken, wobei sie gegen alle Schwierigkeiten tapfer kämpfte, die sich ihr als Jüdin, Kommunistin, Frau und alleinerziehende Mutter entgegenstellten. Ihre lebensgroße Plastik 'Frau 1928' wurde von der Kritik abgelehnt, aber ihre Energie ließ sie unbeirrt von Enttäuschungen weiterarbeiten.

In den vierziger Jahren übersiedelte die Künstlerin unter dem Einfluß einer Freundin nach Muzzano ins sonnenüberflutete Tessin, und wegen des Farbenreichtums der Landschaft wechselte sie von der Bildhauerei zur Malerei. Hier entstanden nun ihre romantischen Landschaftsbilder vom See und vom Monte San Salvatore. Außerdem besann sie sich auf ihr Jüdischsein und malte Genrebilder aus dem ländlichen Leben der ersten Judengemeinde der Schweiz, nämlich Lengnau, z.B. 'Die 100-jährige Janne wäscht ihr Taschentuch am Brunnen des Dorfes Lengnau' oder 'Die Synagoge von Lengnau', Szenen aus ihrer Phantasie, genährt vom Studium der Geschichte dieser ersten schweizerisch-jüdischen Gemeinde.

Spät kam die Anerkennung für ihr Schaffen, als sie 1954 den Preis für darstellende Kunst des Schweizerischen Israelitischen Gemeindebundes erhielt und ihre erste Einzelausstellung in der städtischen Galerie 'Zum Strauhof' abhalten konnte. Ihr Talent, gepaart mit Energie und Mut, hatten endlich gesiegt. Zum 100. Geburtstag der Künstlerin wurde im April 1996 im Stadthaus Zürich eine Retrospektive ihres gesamten Werkes veranstaltet, wo u.a. auch endlich die seinerzeit abgelehnte Statue 'Frau 1928' zu sehen war. Alis Guggenheim hat den ihr zukommenden Platz in der Geschichte der Kunst der Frauen eingenommen; einige ihrer Bilder befinden sich im Jüdischen Museum Basel.

60. Alice Halicka (1894-1975)

Malerin, wurde als Tochter eines wohlhabenden Arztes in Krakau geboren; nach dem frühen Tod ihrer Mutter verbrachte sie ihre Jugend bei ihren Großeltern in Südtirol. Nach Beendigung der Mittelschule studierte sie Malerei an der Kunstakademie in München, doch Paris zog sie an, und 1912 studierte sie an der Acadèmie Ranson, wo die Symbolisten Paul Serusier und Maurice Denis ihre Lehrer waren. Dort lernte sie den auch aus Polen stammenden Maler und Illustrator Louis Marcussis kennen, den sie 1913 heiratete. Durch ihren Mann kam sie in den Kreis der kubistischen Maler und modernen Literaten wie Braque, Max Jacob, Andrè Salmon, Apollinaire u.a.

Bei Kriegsausbruch 1914 wurde Louis eingezogen, und Alice verbrachte die Kriegsjahre in der Normandie, wo sie ungestört ihre kubistischen Stilleben malen konnte. Nach Rückkehr ihres Mannes insistierte er, die kubistische Kunstrichtung aufzugeben, und ihr grenzenloses Vertrauen in das Kunstverständnis ihres Mannes brachte sie dazu, die Hälfte ihrer Bilder zu vernichten, während sie die andere Hälfte in ihrem Haus in der Normandie versteckte. Zum Glück hat sie diese Werke 50 Jahre später wiederentdeckt.

Nach diesem erzwungenen Stilwechsel begann sie Stoffmuster zu entwerfen, um ihrer beider Lebensunterhalt zu sichern. Auch schuf sie Kollagen aus verschiedenen Materialien auf Holz, denen sie manchmal zeichnerische Elemente beifügte. Sie begann zu reisen, besuchte Polen und England, wo sie von Vanessa Bell, Roger Fry und Duncan Grant herzlich aufgenommen wurde. Anläßlich ihrer Polenreise entstand die Bilderserie vom Krakauer Ghetto. 1924 begann sie, wieder auszustellen und hatte mit ihren Bildern und Kollagen Erfolg. Sie illustrierte einige Bücher und versuchte sich in dekorativer Kunst wie im Kostümzeichnen.

In den Jahren 1935/38 wirkte sie als Bühnenbildnerin an der Metropolitan Opera in New York. Während dieses Amerika-Aufenthaltes wurde das Künstlerehepaar Halicka-Marcussis von Helene Rubinstein gefördert, die gegen eine Rückkehr nach Paris war. Sie verschaffte ihnen sogar Aufträge für Kostümentwürfe und Theaterdesign. Leider befolgten sie ihren Rat nicht und kehrten 1938 nach Paris zurück, also knapp vor Ausbruch des Zweiten Weltkriegs.

Kurz vor der deutschen Besetzung flüchtete Alice im Mai 1940 mit Mann und Töchterchen nach Cusset bei Vichy, wo Louis Marcussis 1941 starb. Immer in Angst, von der Gestapo verhaftet zu werden, flüchtete sie mit ihrer kleinen Tochter von Dorf zu Dorf und überlebte versteckt den Krieg. Von 1945 bis zu ihrem Tode im Jahre 1975 lebte sie in Paris.

Die bekanntesten Werke behandeln 'Das Leben im Ghetto', worin sie eine wahrheitsgetreue Wiedergabe der Realität versuchte *(vgl. P. Strånský 1997).* Ihr Gemälde 'Das jüdische Viertel in Krakau' befindet sich im Petit Palais in Genf und ist schon 1920/26 entstanden. Auch in Paris malte sie Stadtbilder wie 'Place de la Concorde', das im Musée d'Art Modèrne im Centre Pompidou zu sehen ist und zum ersten Mal 1938 in der Galerie Pascaud gezeigt worden war.

Nach dem Krieg arbeitete Alice Halicka als Textildesignerin und setzte ihre Collagen auf Holz weiter fort. Sie hat an vielen Gruppenausstellungen teilgenommen und zahlreiche Einzelausstellungen zu verzeichnen: Ihre erste Ausstellung fand 1912 im Salon d'Automne statt, 1920 im Salon des Indépendants und 1924 im Salon des Tuileries. Von 1924 bis 1961 folgten Einzelausstellungen in Galerien von Paris, London und New York, Retrospektiven ihrer Werke schließlich in Paris und Polen.

61. Minnah Harkavy, geb. Tauber (1895-1987)

Bildhauerin, wurde in Estland geboren und kam als Säugling mit ihren Eltern in die USA. Wie viele andere talentierte jüdische Mädchen studierte sie an der Art Students League in New York Bildhauerei und vervollständigte ihre Kenntnisse auf Europareisen. So lernte sie in Paris eine Zeitlang im Atelier des berühmten Bildhauers Antoine Bourdelle.

Sie arbeitete in Stein, Marmor oder Bronze. Die Gesichtszüge ihrer Büsten sind scharf, expressiv in den Stein gemeißelt wie mit Messern geschnitzt. Ausstellungen hielt sie 1947 im Birobidschan Museum, 1956 im Museum der westlichen Kunst Moskau, in Paris, Toronto, 1965 im Newark Museum New Jersey u.a. Ihre Werke befinden sich zum großen Teil in Museen der USA, so z.B. die Bronzeskulputur 'The Last Prayer' ('Das letzte Gebet') aus dem Jahre 1949, die einen frommen Juden im Gebetsmantel darstellt und sich im Whitney-Museum New York befindet. Andere Werke sind 'Negerkopf' (der Sänger Hall Johnson 1930), 'Kopf eines alten Juden', 'Zwei Männer'. Ihr bekanntestes Werk ist jedoch 'American Miner Family', eine Gruppenskulptur in Bronze, welche die stoische Ergebenheit einer Arbeiterfamilie während der Depression darstellt; dieses 1981 geschaffene Werk befindet sich im Museum of Modern Art in New York. Ihre Porträtbüsten 'Henry Barbusse' und 'Oskar Kokoschka', sind in typisch expressionistischer Manier geschaffen. Eine Büste des amerikanisch-italienischen Journalisten Carlo Tresca, der als Antifaschist ermordet wurde, befindet sich auf dem nach ihm benannten Platz in Fulmona/Italien. Minnah Harkavy war 1938 Mitbegründerin der Bildhauervereinigung Amerikas.

1991 waren einige ihrer Werke in einer Gruppenausstellung jüdischer Künstler des letzten Vierteljahrhunderts im Jewish Museum New York würdig vertreten. - Die letzten Jahre ihres Lebens verbrachte sie in einem Pflegeheim.

62. Lena Harpazi

Malerin und Graphikerin (verehelichte Kerczner), wurde 1911 in Lodz/Polen geboren; im selben Jahr wanderte die Familie nach Rußland aus. Schon als Kind bewies sie großes Zeichentalent und wurde in eine Schule für bildende Künste aufgenommen. Nach Rückkehr der Familie nach Polen setzte sie ihre Malstudien an der Kunstakademie in Lodz fort. Sie fuhr dann nach Paris, wo sie drei Jahre lang Malerei und Graphik studierte. 1934 kam sie als Immigrantin nach Palästina.

Nach längeren Jahren der Unterbrechung aus familiären Gründen und wegen schwieriger Lebensbedingungen kehrte sie erst 1954 zu ihrer Zeichen- und Maltätigkeit zurück. Etwas später fuhr sie nach Paris, um ihre Kenntnisse zu vervollkommnen und arbeitete 1958/59 an der Académie de la Grande Chaumière unter Anleitung von William Götz.

Sie kehrte nach Israel zurück, und vom Zauber der Felsenlandschaft der Judäischen Wüste und des Negev beeindruckt, fand sie ihre originelle Darstellungsweise der bizarren Formen von Fels- und Steinbrocken. Sie schuf Landschaften, Blumenbilder und brachte ihre Liebe zur kargen Felsenwüste in vielen Bildern zum Ausdruck.

Lena Harpazi verzeichnete 1954 und 1973 Einzelausstellungen in Tel Aviv und nahm an mehreren Gruppenausstellungen israelischer Künstler teil. Ihre benutzten Techniken sind Öl auf Leinwand, Pastell und Tuschezeichnung (Federzeichnung). - Sie lebte und arbeitete in Tel Aviv (weitere Daten nicht bekannt).

63. Yvonne Hasan

Malerin, wurde 1925 in Bukarest geboren. Während des Krieges, als in Rumänien Juden der Zutritt in staatliche Mittel- und Hochschulen verboten war, studierte Yvonne an der jüdischen Schule für bildende Kunst, die von Professor Max Hermann Maxy geleitet wurde.

Nach dem Krieg setzte sie ihre Studien an der Akademie für Schöne Künste in Bukarest fort, wo sie im Atelier des bekannten Malers Alexander Ciucurencu arbeitete. Nach 1945 stellte sie ihre Bilder in offiziellen Salons der rumänischen Hauptstadt aus und verzeichnete persönliche Ausstellungen in den Jahren 1956, 1962, 1968 und 1975. Yvonne Hasan lehrt Kunstgeschichte an der Universität Bukarest sowie an der Akademie für Schöne Künste 'Nicolae Grigorescu' in Bukarest.

Ihre Ausdrucksmittel sind Ölmalerei, Collagen und Tapisserie; ihre Themen sind oft ornamental-figurativer Natur, inspiriert von rumänischer Folklore. So hat sie in eine ihrer Tapisserien eine endlose Spirale eingewebt, welche an die 'Unvollendete Säule' des berühmten rumänischen Bildhauers Constantin Brancusi erinnert. - Yvonne Hasan lebt und wirkt in Bukarest.

64. Regine Heim

Bildhauerin, wurde 1910 in Warschau geboren (Mädchenname unbekannt) und kam schon als zehnjähriges Kind zu ihren Großeltern nach Genf, um nie wieder nach Polen zurückzukehren. Dieser Sprung aus der jüdisch-chassidischen in die liberale westliche Welt hat sie nur schwer überwunden. Bereits als Kind zeigte sie Talent für bildende Kunst und studierte Bildhauerei, obwohl ihr Mann Otto Heim es vorgezogen hätte, wenn sie Sozialarbeiterin geworden wäre.

Während des Zweiten Weltkriegs lebten Regine und ihr Mann in Zürich, wo er als Präsident der jüdischen Flüchtlingshilfe arbeitete und Regine die schweizerische Sektion für Jugendauswanderung nach Palästina leitete. Regine Heim schuf viele Büsten von Freunden und Persönlichkeiten, z.B. eine überlebensgroße Büste von C.G. Jung, dem bekannten Schweizer Psychiater, die sich jetzt im Psychologieklub Zürich befindet; zu ihren Werken zählen auch Statuen zum Gedenken an den Holocaust.

Eine andere Seite ihrer künstlerischen Tätigkeit ist die Glasmalerei. Regine Heim schuf Glasmosaikfenster aller Größen von einzigartiger Schönheit, z.B. ein Fenster aus buntem Glasmosaik (3 x 9 m) für die Synagoge von Vevey (Schweiz). Das Werk stellt biblische Szenen sowie Themen aus der jüdischen Mythologie und Kabbala dar, überspannt von einem überdimensionalen Regenbogen, der das Himmlische mit dem Irdischen verbinden soll. In der Neuen Großen Synagoge von Jerusalem begegnet man fünf ihrer 13 m hohen Glasfenster, ähnlich gearbeitet wie jene Marc Chagalls.

Ihr künstlerischer Durchbruch kam in den fünfziger Jahren, als ihre Bronzebüsten stark unter dem Einfluß Germaine Richiers standen, der damals berühmten expressionistischen Bildhauerin Frankreichs.

Für ihr Gesamtwerk und die Verflechtung jüdischer Mystik mit der modernen Kunst erhielt Regine Heim im Jahre 1980 die Ehrendoktorwürde der Universität Haifa, wo sich viele ihrer Werke befinden.

65. Schoschana Heimann

Bildhauerin, Graphikerin und Malerin, wurde Anfang der zwanziger Jahre in Schwäbisch Hall geboren. 1933 emigrierte die Familie mit dem kleinen Mädchen nach Palästina. In den Jahren 1939/41 studierte Schoschana an der Kunst- und Gewerbeschule 'Bezalel' in Jerusalem und 1941/46 beim Bildhauer Rudi Lehmann Skulptur. 1946/48 war sie Studentin an der Academia di Belle Arti in Florenz, und im Jahre 1956 erhielt sie ein Stipendium der französischen Regierung für die Ecole des Beaux-Arts Paris.

In den Jahren 1952/92 nahm sie an vielen Gruppenausstellungen in Israel und im Ausland teil, z.B. an der Biennale di Bianco e nero Lugano/Schweiz, an der Graphic Biennale in Ljubljana, am Internationalen Symposium für Skulptur Forma Viva und auch in Prelip/Jugoslawien, im Park von Ramat Gan (organisiert vom Museum Ramat Gan), im Barbican-Center London. 1951 erhielt Schoschana Heimann den Dizengoff-Preis für Skulptur der Stadt Tel Aviv, bei einer Ausstellung in Monaco 1967 den UNESCO-Preis für die Skulptur 'Erwartung'.

1987 wurde die Künstlerin als Professorin für bildende Kunst an die Universität Haifa berufen. Im Zuge des kulturellen Austauschs zwischen Israel und den befreundeten Staaten machte sie viele Reisen, z.B. 1976 nach England und Deutschland, 1982 nach Ägypten, 1985 nach Japan, Mexico und in die USA, 1995 nach Deutschland, wo sie im April 1996 ihr in Düsseldorf geschaffenes Werk im Düsseldorfer Gastatelier ausstellte.

Das Talent der Künstlerin ist sehr breit gefächert und reicht von den Monumental-skulpturen aus Holz und Eisen bis zu Holzschnitten für Buchillustrationen, von Zeichnungen zu 'Altaren der Sühne', wie die Künstlerin sie nennt. Auf der Suche nach ihrer Identität - in der Diaspora geboren, als 'Sabra' in einem Intellektuellenmilieu (der Vater war Universitätsprofessor am Technion Haifa) aufgewachsen - greift Schoschana in ihren Werken oft auf die Mythen der Kanaaniter zurück, indem ihre Altäre mythischen Opferaltären gleichen.

In den neunziger Jahren wandte sich die Künstlerin auch der Malerei zu: Es entstand die Serie 'Felder', große Gemälde, auf deren schwarzem Grund weiße, geometrische Figuren, Striche, Stühle und Tische erscheinen, die sich überschneiden *(s. S. 21)*. Sie sollen den Holocaust, die Intifada, Türme, Sprengköpfe und Raketen darstellen, und wenn man sie studiert, spürt man die Gefahr, die auf die Welt zukommt. - Die Künstlerin lebt und wirkt in Ein Hod/Israel.

66. Raya Herzig

Naive Malerin, 1928 im Norden Polens geboren, war zunächst eine sehr talentierte Musikschülerin, ihr Studium wurde jedoch von der einmarschierten deutschen Wehrmacht abrupt unterbrochen. Sie kam mit ihren Eltern in ein Konzentrationslager, wo es ihr jedoch gelang, sich durch Flucht zu retten. Entkräftet und seelisch verwundet wurde sie in einem Schweizer Sanatorium gesundgepflegt. Sie heiratete, hat eine Tochter, aber die Ehe ging auseinander. Ihr Musikstudium konnte sie nicht beenden, wandte sich nun der Malerei zu und versuchte dadurch, von ihren Erlebnissen und Erinnerungen loszukommen. Ihre Bilder haben eine fröhliche Untermalung, wenn sie aus der Vergangenheit, aus ihrer Kindheit in Polen bunte Volkskostüme, Jahrmärkte mit ihrem Treiben oder alte Giebelhäuser malt. Sie beteiligte sich 1972 an einer Gruppenausstellung im Museum Altona und 1973 in der Galerie Hilt zu Basel.

67. Eva Hesse (1936-1970)

Malerin und Bildhauerin, wurde in Hamburg als Tochter einer jüdischen Familie des gehobenen Mittelstandes geboren. Eva und ihre Schwester wurden 1939 mit einem Kindertransport nach Holland gerettet, wohin ihre Eltern nach kurzer Zeit nachkamen; der ganzen Familie gelang die Flucht nach New York. Eva war damals drei Jahre alt. Außer der Flucht und der Unbill des Exils hat auch persönliches Mißgeschick die Tragik ihres Lebens mitbestimmt, nämlich die Scheidung der Eltern und der Selbstmord der Mutter.

Nach Abschluß der Mittelschule begann Eva mit 16 Jahren Kunst zu studieren, und zwar zuerst am Pratt Institute, dann in der Cooper Union und 1957/59 schließlich an der Yale University's School of Art and Architecture, wo sie 1959 ihr B.A.-Diplom erwarb. Sie arbeitete in der Avantgarde-Gruppe in New York und erzielte ihre ersten Erfolge. 1961 heiratete sie den Künstler Tom Doyle und stellte gemeinsam mit ihm farbenfrohe Reliefcollagen aus. 1964 fuhr sie nach Deutschland, wo ihr Mann für ein Jahr Arbeit und finanzielle Hilfe erhielt. Die gemischten Gefühle, welche die Begegnung mit ihrem Herkunftsland in ihr hervorriefen, veranlaßten sie, das Malen aufzugeben und mit Plastik anzufangen, und sie begann, dreidimensionale biomorphische Reliefs in Form und Stil des Surrealismus zu schaffen.

Im Jahre 1966 erschütterten sie zwei Erlebnisse: Ihr Vater starb, an dem sie sehr hing, und ihre Ehe brach auseinander. Zwar ging sie aus diesen Krisen geläutert als reife Bildhauerin mit persönlichem Stil und eigenwilliger Einstellung hervor, aber ihre Psyche blieb beschädigt. Im selben Jahr nahm sie zusammen mit Louise Bourgeois an einer Gruppenausstellung teil, die sich 'Exzentrische Abstraktion' nannte. Eva Hesse teilt mit anderen Künstlern der Avantgarde - Louise Bourgeois, Claus Oldenburg, Lucas Samaras - die Aversion gegen die architekturalen, sogenannten 'seriösen' Tendenzen des 'Minimalismus'. Sie war auch eine der ersten, die mit den traditionellen Materialien brach und statt ihrer biegsame Stoffe wie Gummirohre, Seile, Draht und Fiberglas verwandte.

Ihre Skulptur 'Vinculum I' setzt sich aus zwei Leitern zusammen, deren Stangen aus weichen Gummirohren bestehen, während je zwei Sprossen mittels Fiberglasplatten verbunden sind. Die Leitern müssen an die Wand gelehnt werden, da sie nicht alleine stehen können. Das Werk ist weder ein Bild noch ein Relief, sondern ein neues plastisches 'Mittelding', heute in Privatbesitz, 1970 entstanden, als Eva Hesse bereits todkrank war. Eine im selben Jahr entstandende Plastik besteht aus sieben aufrechten Säulen aus Aluminiumdraht, Fiberglas und Polyethylen und befindet sich im Musée d'Art Modèrne des Centre Pompidou in Paris.

Eva Hesse starb 1970 in der Blüte ihrer Jahre an einem Gehirntumor, nur 34 Jahre alt. Im Jahre 1982 veranstaltete das Museum of Modern Art in New York eine Retrospektive ihres Gesamtwerkes, wobei ihre Plastiken von der zeitgenössischen Kritik als kreative Modelle für die Erneuerungsbewegung in der Skulptur eingeschätzt werden, die als 'Process-Art' bekannt sind.

Von Dezember 1992 bis Januar 1993 fand im Hirshhorn-Museum in Washington eine weitere umfangreiche Retrospektive ihres Schaffens statt, wobei mehr als 100 Werke ausgestellt wurden. Hier konnte man das vielseitige Talent der Künstlerin bewundern, von den frühen abstrakt-expressionistischen Bildern und Zeichnungen bis zu ihren Skulpturen aus Industriematerialien wie Latex und Fiberglas; unter den bedeutendsten sind zu erwähnen 'Oomamaboomba' und 'Ishtar', beide aus dem Jahre 1965.

68. Perle Hessing, geb. Hirsch

Malerin, wurde 1908 in Zalesczyki/Galizien (damals Österreich-Ungarn) geboren. Als sechsjähriges Kind kam sie mit ihren Eltern nach Czernowitz, wo sie die Schule besuchte. Sie studierte an der Universität Czernowitz Philosophie und heiratete 1926 den Philosophen Dr. Siegfried Hessing, Spinozist und Mitbegründer des Constantin-Brunner-Kreises in Czernowitz. 1931 wurde ihr einziger Sohn geboren.

Bereits als Kind kam Perle mit Kunstbüchern in Kontakt und erfreute sich an den farbigen Reproduktionen, da ihr Vater Buchdrucker und Buchbinder war. Er las ihr aus der Bibel vor und erzählte ihr vieles aus der jüdischen Geschichte. Diese Kindheitseindrücke haben ihr späteres Werk eindeutig beeinflußt. Auch die Stadt, in der sie aufwuchs, ein österreichisches Kulturzentrum an der östlichsten Grenzspitze der Monarchie gelegen und gleichzeitig Heimat verschiedener Nationen und Sprachen, formte die Koordinaten ihrer weiteren geistigen und künstlerischen Entwicklung.

Perle Hessing machte die Schrecken des Zweiten Weltkriegs in Czernowitz durch, das von den Sowjets, dann von den Rumänen und Deutschen und wieder von den Sowjets besetzt war, und sie teilte das traurige Los ihrer Schicksalsgenossen, besonders unter der deutschen Besatzung *(vgl. M. Bartfeld-Feller 1996; K. Schächter 1996).*

Im Jahre 1947 emigrierte Familie Hessing ins damalige britische Mandatsgebiet Palästina. Das Schiff wurde von den Briten abgefangen und die Insassen in ein Lager nach Zypern gebracht, wo sie 1 ½ Jahre hinter Stacheldraht verbrachten, und zwar bis zur Ausrufung des Staates Israel im Mai 1948 *(vgl. D. Guttmann 1997; E. Porat 1996 u. 1997).*

Leider brachte die Einwanderung der Familie nicht die verdiente Ruhe, und sie zog weiter nach Sidney/Australien, wo sie sich nach einiger Zeit einlebten und ihr Sohn Architektur und Malerei studieren konnte. Auch ihr Mann fand fruchtbaren Boden für seine philosophischen Studien.

Als Perle 50 Jahre alt war, versuchte sie eines Tages im Atelier ihres Sohnes, mit Pinsel und Farbe das Bild eines Mädchens mit einer Puppe aufs Papier zu bringen. Ihr Sohn Leonard war erstaunt und ermutigte sie zu weiterer Arbeit, doch weigerte er sich, der Mutter Maltechnik zu vermitteln, da er richtig erkannte, daß es gerade die Originalität ihrer ungeschulten Kunst war, die so beeindruckte. Dies war der Anfang einer großen naiven Malerin, deren Bilder in ihrer Farbenfreude und künstlerischen Unbeholfenheit erst recht den Weg zum Herzen der Zuschauer finden.

Sie malte biblische Themen, das Echo der in der Kindheit erlauschten Sagen ihres Vaters oder Ansichten aus dem Schtetl, in dem sie geboren wurde und das sie nur 1932 noch einmal kurz besucht hatte, ebenso wie Szenen mit Ureinwohnern ihrer neuen Heimat, Landschaften Australiens und Israels, die sie beeindruckt hatten. Auch ihre Lieblingsmusiker Borodin und Mussorgski verewigte sie in ihrem Werk mit Szenen aus ihren Opern.

Anfang der sechziger Jahre fuhr sie nach Europa und besuchte Rom und Venedig, dann Wien, wo ein Cousin ihres Mannes (Gustav Hessing, Professor an der Akademie für Schöne Künste) sie durch Besuche der Museen auf Kunstwerke Europas aufmerksam machte und ihr Kunstverständnis erweckte.

1963 nach Australien zurückgekehrt, hielt sie ihre erste Einzelausstellung in Sidney, dann in allen größeren Städten Ausraliens, 1974 und 1980 in London und Caracas, 1983 in Venezuela. 1964/86 nahm sie an vielen Gruppenausstellungen in Australien, England, Frankreich, Deutschland und Venezuela teil. Ihre Werke befinden sich in vielen Museen, z.B. im Musée de l'Île de France, Musée Laval/Frankreich, Yad Vashém Jerusalem u.a. sowie in Privatsammlungen.

Perle Hessing schuf naive Malerei im Stile von Rousseau Le Douanier, ihre Blumen sind stilisiert und trotzdem greifbar nahe, die Landschaft ist ohne Perspektive, aber lebendig; ihre Menschen, Kinder und Tiere sprechen an als würde man ein Theaterstück auf der Bühne des Lebens betrachten. - Perle Hessing lebt in London.

69. Jane Hillman-Schacherl

Malerin und Bildhauerin, 1913 in Wien geboren, studierte Malerei an der Wiener Akademie der Schönen Künste und dann bei Emile Burzel in Paris. Einige Jahre intensiver Arbeit verbrachte sie in Paris und Florenz, 1936 emigrierte sie nach Palästina. Hier wurde sie Mitglied des Verbandes bildender Künstler, was ihr dazu verhalf, an Gruppenausstellungen des Verbandes teilnehmen zu können.

Einzelausstellungen ihrer Werke hielt sie in der Bernheim-Galerie Paris und in der Ury Gallery London; in den Jahren 1966/80 hatte sie in Jerusalem und in Tel Aviv mehrere Einzelausstellungen.

Die Themen ihrer Bilder sind meist israelische Landschaften, besonders die bizarren Formationen der Wüste Judäa, wo sie den Farbton des rötlich gelben Wüstengesteins vortrefflich auf die Leinwand bringt. Die von ihr benutzten Techniken sind Ölmalerei, Graphik und Ton bzw. Keramikskulptur. - Jane Hillman-Schacherl lebt in Jerusalem.

70. Malvina (Cornell-) Hoffman (1885-1966)

Bildhauerin, als fünftes Kind künstlerisch begabter Eltern in New York geboren, der Heimatstadt ihrer Mutter. Ihr Vater stammte aus England und war Musiker, ihre Mutter war Pianistin aus Liebhaberei und Philologin von Beruf. Malvina besuchte eine Kunstgewerbeschule für Mädchen und studierte anschließend bildende Kunst an der Art Students League bei John White Alexander in New York, wo sie sich für Bildhauerei entschied, und lernte auch bei Herbert Adams und Gutson Borglum. Im Jahre 1909 nahm sie mit zwei Skulpturen an einer Gruppenausstellung teil.

Nach dem Tod ihres Vaters übersiedelte Malvina mit ihrer Mutter nach London, um ihr Studium fortzusetzen, doch war sie entschlossen, Schülerin von Rodin zu werden. Aber erst nach wiederholten Prüfungen ihrer Arbeiten und dank ihrer unermüdlichen Beharrlichkeit ließ sich der Meister erweichen und nahm sie 1910/17 in sein Atelier auf. Sie studierte drei Jahre bei Rodin und machte gleichzeitig Studien der Anatomie und des Bronzegusses. Bis zum Tode Rodins im Jahre 1917 blieb Malvina ihm in dankbarer Freundschaft verbunden, und sie war es auch, die nach seinem Tode eine Retrospektive seines Werkes veranstaltete.

Während des Ersten Weltkriegs wurde sie Sekretärin einer amerikanisch-jugoslawischen Hilfsorganisation und unternahm mehrere Reisen auf dem Balkan, wo sie u.a. Objekte für Porträtbüsten fand. Sie war eng befreundet mit der berühmten russischen Tänzerin Anna Pawlowa und wurde dadurch zur Schaffung mehrerer Skulpturen von ihr und anderen Tänzerinnen inspiriert, die voller Bewegung und Spontaneität sind. In den Jahren 1923/25 erfüllte sie den Auftrag, zwei Riesenfiguren am Bush-Haus der BBC in London auszuführen. Im Jahre 1929 erhielt sie vom Field Museum in Chicago den Auftrag, die 'Rassentypen' der Welt plastisch darzustellen. Sie arbeitete mehr als zwei Jahre unter schwierigen Bedingungen in fernen Ländern, bis sie 1933 eine Ausstellung von über 100 Skulpturen, Büsten und Köpfen von Männern, Frauen und Kindern aus vier Erdteilen eröffnete. Ihr Ehemann, der Musiker Samuel Grimson, den sie 1924 geheiratet hatte und von dem sie 1936 geschieden wurde, verewigte ihre Reisen in Fotografien.

Der Stil Malvina Hoffmans ist von dem ihres Lehrmeisters Auguste Rodin verschieden. Ihre Monumentalwerke haben den Charakter des 19. Jahrhunderts und sind naturalistischer Art, weit entfernt von den neuen Strömungen des 20. Jahrhunderts. Alle ihre Modelle wurden von ihr auch seelisch erfaßt, und jedes Detail in ihren Zügen, welches Aufschluß geben konnte über das innere Wesen, hat sie glänzend verwertet. Ihre Skulpturen befinden sich im Museum of Arts and Sciences Brooklyn, im Fieldmuseum Chicago, im Metropolitan Museum New York, im Imperial War Museum London, im Jardin de Luxembourg und im Musée d'Orsay Paris, in Washington, in der Frick-Collection New York, im Buffalo-Museum of Science New York, im Stockholm Art Museum/Schweden, u.a.

Malvina Hoffman ist eine weltweit bekannte Künstlerin. Sie erhielt viele Preise und Auszeichnungen, z.B. den königlichen Orden St. Sava III. von Jugoslawien, den französischen Orden 'Legion d'Honneur', den 'Women of the Year' Award der American Association of University Women, goldene Ehrenmedaillen der Union amerikanischer Künstler und der Nationalen Bildhauervereinigung, außerdem Ehrendoktortitel verschiedener Universitäten.

Sie schrieb zwei autobiographische Bücher, nämlich 1936 'Heads and Tales' ('Köpfe und Geschichten'), 1965 'Yesterday is Tomorrow' ('Gestern ist Morgen') sowie 1937 die Reisebeschreibung 'A Sculptor's Odyssey'. Sie erhielt mehrere Preise und war Mitglied der National Sculpture Society des National Institute of Arts and Letters und der National Association of Women Painters and Sculptors. Im Jahre 1963 zog sie sich vom Arbeitsleben zurück und verstarb drei Jahre später in New York. Das 1993 in New York nach einem Umbau neu eröffnete Jüdische Museum hat einige ihrer Werke ausgestellt.

71. Dora Holzhändler

Malerin, geboren 1928 in Paris; ihre Eltern waren beide Flüchtlinge aus Polen und trafen einander in London, wo sie heirateten. Der Vater war Taschner und besonders darauf stolz, im Ersten Weltkrieg in der britischen Armee gedient zu haben. Dora wurde in der Tradition und Kultur des osteuropäischen Judentums sowie im Andenken an ihre frommen Großeltern erzogen. Die in Paris verbrachten Jahre waren eine Zeit der Armut und des Drangsals. Dora wurde von Pflegeeltern aufgezogen, von Bauern der Normandie, und sie fühlte sich in den ersten fünf Jahren ihres Lebens auf dem Lande sehr glücklich. Das ging so weit, daß sie die Bäuerin als ihre richtige Mutter betrachtete und ihre leibliche Mutter, welche sie aus finanziellen Gründen nur selten besuchen konnte, 'Maman-Paris' nannte (Kinderjargon: 'Mutter aus Paris!').

Im Jahre 1933 holten sie ihre Eltern nach Hause, da sich die Familie zur Übersiedlung nach London entschlossen hatte. Doras Vater mußte sich einer Operation unterziehen, die man seinerzeit nur in London durchführen konnte, und die aus den Eltern und sechs Kindern bestehende Familie zog nach Dalston ins Londoner Eastend. Sämtliche Verwandten in Polen fielen dem Holocaust zum Opfer.

Im Jahre 1948 fuhr Dora nach Paris, um Malerei zu studieren und inskribierte sich an der Sorbonne für Literatur und Philosophie. Unglücklicherweise erkrankte sie schwer an Typhus und entschied sich 1950, nach London zurückzukehren. Im selben Jahr heiratete sie George Swinford, mit dem sie drei Töchter hat. Während London der ständige Wohnort der jungen Familie blieb, verbrachten sie in den Siebzigern einige Jahre in North Allerton und Dumfries in Schottland, einige Zeit in Cornwall sowie in Südfrankreich. 1987 besuchte Dora Israel, wo sie wohltuend die Rückkehr zu ihren jüdischen Wurzeln empfand; es war für sie als würden alle Figuren ihrer Bilder lebendig geworden sein.

1986 entdeckte Dora die reichen Möglichkeiten der Gouachemalerei und schuf bemerkenswerte Bilder in dieser neuen Technik, obwohl sie die Ölmalerei nicht aufgab. Allerdings sind ihre zartesten, ätherischsten Bilder spontan konzipierte Aquarelle, z.B. 'Die Korallenwelt von Eilat'. Die Themen ihrer Ölbilder sind meist der jüdischen Tradition und dem Familienleben entnommen, z.B. 'Einkauf für Sabbat' oder 'Das Familienmahl'.

Alle Gemälde Dora Holzhändlers vermitteln eine unbeschreibliche Zartheit, die uns an unsere Kindheit, unsere Sagen und Mythen, unseren Ursprung erinnern, und falls wir uns davon entfernt haben sollten, bewirken diese Bilder, daß wir Sehnsucht danach empfinden. Es sind Werke, die in zarter Weise eine Atmosphäre von Liebe und Frieden ausdrücken; oft erinnern ihre Bilder an diejenigen Mark Chagalls, da der osteuropäische 'background' ja beiden eigen war. Die Welt dieser Künstler ist mehr eine Zauberwelt als eine Welt harter Tatsachen, und Dora Holzhändler ist, wie Edna O'Brien über sie schreibt: „Mutter und Kind in einem, die in ihren Bildern die scheinbare Einfachheit der Welt in eine Tiefe taucht, die beinahe unheimlich wirkt." (Ph. Vann, Katalog der Ausstellung in Glasgow)

Ihre Werke befinden sich zum großen Teil in Privatsammlungen wie jener von Sir Charles Chaplin, des Herzogs von Bedford, des Earls von Denbigh, Edna O'Briens, Rod Steigers u.a. Sie hatte in den Jahren 1949/90 zahlreiche Ausstellungen, z.B. in Young Contemporaries London, in der Beaux Arts Gallery London, der Galerie de Bererenburght Holland, der Graham Modern Gallery New York sowie in mehreren Galerien von Paris.

72. Dhalov Ipcar, geb. Zorach

Malerin, geboren 1917 in Vermont/USA als Tochter des russisch-jüdischen Bildhauers William Zorach und seiner Frau Marguerit, geb. Winzor, einer Malerin. Der Vater war vor Pogromen aus Rußland geflüchtet; die Familie übersiedelte 1923 nach Robinhood/Maine. Beide Eltern waren gegen eine formelle, schulmäßige Mal-Ausbildung ihrer Tochter; denn sie vertraten die Ansicht, daß ihr Naturtalent durch Schulunterricht leiden würde. Daher erteilten sie und befreundete Künstler der Tochter Grundunterricht in Zeichnen, Formenlehre, Farbenlehre, Maltechnik und Kunstgeschichte.

Dhalov Ipcar schuf Bilder in figurativem Stil und erlebte mit 21 Jahren ihre erste Einzelausstellung bei 'MOMA' in New York. Kurz darauf erhielt sie von der Regierung den Auftrag für eine Wandmalerei, die sie mit Erfolg ausführte. Ab 1930 beteiligte sie sich an zahlreichen Gruppenausstellungen und hielt in den Jahren 1938/80 etwa 40 Einzelausstellungen in den USA, u.a. im Metropolitan Museum und im Whitney Museum New York.

Ihre bevorzugten Techniken sind Öl auf Leinwand und Aquarell, aber sie schuf auch Wandmalereien und Buchillustrationen sowie zarte Figurinen und Skulpturen. In den achtziger Jahren neigt sie zu phantastischen Darstellungen einer verzauberten Welt, die ans Abstrakte grenzt. - Sie ist mit dem Künstler Adolph Ipcar verheiratet. Ihre Werke befinden sich in Museen und Kollektionen der USA.

73. Martha Isaaks (?-?)

Malerin, in den dreißiger Jahren des 18. Jahrhunderts geboren, gehörte zum Kreise aschkenasischer, hauptsächlich ostjüdischer Maler, die damals in London wirkten. Es ist nicht weiter bekannt, ob ihre Eltern zusammen mit ihr oder noch früher aus Polen bzw. Rußland nach England ausgewandert waren.

Sie arbeitete im Atelier von Burell, 'little Jew' genannt, der Zeichnen und Malerei lehrte und bei dem auch Sir Walter Scott studierte. Wie damals üblich, malte sie Porträts und Miniaturen. Seit dem Jahre 1771 nahm sie an Ausstellungen jüdischer Maler in England teil. Sie unternahm eine Reise nach Indien, dessen exotische Landschaften und Menschen sie tief beeindruckten und schöpferisch inspirierten. In Indien heiratete Martha einen englischen Offizier.

Ihr bekanntestes, erhalten gebliebenes Werk ist das Porträt des Rabbiners der Großen Synagoge London, David Tevele Schiff (1761), der nichts dagegen hatte, einer Malerin Modell zu sitzen; das Bild befindet sich in Jewish Museum London.

74. Lilly Joseph (1863-1940, sign. auch als Delissa Joseph)

Malerin, wurde als Tochter des Lederwarenkaufmannes Solomon aus South Kensington in London geboren, besuchte die Ridley Art School und heiratete später den Architekten Delissa Joseph.

Während der ganzen Periode ihres künstlerischen Schaffens (1889-1938) stellte Lilly Joseph ihre Bilder in verschiedenen Galerien Londons wie auch der Societé des Artistes Français Paris aus. Bei einer Einzelausstellung in der Galerie der Royal Society of British Artists in London zeigte sie 80 Gemälde. Sie erhielt bei Wettbewerben mehrere Preise; u.a. malte sie eine Serie in der Londoner National Gallery.

Lilly Joseph war eine militante Frauenrechtlerin, einige Male Präsidentin der Frauenliga von Hammersmith und West Kensington, Kunstkritikerin der 'Women's Gazette', Direktorin des London School Board usw. Noch im Alter von 70 Jahren war sie eine begeisterte Golfspielerin, Autofahrerin und mit Vorliebe Wohnwagenreisende.

75. Manina Jouffrain, geb. Tischler

Malerin, geboren 1917 in Wien als Kind einer 'typisch' österreichisch-jüdischen Familie. Sie ist Tochter des Malers Viktor Tischler, der zwischen beiden Weltkriegen in Wien bekannt war, und Mathilde Ehrlich, Opernsängerin, deren Vorfahren aus Rumänien kamen. Ihr Vater entstammte einer sephardischen Familie, die seit Jahrhunderten in Wien ansässig war.

In den zwanziger Jahren übersiedelte die Familie nach Paris, dem Mekka der bildenden Kunst. Manina kam in ein Internat, das sie aber nach kurzer Zeit wegen antisemitischer Übergriffe verließ, um dann Privatunterricht zu nehmen. Die finanzielle Situation der Familie zwang sie dazu, bereits mit 14 Jahren ans Geldverdienen zu denken, und sie begann erfolgreich, Hüte zu kreieren, die sie vor allem Damen der Diplomatie verkaufte.

Mit 17 Jahren heiratete sie den erfolgreichen Drehbuchautor Robert Thoeren, der u.a. für Filme mit Marylin Monroe und andere Klassiker Hollywoods die Drehbücher schrieb. Robert Thoeren emigrierte 1938 mit seiner jungen Frau in die USA. Die Eltern Maninas, die in Paris blieben, wurden nach dem Einmarsch der Deutschen interniert und kamen erst durch die Intervention von Eleonore Roosevelt frei, worauf sie ihrer Tochter nachfolgten und sich in New York niederließen.

Bereits in Hollywood bekundete Manina ihr Interesse am Malen, und nach der Trennung von ihrem Mann zog sie mit ihrer kleinen Tochter nach New York, wo sie Anfang der fünfziger Jahre ihre erste Ausstellung hatte. Nach dem Tod ihres Vaters kehrte sie mit ihrer Tochter nach Europa zurück, zunächst nach England, dann nach Venedig, wo sie seit 1953 lebt.

In Paris lernte sie den jungen Dichter Alain Jouffrain kennen, ihren späteren Ehemann. Er führte sie in den Kreis der Surrealisten ein, der sich um André Breton scharte. Diese Begegnung war der entscheidende Moment im künstlerischen Leben Maninas. Sie pendelte nun oft zwischen Paris und Venedig, wo sie ebenfalls zu einer surrealistischen Gruppe gehörte.

In Venedig kam sie mit Peggy Guggenheim und Max Ernst zusammen, die sich auch in den frühen fünfziger Jahren in Venedig niedergelassen hatten. In einem Zeitraum von über dreißig Jahren entstand in Venedig ihr umfangreiches Werk, das dem surrealen Symbolismus zuzurechnen ist. Es beinhaltet rätselhafte Traumbilder von Sinngehalten aus dem Unterbewußtsein, welche die assoziative Gedankenwelt Maninas und ihren heiteren Umgang mit der Wirklichkeit bezeugen. Selbst ihre Wohnung, in der Nähe von San Marco gelegen, ist ein kleines surrealistisches Museum.

Ende der achtziger Jahre gab Manina die Malerei auf, um sich auf Gestaltung von bizarren Objekten wie Amulette, Ringe, Armreifen u.a. zu verlegen, die oft an religiöse Kultobjekte erinnern, wie sie in primitiven Kulturen zum Schutz gegen böse Geister bekannt sind. Manina ist eine der wenigen surrealistischen Malerinnen überhaupt und die einzige, die aus Wien stammt.

76. Frida Kahlo (1910-1954)

Malerin, wurde im Stadtteil Coyoacan am Rande von Mexico-City geboren; ihr Vater Wilhelm nannte sich später in Mexico 'Guillermo' und stammte von ungarischen Juden ab, die im 19. Jahrhundert nach Deutschland kamen, wo er im Jahre 1872 in Baden-Baden geboren war. Ein unbeendetes Jurastudium in Nürnberg und Zwistigkeiten mit seinem Vater bewogen ihn dazu, Ende des 19. Jahrhunderts nach Mexiko auszuwandern, wo er sich in Mexiko City niederließ und 1898 Matilde Calderon, ein junges Mädchen spanisch-indianischer Abkunft heiratete. Dieser Ehe entstammten vier Töchter, deren dritte nach mexikanischer Sitte die Namen Magdalena Carmen Frida Kahlo y Calderon erhielt.

Guillermo erlernte bei seinem Schwiegervater die Technik der Daguerrotypie (Fototechnik, benannt nach ihrem Erfinder Daguerre, 1789-1851) und wurde ein angesehener Fotograf, der oft Staatsaufträge erhielt. Fridas Mutter hatte Zeichentalent, sprach einige Fremdsprachen und zitierte oft aus den deutschen Klassikern. Frida wuchs also in einer anregenden Atmosphäre auf.

Doch eine grausame Fügung des Schicksals sollte dem schönen Leben ein Ende machen: Eines Tages wurde der Schulbus, in dem sie mit anderen Kindern zur Schule fuhr, von einem Lastwagen gerammt, Frida wurde schwerverletzt unter schrecklichen Qualen geborgen und in ein Krankenhaus gebracht. Sie hatte ein zerschmettertes Becken und mehrfache Arm- und Beinbrüche erlitten, mußte sich 35 Operationen unterziehen, was ihr große seelische und körperliche Leiden zufügte.

In ihrer jahrelangen Rekonvaleszenz lernte sie Malerei und vervollkommnete ihre Zeichenkenntnisse. Einigermaßen hergestellt, heiratete Frida den um 24 Jahre älteren, bereits berühmten Maler Diego Rivera, den sie schon als vierzehnjähriges Mädchen verehrt hatte. Die im Jahre 1929 geschlossene Ehe war oft bedroht, da Diego ein großer 'Don Juan' war, dem viele Liebesabenteuer nachgesagt wurden, u.a. mit Fridas jüngerer Schwester Christina. Sie lebten zeitweise getrennt, bis es zuletzt zur Scheidung kam.

Auch Frida hatte viele Liebhaber, wie den Bildhauer Isamu Naguchi, angeblich sogar Leon Trotzky, den sie 'mein kleiner Ziegenbock' nannte und der mit Frau Nathalie während seines mexikanischen Exils im Hause des linksgerichteten Malers Rivera eine Zeitlang Unterkunft fand. Zu ihren Freunden gehörte auch der Fotograf Nicolas Murray.

Sie war eine interessante, hübsche und leidenschaftliche Frau, die ihre Gebrechen stets geschickt zu verstecken verstand, indem sie unter flotten Kleidern ein Metallkorsett trug und durch ihre langen, fließenden Gewänder das von einer Kinderlähmung herrührende kürzere, unterentwickelte Bein zu verbergen verstand. Sie reiste mit Diego Rivera nach New York und San Francisco, wo dieser seinen Verpflichtungen nachkommen mußte und erfüllte sich den Traum ihres Lebens, indem sie allein eine Europareise unternahm.

Sie wünschte sich sehnlichst ein Kind, und obwohl ihr die Ärzte jede Hoffnung nahmen, versuchte sie es doch und hatte einige Fehlgeburten.

In Europa lernte sie die Größten der Epoche kennen: Picasso, Kandinsky, Joan Miró, Max Ernst, die sie in ihrer Arbeit ermunterten und als Frau bewunderten. Sie selbst vertiefte sich in das Studium der Pariser Schule und fand Gefallen am Surrealismus.

Diego Rivera hat zeitlebens das Werk Fridas bewundert und sie als die größte mexikanische Malerin bezeichnet. Dennoch ist ihr Name selten in einer Kunstgeschichte der dreißiger oder vierziger Jahre anders erwähnt als bestenfalls im Zusammenhang mit ihrem berühmten Mann Diego Rivera. Sie war in ihrer Persönlichkeit und ihrem Schaffen Diego völlig unterworfen und lebte ganz in seinem Schatten. Diese zwei so verschiedenen Naturen konnten ohne einander nicht auskommen und heirateten schließlich wieder.

Im Jahre 1938 stellte Frida Kahlo zusammen mit dem befreundeten Maler Julien Levy zum ersten Mal im Ausland aus, nämlich in der Manhatten Gallery New York, wo sie großen Erfolg erntete. Nun war der Zeitpunkt gekommen, wo sie zu sich selbst und ihrem eigenen Talent Vertrauen faßte. Es folgte eine andere Ausstellung im Rahmen 'Zeitgenössischer Kunst' 1939 in Paris, 1942 in Amerika zu Gunsten der französischen Kinder und Kriegsgefangenen. Sie nahm nun regelmäßig an Ausstellungen teil, gemeinsam mit Pablo Picasso, Marc Chagall, Alberto Giacometti, Viktor Brauner, Hedda Sterne u.a.

1941 starb ihr Vater, und sie kehrte nach Mexiko zurück. Hier begann sie, sich mit Kunsterziehung und Pädagogik zu beschäftigen und erteilte Unterricht an der Esmeralda Kunstakademie. 1946 erhielt sie für ihr großes Gemälde 'Moses' den Nationalpreis der mexikanischen Regierung.

Ihr Gesundheitszustand verschlechterte sich ständig, sie wurde mehreren Operationen unterzogen und verbrachte Monate im Hospital, das sie 1953 nur mit einem Stahlkorsett und im Rollstuhl verlassen konnte. Im selben Jahr hatte sie eine große Einzelausstellung in Mexiko-City und war politisch aktiv in der kommunistischen Partei. Nach ihrer Teilnahme an einer Demonstration im Sommer 1954 verschlimmerte sich ihr Zustand, und am 13. Juli 1954 verstarb sie im Schlaf.

Das Werk Frida Kahlos spiegelt ihr qualvolles Leben, und ihre tieftraurigen Augen blicken von vielen Selbstbildnissen auf den Betrachter. Hauptthemen sind Selbstbildnisse in verschiedenen Stadien ihrer Krankheit, z.B. 'Selbstbildnis mit Affe' 1938, 'Die gebrochene Säule' 1944, eine ikonographische Darstellung ihrer Schmerzen, wobei sie ihre Wirbelsäule als griechische Säule darstellt, oder das Selbstbildnis von 1940, das ihrem Arzt gewidmet ist und in dem sie aztekische Symbole verwendet, mit neumexikanischem Stil vermischt. Ein interessantes Doppelporträt mit ihr und ihrem geliebten Diego stammt noch aus glücklichen Zeiten von 1931. Ihr Stil ist eine originelle Mischung aus Klassik und Surrealismus, untermalt mit mexikanischer Folklore, einzig in ihrer Art.

Man erzählt, daß Kandinsky beim Anblick ihrer Bilder geweint habe und Picasso in Begeisterung verfallen sei. Zu ihren besten Freunden gehörte der Dichter und Begründer des literarischen Surrealismus, André Breton, dem sie den Zugang zum Surrealismus verdankte und der sie durch seine positive Kritik sehr gefördert hat.

Das erwähnte Doppelporträt von Frida und Diego befindet sich im Museum of Arts in San Francisco; andere bekannte Gemälde sind 'Der verwundete Hirsch', 'Baum der Hoffnung', 'Die beiden Fridas'.

Sie teilte das Schicksal vieler Frauen und Partnerinnen berühmter Künstler: in deren Schatten zu verschwinden. Erst spät wurde sie von der Kunstkritik entdeckt, und letzten Endes fand sie erst durch ihren frühen Tod die ihr zukommende Berühmtheit. Es ist dem Kritiker Hayden Herrera sowie der Schriftstellerin Rauda Jamis mit ihren Biographien 'Frida Kahlo' zu verdanken, daß diese große Malerin vor dem Vergessen bewahrt wurde.

Die meisten Werke Frida Kahlos befinden sich in Museen und Privatsammlungen in den Vereinigten Staaten. Das Familienhaus in Coyoacan, Fridas Geburtshaus, wurde in ein Museum umgewandelt. Ihr Tagebuch aus dem letzten Jahrzehnt ihres Lebens mit lyrischen Passagen, politischen Bekenntnissen und Selbstkritik, herausgegeben von Carlos Fuentes, ist ein Zeugnis ihrer seelischen und körperlichen Leiden.

77. Louise Kaish

Bildhauerin, wurde 1925 in Atlanta/USA geboren. Nach Beendigung ihrer Mittelschulstudien ging sie an die Universität von Syracuse (Staat New York), wo sie bei Ivan Mestrovicz Bildhauerei studierte.

Ihre Spezialität ist die künstlerisch-dekorative Ausstattung von Synagogen und die Ausführung von ornamentalen Synagogenskulpturen, die auf jüdischen Motiven beruhen. Sie arbeitet hauptsächlich in Metall, poliertem Aluminium oder Stahl bzw. geschwärztem Metall.

Zu ihren bekannten Werken gehören u.a. 'The cabbalistic sphere' in poliertem Aluminium, ebenso 'The Holocaust' in Bronze, ein Werk in Privatbesitz. Eindrucksvoll erscheint auch 'The Holocaust-Oven' aus geschwärztem Metall, der am Eingang des alten Gebäudes des Jewish Museum in New York aufgestellt war. - Louise Kaish lebt in New York.

78. Nata Kaplan, geb. Levontin

Malerin, Anfang der vierziger Jahre in Alexandria/Ägypten geboren, kam als einjähriges Kind nach Israel. Sie beendete die Mittelschule in Israel und studierte dann am Avni-Institut in Tel Aviv bei dem Maler Jeheskel Streichman. Sie vervollständigte ihre Studien in London und am Parson's Art Institute in New York. Einige Jahre arbeitete sie in der Cité Internationale des Arts in Paris.

Ihre Bilder befinden sich in Sammlungen des französischen Parlaments, ein beträchtlicher Teil wurde vom früheren französischen Premierminister Jean Chaban-Delmas für seine Privatsammlung angekauft. - Nata Kaplan hatte viele Einzelausstellungen in der ganzen Welt, z.B. 1967 in der Ben-Uri Gallery in London, 1969/70 in Melbourne und Sidney, 1975 in der Jack O'Hama Gallery in London, 1976 in Montreal, 1978 in der Cité des Arts Paris und in der Leivik-Gallery Tel Aviv.

Ihre abstrakten, farbenreichen Gemälde ebenso wie ihre israelischen Landschaften bezeugen ihr weitgespanntes Talent. Ihre Techniken sind Öl auf Leinwand und Papier. Sie ist Mitglied der Maler- und Bildhauervereinigung London wie des Israelischen Künstlerverbandes; sie nahm an mehreren Gruppenausstellungen dieser Vereinigungen teil, z.B. 1969 in der Staatsgalerie London und 1975 im Herbstsalon der Biennale in Paris.

In den Jahren 1976/93 hielt Nata Kaplan Einzelausstellungen in vielen Galerien und Museen, so in der Saidie Bronfman Gallery in Montreal/Kanada, der Katja Granoff Galerie Paris, im Haus des Kulturattachés Dr. Lazar in Paris, in der Franz-Hitze-Akademie Münster, im Ben Uri Art Center London und in vielen Galerien Israels. 1992 und 1993 erhielt Nata Kaplan Medaillen vom Institute Academique de Paris. Während der Jahre 1993/96 fanden Ausstellungen ihrer Werke im Salon International des Beaux Arts und im Grand Palais zu Paris statt. - Die Künstlerin lebt in Tel Aviv.

79. Miryam Karoly (?-1995)

Graphikerin und Medailleurin, wurde in den dreißiger Jahren in Österreich geboren und kam mit ihren Eltern als kleines Kind nach Israel. Nach Beendigung der Mittelschule studierte sie Malerei und Graphik, hauptsächlich die Technik des Kupferstichs bei dem bekannten Professor Meiselmann.

Miryam Karoly arbeitete als Graphikerin und Briefmarken-Designerin, sie hat mehr als 30 Kupferstiche für Marken der israelischen Post entworfen und ausgeführt und nahm auch an internationalen Wettbewerben für Markendesign teil, die von der UNESCO veranstaltet wurden. An öffentlichen Gebäuden in

Israel hat sie Wappen und Allegorien gemalt und in Stuck verarbeitet, wie z.B. am Dagon-Turm in Haifa und am Dan-Hotel in Herzlia.

Die Künstlerin beschäftigte sich auch mit der Prägung von Münzen und Medaillen. So erhielt sie für die Prägung einer Theodor-Herzl-Medaille wie für eine Chaim-Weizmann-Medaille Preise der Regierung. 1976 und 1977 wurde sie mit dem Hermann-Struck-Preis der Stadt Haifa ausgezeichnet. Miryam Karoly arbeitete u.a. in der Porzellanmalerei, mit Metallplattenätzung und fertigte originelle Schmuckstücke. Einzelausstellungen ihrer Werke fanden in Jerusalem, Haifa und Tel Aviv statt.

80. Lilly Kehlmann, geb. Ausländer (1900-1986)

Malerin, wurde 1900 in Czernowitz/Bukowina (damals Österreich-Ungarn) als Tochter einer gutsituierten jüdischen Mittelstandsfamilie geboren. Ihr Vater war Rechtsanwalt und Präsident der Bukowiner Advokatenkammer mit starker patriotischer Gesinnung, so daß ihre Zugehörigkeit zur deutschen Sprache und Kultur Alt-Österreichs (wie die ihrer älteren Schwester Ninon) bereits im Elternhaus gewachsen war.

Nach Abschluß des Mädchenlyzeums in Czernowitz studierte sie an der Universität Wien Kunstgeschichte und nahm bei Oskar Kokoschka Malunterricht. - In den frühen zwanziger Jahren heimgekehrt, heiratete sie den rumänischen sozialdemokratischen Politiker Lothar Radaceanu, aber die Ehe ging nach kurzer Zeit auseinander. Lilly heiratete in zweiter Ehe den Advokaten Dr. Heinz Kehlmann, mit dem sie in Wien bzw. Czernowitz lebte. Dort erlebte sie die Wirren und Ängste der vierziger Jahre, als die Stadt zunächst von den Sowjets besetzt, nach Ausbruch des Krieges dann von deutsch-rumänischen Truppen erobert und dem Grauen der Nazibesetzung unterworfen wurde *(vgl. M. Bartfeld-Feller 1996; K. Schächter 1996)*.

1943 gelang es den Kehlmanns, nach Bukarest zu flüchten, wo sie versteckt lebten, bis es ihnen dank der Bemühungen ihrer Schwester Ninon und deren Mann, dem berühmten Schriftsteller Hermann Hesse, gelang, die Ausreise in die Schweiz zu organisieren, von wo sie später nach Frankreich bzw. in die USA auswanderten. Erst in ihren letzten Lebensjahren kehrte Lilly Kehlmann nach Wien zurück, wo sie 1986 starb.

Lilly Ausländer-Kehlmann, für die Malerei nie ein Brotberuf war, malte mit Vorliebe Straßenszenen und Landschaften, besonders Berglandschaften der

Schweiz. Sie machte auch Buchillustrationen, z.B. für Franz Grillparzers Erzählung 'Der arme Spielmann'.

Sie arbeitete in Öl, Aquarell und Pastell. In ihren Schweizer Pastellen malte sie Hermann Hesses Haus im Tessin, 1934 in Montagnola und 1957 in Sils. Ihre Farbenpalette zeugt von zartem Gefühl bei der Übertragung und Stilisierung der Natur sowie von ihrer Liebe zu ähnlich gesinnten Menschen. - Ihre Bilder befinden sich größtenteils in Privatsammlungen in Europa und den Vereinigten Staaten.

81. Klara Klinghofer (1900-1970)

Malerin, in Lemberg (Lviv, heute Ukraine) geboren, emigrierte mit ihren Eltern als Kind nach England. In den Jahren 1919/20 war sie Studentin der Slade Central School of Arts in London.

1920 stellte sie zum ersten Mal ihre Bilder in England aus und hatte großen Erfolg. 1926 heiratete Klara den Schriftsteller Stoppelmann und lebte mit ihm einige Jahre in Holland.

Im Jahre 1933 stellte sie zusammen mit dem bekannten englisch-jüdischen Maler Mark Gertler (1891-1939) in der Leicester Gallery in London aus. Einige ihrer Bilder sind in der Tate Gallery London zu finden.

82. Ghisha Koenig-Tuchman

Bildhauerin, 1921 in London als Tochter des Kunstkritikers und Literaten Leo Koenig und seiner polnischen Frau geboren. Der Vater war aus Rußland emigriert und ein persönlicher Freund Marc Chagalls sowie des englischen Malers David Bomberg.

Ghisha erwarb ein Stipendium für das Hornsay College of Art (jetzt Polytechnicum) und studierte dort bis zum Ausbruch des Zweiten Weltkriegs. Sie wurde mobilisiert und war vier Jahre lang in der britischen Armee.

Nach Ende des Krieges setzte sie ihr Studium an der Chelsea School of Art fort, wo sie Bildhauerei unter Leitung von Henry Moore betrieb. Im Jahre 1950 heiratete sie Dr. Emanuel Tuchman, hat eine Tochter; die Familie wohnt in der Grafschaft Kent in Südengland.

Die von Ghisha Koenig-Tuchman bevorzugten Modelle ihrer Skulpturen sind Menschen an ihrem Arbeitsplatz, auf dem Feld, in Fabriken und Kohleminen. Im Vordergrund ihrer Aufmerksamkeit steht immer das soziale Problem. Seit 1953 veranstaltete sie mehrere Ausstellungen ihrer Büsten und Bildwerke in Kent, London und Belgien.

83. Nina Kogan, geb. Ossipovna (1887-1942)

Malerin, geboren in Bielorus (Weißrußland), signierte ihre Bilder manchmal auch mit dem Pseudonym 'Nana Josifowna'; die biographischen Daten sind spärlich. In den Jahren 1919/21 lehrte sie an der Volkshochschule von Witebsk, zu der Zeit also, als Marc Chagall und nach ihm Kasimir Malevitsch dort als Direktor fungierten.

Sie war Gründungsmitglied der Union für Neue Kunst 'Unovis' und stellte 1922 im Rahmen einer Gruppenausstellung russischer Künstler ihre Bilder in Berlin aus. Nina Ossipovna beschäftigte sich auch mit Kunsttheorie und veröffentlichte in der ersten Ausgabe des 'Unovis-Magazin' (1920) einen Beitrag über die Befreiung der modernen Kunst von der herrschenden 'versklavenden Scholastik'.

In ihren Werken plädierte sie für die Befreiung von engstirniger Nachbildung der Dinge und ließ Farbe die alles überragende Rolle spielen. Sie setzte sich für eine Schulung des Künstlernachwuchses ein, welche auf die Arbeit mit realen plastischen Elementen Gewicht legt. Die Anschauung der 'Unovis', die Malewitsch offenbarte, beschränkt die Welt auf bestimmte visuelle Elemente wie Geraden, Kurven, geometrische Figuren und Körper, und diese Anschauung machte sie sich in ihrem Werk zu eigen.

Zuletzt lebte sie in Leningrad (St. Petersburg), wo sie noch 1941 Ausstellungen veranstaltete. Danach verliert sich ihre Spur. Es ist anzunehmen, daß sie während des Krieges in Leningrad ums Leben gekommen ist.

84. Dvora Kopan

Malerin, wurde 1926 unter dem Mädchennamen Mescher in Bukarest geboren; ihre Schuljahre fallen in die für Juden schwere Zeit der vierziger Jahre; denn sie wurde trotz ihres Talents an keiner Hochschule Rumäniens aufgenommen.

Daher studierte sie Malerei an der sogenannten 'Freien Akademie für Malerei und Zeichnen' in Bukarest unter Leitung von Professor Max Hermann Maxy.

Nach Ende des Zweiten Weltkriegs vervollständigte sie 1945/48 ihre Studien an der Akademie der Schönen Künste in Bukarest unter Anleitung des bekannten rumänischen Malers Camil Ressu. Ab 1948 nahm sie an Gruppenausstellungen teil und wurde Mitglied der Vereinigung bildender Künstler Rumäniens. Sie arbeitete eine Zeitlang als Zeichnerin bei der Zeitschrift 'Contemporanul' mit.

Im Jahre 1950 verließ sie Rumänien, um nach Israel auszuwandern. Hier ließ sie sich zuerst in Safed nieder, dem bekannten, malerisch gelegenen alten Kabbalistenstädtchen im Norden Israels, wo es bereits eine israelische Künstlerkolonie gab. 1959 übersiedelte sie nach Tel Aviv, ins kulturelle Zentrum des Landes.

Sie nahm an zwölf Gruppenausstellungen in vielen Städten Israels teil, aber auch im Ausland, wie etwa in London und Berkley/Kalifornien. 1967 veranstaltete sie mit weiteren drei Künstlern rumänischer Herkunft - Sonia Natra, Dorel Pascal und Marius Kopan (ihr Ehemann) - eine Ausstellung ihrer Arbeiten aus Safed in Tel Aviv.

Die Pädagogische Zeitschrift des Ministeriums für Kultur und Unterricht in Israel veröffentlichte Zeichnungen Dvora Kopans, und sie wurde Mitglied des israelischen Verbandes bildender Künstler. Außerdem lehrte sie 1980/83 Komposition und Zeichnen an einer Mittelschule in Tel Aviv. Ihre Bilder befinden sich u.a. in Museen und Privatsammlungen in Rumänien, Israel, Belgien, England und den USA.

Dvora Kopan debütierte als realistisch-figurative Malerin, um schließlich zur geometrischen Abstraktion zu gelangen. Die erste Periode ihrer künstlerischen Tätigkeit fällt in die Zeit des Zweiten Weltkriegs und die Nachkriegszeit, eine Zeit des Hasses, des Mordens, des Holocaust: Als Zeitzeugin stellte sie realistische Szenen des Grauens dar und ließ ihr Herz gegen die Unmenschlichkeit sprechen.

Nach dem Krieg obsiegte der kühle Verstand, und sie fand ihren Weg in der geometrischen Abstraktion, um ihren Ideen Ausdruck zu verleihen. In kühlen Farben - schwarz, grau, beige, schokoladenbraun und mit strengen, kahlen Formen wie Kreisen, Rechtecken und Dreiecken - baut sie ihre Kompositionen auf. Manchmal, wie um die Strenge der Geometrie aufzulockern, schneidet sie das Zeichenpapier an einer Stelle auf (wie im Seidendruck 'Print-Plus' die Seide) und formt durch Umbiegen der Ränder ein Fenster mit Einblick in eine andere Dimension.

Im Jahre 1993 fand bei der Tel Aviver Künstlervereinigung eine deutsch-israelische Gemäldeausstellung statt, in der auch Werke von Dvora Kopan zu sehen waren. Außerdem ist sie Dichterin; ein Band ihrer Gedichte in englischer Sprache sollte im Herbst 1996 erscheinen.

Es ist schwer, Dvora Kopan einer bestimmten Kunstrichtung zuzuordnen; in ihren Bildern stellt sie auf originelle Weise ihre eigene Weltanschauung dar. - Dvora Kopan lebt und wirkt in Tel Aviv.

85. Grete Krakauer-Wolf (1904-1973)

Malerin, als Grete Wolf in Mährisch-Ostrau/Tschechien (damals Österreich-Ungarn) geboren. Ihre ersten Kunststudien machte sie an der Kunstgewerbeschule in Wien, um sie dann bei Professor Weissgerber in München und bei Professor Holzl in Stuttgart fortzusetzen.

Sie heiratete den Architekten und Maler Leopold Krakauer und wanderte 1925 mit ihm nach Palästina aus. Hier eröffnete das junge Paar ein Atelier, wo beide Ölbilder, Aquarelle und architektonische Entwürfe schufen.

Grete Krakauer war eine ausgezeichnete Porträtistin und hat Porträts vieler bekannter Persönlichkeiten geschaffen, z.B. des Schriftstellers Emil Ludwig, des Zionistenführers Arthur Ruppin sowie von Else Lasker-Schüler, mit der sie eine innige Freundschaft verband und deren Totenmaske sie schuf.

Eine andere Seite ihres Talents bezeugen ihre Landschaftsbilder in hellen, lebhaften Farben. Einige Bilder befinden sich in Prager und Wiener Kunstgalerien, andere in Museen Israels und in Privatsammlungen. Im Mai 1996 veranstaltete das Kunstmuseum von Jerusalem eine große retrospektive Ausstellung der Werke von Grete und Leopold Krakauer.

86. Edith Kramer

Malerin und Graphikerin, wurde 1916 in Wien geboren. 1932/38 studierte sie an der Akademie der Schönen Künste in Wien Malerei, Plastik und Kunstgeschichte u.a. bei Friedel Dicker (Bauhausschüler, 1944 in Auschwitz ermordet) und Fritz Wotruba. Es gelang ihr, Wien im Jahre 1938 zu verlassen und in die Vereinigten Staaten auszuwandern.

Die ersten Jahre in ihrer neuen Heimat waren sehr schwer. Edith arbeitete als Zeichen- und Handarbeitslehrerin, in den Kriegsjahren 1943/44 als Metallarbeiterin. Nach dem Krieg und in den Jahren 1950/75 wirkte sie als Kunsttherapeutin in Schulen, Kinderheimen und psychiatrischen Spitälern für emotional gestörte Kinder. Im Jahre 1975 wurde sie als Professorin für Kunsttherapie an die New York University berufen und später dort emeritiert.

In den schweren Jahren der ersten Zeit in den USA wurde sie von der bekannten dänischen Schriftstellerin Karin Michaelis und dem aus Wien emigrierten Lyriker und Regisseur Berthold Viertel zu ihrer künstlerischen Karriere ermuntert und darin gefördert. Noch 1944 erhielt sie die amerikanische Staatsbürgerschaft.

Jahrzehntelang arbeitete sie an Gemälden und Skulpturen, ohne sie jemals auszustellen. Erst in vorgerückten Jahren entschloß sie sich 1985, ihre Werke in einer im Vasarely Centre New York veranstalteten Ausstellung dem Publikum zu zeigen. Diese Arbeiten einer Zeitspanne von beinahe 40 Jahren bestanden aus gegenständlicher Malerei, Portäts, Skulpturen in realistischer Auffassung und zeugten von ihrem Talent, ihrer Bindung zur Natur und ihrer Menschenliebe.

Gelegentlich hatte sie einige ihrer Bilder in verschiedenen Galerien ausgestellt, z.B. 1957 in der Crespi Gallery New York, in Deutschland, Österreich und Schweden. In der Kunstgalerie des Transit Museums in Brooklyn Heights/ New York wurden Bilder, Skulpturen, Zeichnungen, Holzschnitte und Collagen aus einer Schaffensperiode von 54 Jahren ausgestellt, wobei es um das Leben in der U-Bahn ging. Ihre Eindrücke als junge Maschinistin während der Kriegsjahre blieben für ihr ganzes Leben prägend. Die hölzernen Eisenbahner, die Fahrgäste der U-Bahn sind Arbeiter, die zur Arbeit fahren oder von dort kommen, es sind Angehörige der Mittel- und Unterschichten der Bevölkerung von New York, welche die Künstlerin auf ihre Art - im Sinne von 'Subway Art' - verewigt hat.

87. Nair Kremer

Malerin, wurde 1938 in Brasilien geboren, studierte an der Universität von Sao Paulo Chemie und Bakteriologie und erhielt im Jahre 1957 ihr Diplom. 1959/60 studierte sie Kunstgeschichte im Museum der bildenden Künste in Sao Paulo.

Im Jahre 1961 wanderte sie nach Israel aus und wurde Mitglied in einem Kibbuz. In den sechziger Jahren studierte sie Malerei und Bildhauerei am Avni-Institut in Tel Aviv. 1976 veröffentlichte sie ein Album ihrer Werke unter dem Titel 'Folgen des Krieges'. Sie veranstaltete Einzelausstellungen ihrer Bilder 1970/71 in Sao Paulo, Recife und Rio de Janeiro/Brasilien sowie 1975/76 in Tel Aviv, außerdem nahm sie an zahlreichen Gruppenausstellungen in Brasilien und Israel teil.

Ihre Bilder wurden von Museen und Privatsammlungen in Brasilien, Israel, USA, Mexiko und Deutschland erworben. Die von ihr bevorzugte Technik ist Öl auf Papier. - Nair Kramer lebt und wirkt im Kibbuz Barur Chaja bei Aschkelon.

88. Lee (Lenore) Krasner (1908-1983)

Malerin, war Tochter einer russisch-jüdischen Familie und in Brooklyn geboren, wohin ihre Eltern ein Jahr vor ihrer Geburt aus Odessa eingewandert waren. Lee wuchs in Brooklyn auf, sprach russisch, jiddisch, hebräisch, englisch und zeigte schon als Kind Interesse und Talent zum Zeichnen.

Da ihre Eltern nicht über die Mittel verfügten, um ihr ein Malstudium zu ermöglichen, mußte Lee selbst Geld verdienen und arbeitete eine Zeitlang als Kellnerin in einem Café in Greenwich-Village/New York oder saß Malern Modell. Endlich begann sie mit dem Studium des Zeichnens und der Malerei in der Art Students League und bekam Ende der zwanziger Jahre ein Stipendium der Cooper Union in New York. Die traditionelle akademische Ausbildung erhielt sie an der National Academy of Design. Sie begeisterte sich für die frühen Werke von Picasso und Matisse, die sie im neueröffneten Museum of Modern Art bewundern konnte.

In den schweren Jahren der amerikanischen Wirtschaftskrise arbeitete Lee Krasner als bezahlte Assistentin des Freskenmalers Max Spivak. In dieser stürmischen Zeit schloß sie sich der politisch aktiven Artists Union an und der Gruppe der American Abstract Artists. Im Jahre 1939 vervollständigte sie ihre Kenntnisse in der Kunstschule von Hans Hoffman, wo sie u.a. Piet Mondrian entdeckte, der auf sie großen Einfluß ausübte. Sie arbeitete damals an Collagen, Mosaiken und Scherenschnitten mit floralen Mustern, wobei ihre Arbeiten einen starken Einfluß der kubistischen Kunstrichtung aufweisen.

Bereits 1936 lernte sie Jackson Pollok kennen, aber die beiden trafen einander erst 1941 bei einer Ausstellung seiner Bilder in der MacMillan Gallery New York. Lee Krasner, um vier Jahre älter als Pollok, war bereits eine bekannte, in der New Yorker Avantgardeszene verwurzelte Künstlerin, Pollok noch der unbekannte Außenseiter.

1942 nahm sie an einer Gruppenausstellung in der MacMillan Gallery teil, in der Werke von Georges Braque, Henri Matisse, Amadeo Modigliani, Pablo Picasso sowie der amerikanischen Maler de Kooning, Stuart Davis u.a. ausgestellt wurden.

Im Jahre 1945 heirateten Lee und Jackson Pollok, und diese von Krisen erschütterte Ehe und Partnerschaft dauerte 14 Jahre, d.h. bis zum Tode von Jackson Pollok im Jahre 1956. Das junge Paar zog von New York nach East Hampton in Long Island, wo sie ein Haus kauften und sich zwei separate Alteliers einrichteten. Die Kunsthistorikerin Barbara Rose (USA) nennt diese Ehe „a working relationship". Die hochbegabte, akademisch ausgebildete und bestbekannte Malerin schien ihre eigene Arbeit bewußt zurückzustellen, um das in Pollok schlummernde Potential ungehindert sich entwickeln zu lassen.

Die Verbindung zwischen ihr und Jackson Pollok, der Alkoholiker war, führte anfangs zu einem Austausch. Er übernahm von ihr die Farbenfreude, während sie sich zu einem freieren Bildaufbau durchrang. Lee schenkte ihm nicht nur Liebe, sie bot ihm festen Halt im Chaos seiner alkoholischen Exzesse und nachfolgender Depressionen, sie formte seinen Kunstverstand, indem sie seiner eruptiven Entgrenzung die strukturelle Ordnung ihrer eigenen Malerei entgegensetzte. Er fand schließlich in den berühmten 'drip paintings' seine originelle Ausdrucksform, während Lee Krasners Arbeit - durch bewußten Verzicht - allmählich in den Hintergrund rückte. Sie stellten beide in der 67. Gallery New York aus, gemeinsam mit Joan Miro, Hans Arp, Pablo Picasso, Marc Rothko, Hans Hoffmann u.a.

Nach einer zweijährigen Phase der Abstinenz und schöpferischen Hochstimmung begann Pollok wieder zu trinken und verfiel in selbstzerstörerische Depressionen. Mit dem Niedergang Polloks begann für Lee ein neuer Aufbruch ihrer künstlerischen Tätigkeit - als Kompensation für all das erlittene Leid neben ihrem unglücklichen Mann. Anfang der fünfziger Jahre begann sie, ihre früheren Werke zu zerschneiden und aus den Fragmenten neue Kollagen zu komponieren, eine Arbeitsmethode, die sie fortsetzte und von ihrem ursprünglichen Kubismus über surrealistische Versuche zum abstrakten Expressionismus weiterführte. Ihre Werke 'Jahreszeiten', 'Noon', 'Majuskule' sind abstrakte Kompositionen, Bilder aus der Serie 'Little Image', ein Mosaik von stark aufgetragenen, leuchtenden Farbflecken aus türkisblau, gelb, orange, rosa, grau, das z.B. in 'Noon' wie eine vieltausendköpfige Menschenmenge aus der Vogelperspektive anmutet.

Das Werk Lee Krasners ist weit entfernt von einer einheitlichen Stilrichtung, ihre Phantasie ist überaus variiert, sie geht von dick aufgetragenen 'Pasten' und keilförmigen Formen der 'Little Image'-Serie in den fünfziger Jahren zu großen, expressionistischen Flächenbildern über, die sie weltbekannt machen. In ihrem Werk liegt Methode, sie selbst sagt: „Der Wechsel ist die einzige Konstante“. Der rhythmische Fluß ihrer Farbe, die Dichte oder die Transparenz der Fläche, die Komprimierung oder Expansion der Formen sind die Konsequenzen ihrer eigenen Gefühle und ihres Credo, daß das Kunstwerk ein Akt der Selbstoffenbarung des Künstlers sei.

1965 stellte die Künstlerin eine erste große Retrospektive in der Whitechapel Art Gallery London aus. 1973 veranstaltete sie Ausstellungen neuerer Werke in der Marlbourough Gallery New York sowie im Whitney Museum of American Art, 1975 in der Corcoran Gallery of Art. Die letzte große Retrospektive hält die Künstlerin ein Jahr vor ihrem Tod im Museum of Modern Art New York.

Nach ihrem Tod 1983 gab es 1990 eine große Ausstellung in Bern unter dem Titel 'Künstlerpaare - Künstlerfreunde', wo man in zwei Sälen die Werke Lee Krasners und Jackson Polloks sehen konnte bzw. in anderen Sälen jene von Rodin und Camille Claudel, Hans Arp und Sophie Täuber u.a.

89. Heddy Kun

Malerin, wurde 1936 als Heddy Davidovicz in Zagreb/Kroatien geboren. Ihre Eltern kamen im Holocaust ums Leben, und sie wurde von ihren Großeltern in Budapest erzogen.

Sie studierte und absolvierte die Akademie der Schönen Künste in Budapest und wanderte dann 1956 nach Israel aus. Hier lernte sie ihren späteren Mann, den Maler Zeev Kun kennen.

Vielseitig in ihrem Werk sind ihre Frauen- und Männerporträts durch den Blick der Augen und den Ausdruck der Lippen. Als Meisterin auch der Landschaft findet ihr geübtes Auge die lauschigen alten Gäßchen in Safed, die bunten kleinen Blumengärten Jerusalems. Ihre Werke sprühen vor Optimismus.

Bereits im Jahre 1956 hielt die Künstlerin ihre erste Einzelausstellung in der Akademie der Schönen Künste von Budapest, es folgten in kurzen Abständen Ausstellungen in der Galerie Katz Tel Aviv 1963, Ben Yehuda Gallery Tel Aviv 1966 und andernorts in Israel. Im Ausland wurden ihre Werke gezeigt in der John Whibley Gallery London 1965, im Jewish War Memorial Center Sidney 1967, in der Murray Greenfield Gallery New York 1968, der Israel Gallery Amsterdam 1972, der Gallery of Fine Arts San Francisco 1973, der Aknin Gallery Paris 1985, im Sender Freies Berlin 1987, in der Amber Galerie Brüssel 1988, der Nicole Galerie Paris 1986, der Miromenil Galerie Paris 1988, in den Jahren 1990 und 1996 in Galerien und Ausstellungen wie der 'Art Expo' New York, in Israel und andernorts.

Hedy Kun lebt teils in Tel Aviv, wo sie ihr eigenes Studio besitzt und auch ausstellt, teils in Safed (Zfat).

90. Guta Kuperstein

Malerin, wurde in Polen geboren und ist Überlebende des Holocaust. Da sie Zeichentalent hatte, lernte sie in den Jahren 1946/47 in Paris Zeichnen und Malen.

Kurze Zeit danach ging sie in den neu gegründeten Staat Israel, wo sie ihre Studien am Avni-Institut in Tel Aviv bei dem bekannten Maler Jeheskel Streichman fortsetzte und in den Ateliers von Avigdor Stematsky und Mosche Mokadi arbeitete. Zur Vollendung ihrer Ausbildung fuhr sie 1961 nach Paris und studierte an der Académie de la Grande Chaumière bei Bussier und Oyame.

Sie arbeitet in Aquarell und Öl, ihre Themen sind Landschaften Israels, Stilleben und Blumen. Sie veranstaltete 1964 Einzelausstellungen ihrer Bilder in der Transposition-Galerie in Paris, 1966 am Jewish College in Baltimore und in den Jahren 1962/68 in Israel. Sie nahm an vielen Gruppenausstellungen des israelischen Künstlerverbandes teil. - Die Künstlerin lebt und wirkt in Tel Aviv.

עם ישראל חי

91. Mirta Kupferminc

Malerin und Graphikerin, wurde 1955 in Buenos Aires geboren. Ihre Eltern waren Auschwitz-Überlebende, die Mutter aus Ungarn, der Vater aus Polen, 'displaced persons', die nach dem Krieg nach Argentinien emigrierten und in Buenos Aires eine Knopffabrik gründeten.

Zu Mirtas Kindheitserinnerungen gehört jenes prickelnde Gefühl, das sie erfaßte, wenn sie ihre Händchen in die Masse von kleinen, farbigen Knöpfen tauchen konnte; es war ihr erster bewußter Kontakt mit Materie, und es kam ihr der Gedanke, daß man aus Materie etwas Neues schaffen könnte. Als kaum Dreijährige sah sie neidisch einer Kunststudentin beim Malen zu, und schon damals begann in ihr der Gedanke zu reifen, daß auch sie einmal Bilder schaffen könnte. Ihre Eltern hatten Verständnis für das Talent ihrer Tochter und ermöglichten ihr ein Kunststudium.

Sie absolvierte mehrere Kunstschulen in Argentinien, nämlich Escuela Nacional de Bellas Artes, Manuel Belgrano und Escuela Superior de Bellas Artes de la Nacion, Ernesto de la Cárcova (Graphik), und sie lernte im Atelier von Professor Ideal Sanchez Malerei.

Als Abschluß ihres elfjährigen Studiums mußte sie ein von ihr illustriertes Buch präsentieren. Sie wählte das Thema 'Jüdische Festtage' und arbeitete pausenlos zwei Jahre an illuminierten Radierungen, die an die Technik der alten Bibel-Illustrationen sowie an persische Miniaturen anknüpfen. Das Buch (im ungewöhnlichen Format von 50 x 70 cm) ist mit einem Filzumschlag und Goldtressen versehen, um an eine Thorarolle zu erinnern. Es gibt im ganzen nur zwölf Exemplare dieses Buches, von denen sich eines im Museum der Escuela Nacional de Bellas Artes, ein anderes im Wolfsohn-Museum im Hechal Schlomo zu Jerusalem, ein drittes im Vatikan, das vierte im Museum der jüdischen Gemeinde Emanu-El in Buenos Aires befindet, weitere Exemplare sind in Privatbesitz.

Auf das Thema dieses Buches angesprochen, erklärte Mirta, daß sie zwar nicht religiös, aber traditionstreu sei, und daß sie mit diesem Buch ihrem historischen Erbe - den Riten im Judentum - ein Denkmal setzen wolle.

Ihre erste Ehe fand ein tragisches Ende, da ihr Mann kurze Zeit nach der Hochzeit einem Krebsleiden erlag. Sie ist in zweiter Ehe mit Kurt Frieder verheiratet, Generalsekretär der Dachorganisation jüdischer Vereine und Verbände in Argentinien.

Sie erteilt Malunterricht und ist freischaffende Künstlerin, die mit ihren Radierungen und Ölbildern an zahlreichen Gruppenausstellungen teilnahm, 1977/89 in Argentinien in Spanien, im Pratt Graphics Art Center New York, bei der Biennale für Graphik in Taipei, in Urugay, Tokio, Paris, München u.a.; 1982/89 hielt sie regelmäßig Einzelausstellungen in Argentinien

Mirta Kupferminc hat viele Preise erworben, u.a. 1980 den Ehrenpreis der Munizipalität von Adrogué für Malerei, 1984 den Ehrenpreis der Munizipalität von Vicente-López für Graphik, Preise beim Salon der bildenden Künste in Buenos Aires. Ihre Werke - Radierungen, Aquaforte, Aquatinte, Collagen und Ölbilder - befinden sich in verschiedenen Museen Argentiniens, Urugays, in Taipe und Israel.

In den achtziger Jahren arbeitete sie an einem großen Projekt, einem Album farbiger Kupferstiche 'The Jewish Spain', einer Retrospektive der Entdeckung Amerikas aus jüdischer Sicht. Für ihre Originalität und ihr tief verwurzeltes jüdisches Bewußtsein spricht eine von ihr geschaffene 'Ketuba' (Eheurkunde) in drei Sprachen (Hebräisch, Spanisch und Englisch), in welcher sie im Anklang an das 'Honeymoonprojekt' des spanischen Malers Antoni Miralda - der die symbolische Heirat zwischen der 'Statue of Liberty' in New York und dem Columbus-Monument in Barcelona darstellte (1986) - die dazugehörige 'Ketuba' als illuminierte Radierung anfertigte, wobei sie damit auf die mögliche jüdische Abstammung Columbus' und auf seine Freiheitsliebe anspielte. Nach ihren eigenen Worten spiegelt ihr gesamtes Werk die Essenz des jüdischen Expressionismus.

Im Juni 1992 wurde unter der Ägide der Stadtverwaltung im Museo de Arte Moderno in Buenos Aires eine Einzelausstellung der jüngsten Arbeiten Mirtas veranstaltet. Dabei präsentierte sie zwölf illuminierte Radierungen aus ihrem Buch 'Sefarad, hombre en pie sobre su sueno', welches das Schicksal des spanischen Judentums, die Vertreibung und Zerstreuung auf der ganzen Welt und sein Fortbestehen behandelt *(s. S. 233)*.

Zwei Exemplare des in Brokat gebundenen Buches wurden von der Fundación Banco Mayo erworben, wobei eines für das Museum der Diaspora in Tel Aviv bestimmt war. Nach Abschluß der Ausstellung wurden die Radierungen zur Gedenkfeier der 500. Wiederkehr des Jahres der Vertreibung der Juden aus Spanien 1992 im Rathaus der Stadt Ramát Hascharón in Israel ausgestellt.

Im April 1996 erhielt die Künstlerin bei einem Wettbewerb den 1. Nationalpreis; bei einer Ausstellung im Nationalmuseum von Buenos Aires war ein

Saal nur ihren Bildern gewidmet. - Mirta Kupferminc lebt und arbeitet in Buenos Aires.

92. Myra (Mya) Landau

Malerin, wurde 1926 in Bukarest geboren, wanderte 1939 mit ihrer Familie nach Brasilien aus, wo sie begann, bei Oswald Goeldi Kupferstich zu studieren. Sie erlernte auch andere Techniken der bildenden Kunst wie Pastell, Federzeichnung und Collage.

Im Jahre 1959 wanderte sie weiter nach Mexiko, ließ sich in Veracruz nieder, wo sie auch heute lebt und wirkt. Im Jahre 1974 wurde sie als Professorin an die Kunstfakultät der Universität von Veracruz berufen, 1975 als Mitglied ins Forschungsinstitut für Ästhetik und künstlerisches Schaffen und 1981 mit der Koordinierung der einzelnen Kunstateliers der Universität Veracruz betraut, was ein besonderer Ausdruck des Vertrauens war, das man ihr entgegenbrachte.

Bilder und Graphik haben tiefe Wurzeln in den Motiven der präkolumbianischen Volkskunst, die andererseits den rumänischen Volkskunstmotiven ähneln. Eine Serie, von der Malerin 'Rhythmen' genannt, zeigt kleine geometrische Labyrinthe, die sich wie die Zellen einer Epidermis unregelmäßig wiederholen, tanzende Quadrate, die Schulter an Schulter einen rhythmischen Tanz wie nach den Klängen einer alten Volksweise vollziehen. Diese 'Serie' ist in verschiedenen Techniken ausgeführt, nämlich in Pastell, Collage und Tuschezeichnung.

Der mexikanische Kunstkritiker Juan Acha sagt über Myra Landau: „Ihre Malerei ist eine sehr persönliche Synthese von Lyrik und Geometrie, von Gegenwartsnähe und Ursprung." (I. Jianu 1986) Sie hielt in den Jahren 1954/85 mehr als 40 Einzelausstellungen in Mexiko, Frankreich, Brasilien, Argentinien und den USA und beteiligte sich an zahlreichen Gruppenausstellungen in Südamerika, den USA, Frankreich und Deutschland. Ihre Werke befinden sich in Museen und Privatsammlungen in Brasilien, Mexiko, den USA, Frankreich und Spanien. Sie ist Mitarbeiterin bei mehreren Kunstzeitschriften Mexikos.

93. Rahel Landes

Malerin und Graphikerin, wurde Anfang des 20. Jahrhunderts in Kalifornien geboren, wo sie zu Beginn ihrer Karriere wirkte, Mitglied einiger Künstlerverbände war und regelmäßig an deren Gruppenausstellungen teilnahm, z.B. an der Jahresausstellung am Jack-London-Platz und an der Ausstellung der Künstlerinnen in San Francisco sowie an der Ausstellung der Künstler von Oakland. Sie veranstaltete auch einige Einzelausstellungen ihrer Bilder an verschiedenen Orten der San Francisco Bay.

Im Jahre 1968 wanderte sie nach Israel aus und ließ sich in Jerusalem nieder. Das Wiederfinden der Sonne und Wärme Kaliforniens in Israel inspirierte sie zu Landschaftsbildern mit hellen, leuchtenden Farben, dem Blau des Meeres, dem Dunkelgrün der Zypressen, dem Ocker der kahlen judäischen Berge.

Sie betätigte sich auch als Buchillustratorin und arbeitete vorwiegend in Acryl und machte überdies Holzschnitte und Drucke. Einzelausstellungen gab es 1970/78 in Israel; nicht zuletzt sind ihre Arbeiten im Zentralsaal der Scharet-Schule in Kirjat Mosche erwähnenswert. - Die Künstlerin lebt in einem Seniorenheim in Jerusalem.

94. Fay Lansner, geb. Gross

Malerin, wurde 1921 als Tochter einer jüdischen Intellektuellen-Familie russischer Herkunft in Philadelphia geboren und durch wiederholte Besuche in Museen ihrer Geburtsstadt schon früh in die Welt der Kunst eingeführt, woran sie großen Gefallen fand. Sie begann 1945 ihr Kunststudium am Tylor College of Fine Arts, fand aber den Studienplan zu traditionell und ging nach zwei Jahren an die Art Students League und die Columbia University nach New York, wo sie bei Suzanne Langer Ästhetik studierte.

1948 heiratete Fay Gross Kermit Lansner, Absolvent der Columbia University, später Redakteur der 'Newsweek'. Im selben Jahr begann sie ihre Studien bei Hans Hoffman, von dem sie begeistert war, da er es verstand, die Intuition mit dem Intellekt zu verbinden.

Ein Fulbright-Stipendium ermöglichte dem jungen Paar im Jahre 1950 einige Zeit in Paris zu leben. Hier arbeitete Fay Lansner eine Zeitlang in den Ateliers von Fernand Léger und André Lhote. Enttäuscht von der Starrheit ihrer Lehren begann sie mit der fauvistischen Farbpalette und der impulsiven Strichführung dieser Bewegung zu experimentieren, um dann kubistische Abstraktion in expressive Gestaltung zu verwandeln.

Nach ihrer Rückkehr schloß sich Fay Lansner 1951 in New York der Gruppe von Künstlerinnen an, welche die 'zweite Generation' der abstrakten Expressionisten repräsentierten. Als Thema ihrer Bilder verwandte sie weibliche Figuren eher als Landschaften. Die mit unterbrochenen Pinselstrichen gemalten, lebensgroßen weiblichen Figuren, alleinstehend oder in Gruppen, sind in Räumen von ursprünglichen Farben oder von kahlem Weiß eingesetzt, um den Zwiespalt des Gefühls auszudrücken.

In ihrem Werk 'The Studio, Subject and Object' ist die Gestalt der Künstlerin aufgebrochen durch eine große Fläche von Farbe und einen nervösen Pinselstrich, der die Konturen bestimmt. Das Bild zeigt deutlich den Einfluß des Fauvismus, Kubismus bzw. jenen Hans Hoffmanns. Eine Reihe von Pastellbildern und Kohlezeichnungen, die Blumen darstellen, wurde 1977 begonnen und später fortgesetzt, z.B. mit 'Anemonen', 'Astern', 'Iris' u.a.

Bereits früh in der feministischen Bewegung tätig, war Fay Lansner 1972 eine der Gründerinnen der Zeitschrift 'Frauen in der Kunst' und 1973 an der Ausstellung 'Frauen wählen Frauen' im New Yorker Cultural Center beteiligt.

Die von ihr benutzten Mittel sind Öl, Pastell und Kohle. Sie nahm an vielen Gruppenausstellungen teil, so auch an der Jubiläumsausstellung zum zehnjährigem Bestehen des 'Women Art Journal' 1989/90. Fay Lansners Bindung an die weibliche Figur und ihre durchscheinende Psyche durchströmt das Gesamtwerk in aufeinanderfolgenden Perioden und prägt ihr den Stempel einer sehr individuellen Expressionistin auf.

95. Else Lasker-Schüler (1869-1945)

Geboren in Elberfeld als Tochter eines Architekten und Enkelin eines Oberrabbiners war Else Lasker-Schüler eine bedeutende deutsche Lyrikerin und begabte Malerin. Sie lebte als freie Schriftstellerin ein Hungerdasein und wurde von Freunden wie Karl Kraus unterstützt *(vgl. dazu B. Mayer 1997/98)*, führte ein unstetes, bohemehaftes Leben, zumeist in Berlin, wo sie 1932 den Kleist-Preis erhielt.

Von den Nazis verfemt, flüchtete sie 1933 in die Schweiz und von dort ins damalige Palästina, wo sie 1945 einsam, verelendet und in geistiger Verwirrung in Jerusalem starb. Sie war in zweiter Ehe mit Georg Lewin verheiratet, dem Herausgeber der Zeitschrift 'Der Sturm', Presseorgan des deutschen Expressionismus. Durch ihren Mann lernte sie die führenden Köpfe des deutschen Expressionismus kennen, der sie dank ihrer exotisch-romantischen Natur heftig ansprach und blieb seinem Ausdruck verbunden. Man kann sie als Vorläuferin des Expressionismus sowohl in der Dichtkunst als auch in der Malerei bezeichnen, wobei ihre ersten Malversuche der Illustration ihrer Gedichtbände galten. Else Lasker-Schüler war mit vielen bedeutenden Dichtern und Malern dieser Kunstrichtung befreundet, so mit Georg Trakl, Franz Werfel, Karl Kraus, Franz Marc u.a.

Ihre farbenprächtige, das Einfache und Esoterische vereinende Lyrik ist von großer Sensibilität, eine schwermütige Weltklage, eingekleidet in eine orientalisch-jüdische Traumwelt, der sie in Jerusalem zu begegnen hoffte, aber nicht fand. Ihrer tragischen Vereinsamung der letzten Jahren gehen Familientragödien voraus, Ende der dreißiger Jahre der Tod ihres einzigen Sohnes, der in Deutschland geblieben war.

Ihr lyrisches Werk kristallisiert sich in den Bänden 'Hebräische Balladen' *(vgl. S. 230)* und 'Mein blaues Klavier', ein Titel mit Anklang an die Bewegung 'Der blaue Reiter', epochemachend für die bildende Kunst Deutschlands vor dem Ersten Weltkrieg (Marc, Kandinsky, Kubin u.a.). Sie schrieb politisch gefärbte Dramen und Prosa, aber alle ihre Werke haben lyrischen Charakter.

Als Malerin schuf sie Aquarelle und farbige Lithographien, die sie phantasievoll nach ihren Traumgestalten benannte: 'Album Theben', 'Prinz Jussufs Morgenmusik', 'Jussuf modelliert seine Mutter' u.a. Die Zartheit der Wasserfarben vermittelt am besten ihr visionäres Weltbild, da mit den Widersprüchen der realen Umwelt nicht fertigwerden konnte.

Einige ihrer Bilder befinden sich im Lehnbachhaus in München, andere in der Universitätsbibliothek zu Jerusalem. Die Ausstellung 'Terre élue - terre revée' im Centre Pompidou in Paris 1990 brachte den zahlreichen Besuchern Aquarelle und Lithographien der vergessenen Künstlerin wieder in Erinnerung.

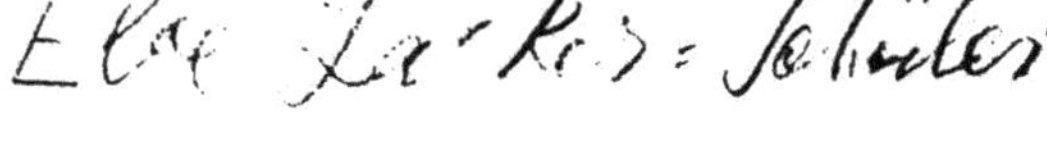

96. Milia Laufer

Malerin, wurde 1912 in Rußland geboren, kam mit ihrer Familie während der Revolutionsjahre 1917/18 in die Bukowina (damals Rumänien, heute Ukraine). In einer Kunstschule von Czernowitz studierte sie Zeichnen und Malerei.

Im Jahre 1930 emigrierte sie nach Palästina und wurde Schülerin des Malers Thadeus Rechter. Ihre erste Einzelausstellung hielt sie 1933 anläßlich der Eröffnung des Kunstmuseums von Tel Aviv und nahm später an vielen Gruppenausstellungen des Israelischen Künstlerverbandes teil, dessen Mitglied sie wurde; weitere Einzelausstellungen hatte sie in verschiedenen Städten Israels.

Sie war Mitbegründerin der Künstlerkolonie in Safed, wo sie ein eigenes Atelier besitzt und seit mehr als 40 Jahren ihre Bilder ausstellt. Sie ist in Israel als Blumenmalerin bekannt, in früheren Jahren schuf sie viele Landschaftsbilder vom See Genesaret. Ende der achtziger Jahre arbeitete sie an einer Serie von 'Maskenträgern', - nicht Clowns, die ihre Masken im Zirkus tragen, sondern Porträts von Frauen, Männern und Kindern, deren Gesichter von Masken verdeckt sind. Durch die Maske hindurch kann man einen Blick des wahren Ausdrucks erhaschen, das traurige Antlitz einer Frau oder den ironischen Blick eines Jugendlichen, das lachende Auge eines Kindes.

Während die Blumen Milia Laufers frei im Raum schweben, nicht eingeschlossen sind in Vasen oder Krügen, scheinen die 'Maskenträger' das Bedürfnis von Menschen zur Diskretion und zum Verstecken ihrer selbst zum Ausdruck bringen zu wollen. Im August 1995 veranstaltete der Bürgermeister von Safed eine Einzelausstellung vieler Werke der Künstlerin, und sie erhielt einen Preis für ihr langjähriges Wirken.

97. Hedwig (Grossmann-) Lehmann

Bildhauerin und Graphikerin, geboren 1902 in Berlin, studierte Pädagogik, Psychologie und Sozialfürsorge, ging dann aber zur bildenden Kunst über und studierte in den Jahren 1924/28 Graphik, Bildhauerei und Keramik. Dabei lernte sie den Bildhauer Rudi Lehmann kennen; beide studierten an einem Technikum, später in Butzau Keramiktechnologie und heirateten 1929.

1930 war Hedwig Studentin, dann Assistentin an einer Kunstakademie (Hala Gibernstein), einer Nachfolgeschule des Bauhauses. Ende 1930 eröffnete das Künstlerehepaar ein Atelier für Keramik in Berlin.

1933 flohen sie vor den Nazis und kamen nach Palästina, wo sie sich in Haifa niederließen. Sie eröffneten eine experimentelle Werkstatt für Keramik am Technion (Technische Hochschule) Haifa, die ein Ausgangspunkt für die Keramikindustrie Israels wurde. 1935 gründeten sie im Kibbuz Jagur eine kleine Fabrik für Blumentöpfe, betrieben in Jerusalem ein Atelier, und Hedwig Lehmann wurde Beraterin für Keramik an der Hebräischen Universität Jerusalem.

1953 waren Hedwig und Rudi Lehmann Mitbegründer des Künstlerdorfes Ein Hod. Im Jahre 1957 eröffnete das Ehepaar Lehmann eine Kunstschule für Keramik, graphische Kunst (Radierung, japanische Tuschezeichnung, Aquaforte, Holzschnitt, Collage und Aquarell) in Givatajim/Israel, wohin sie übersiedelt waren. 1971 erschien als Album 'Das Steingut' von Hedwig Lehmann, Frucht eines 45jährigen Schaffens; das Buch erhielt einen internationalen Preis für Kunstbücher.

Hedwig Lehmann verzeichnete 1931 Einzelausstellungen ihrer Skulpturen in Berlin, 1932 in Leipzig, 1933 in Jerusalem und Tel Aviv. In den Jahren 1937 bis 1974 nahm sie an Gruppenausstellungen in Japan, Korea, den USA, Israel und Europa teil. 1953 erhielt sie bei einem Wettbewerb in Italien eine Silbermedaille, ihre Terracottafiguren gewannen viele Preise in Israel und im Ausland. 1989 veranstaltete das Haifaer Kunstmuseum eine Retrospektive der Werke Hedwig und Rudi Lehmanns. - Die Künstlerin lebt in einem Seniorenheim in Kfar Saba/Israel.

98. Schoschana (Susi) Lehrer

Malerin, wurde 1934 als einziges Kind einer aus der Bukowina stammenden jüdischen Arztfamilie in Wien geboren. In Vorahnung der kommenden Ereignisse floh die Familie 1938 mit ihrem vierjährigen Töchterchen über Italien nach Indonesien, wo der Vater hoffte, durch seinen Beruf den Krieg zu überleben.

Nach Ausbruch des Krieges mit Japan erfolgte jedoch die japanische Besetzung Indonesiens, der Vater wurde verhaftet und in ein Lager gebracht, während Mutter und Tochter zu Zwangsarbeit in der Landwirtschaft verpflichtet wurden. Schließlich gelang es der Mutter, die Tochter in einem Kloster unterzubringen, wo sie bis Kriegsende blieb.

Gleich nach dem Zweiten Weltkrieg übersiedelte die Familie nach Holland, während Susi an der Kunstakademie in Wien Malerei studierte, nachdem sie vorher privaten Zeichenunterricht genommen hatte. Danach ging sie nach Holland zurück, wo sie an der Freien Kunstakademie in Den Haag weiterstudierte; sie beendete ihr Studium in Paris, wobei sie an der Sorbonne gleichzeitig ein Diplom für Fremdsprachen erwarb und bei dem aus der Bukowina emigrierten Maler Arthur Kolnik Malerei studierte. Susi Lehrer beherrscht acht Sprachen perfekt, in denen sie auch Unterricht erteilt.

In Holland heiratete Susi einen Ingenieur, mit dem sie für mehrere Jahre nach Paraguay und Ecuador ging. Dort schuf sie Ölbilder und hielt Einzelausstellungen in verschiedenen Städten Südamerikas. 1965/66 wurde sie mit dem Ersten Preis für Malerei beim IV. und V. Salon der 'Union der Frauen Amerikas' ausgezeichnet. Sie veranstaltete Einzelausstellungen u.a. im amerikanischen Kulturzentrum von Guayaquil wie auch im Kolonialmuseum von Quito (1967). Außerdem hielt sie im Fernsehen von Ecuador wöchentliche Kurse über Maltechnik, Innendekoration, Modeentwürfe und Blumenarrangements. Im Jahre 1968 kehrte Susi nach Holland zurück und verzeichnete 1972/82 weitere Ausstellungen in Friesland, Groningen, Amsterdam, Den Haag und Paris.

Nach zwei gescheiterten Ehen ging sie 1982 mit zwei kleinen Töchtern nach Israel und hielt bereits 1983 ihre erste Ausstellung im Kibbuz Evron, etwas später im Rotschild-Kulturhaus Haifa.

Die vielfältigen Techniken der Künstlerin sind Kohle, Pastell, Aquarell, Gouache und handgemalte Keramikplatten, ebenso Öl auf Leinwand. Während die Themen ihrer frühen Schaffensperiode jüdische Motive darstellen bzw. von ihren Kriegseindrücken geprägt sind, findet sie später die Mittel, ihr persönliches Schicksal („Die wandernde Jüdin") zum Ausdruck zu bringen, wenn auch in ihrer surrealistischen Manier verschlüsselt.

Ihre in Israel gemalten Bilder drücken durch ihre lebhaften Farben rot, blau, grün und gelb eine neues optimistisches Gefühl aus, was davon zeugt, daß Schoschana Lehrer endlich zu Hause ist und eine seelische Wiedergeburt feiert. - Die Künstlerin lebt und wirkt in Kirjat Bialik, einer Satellitenstadt von Haifa.

99. Hamsa (Chanah) Lerner

Malerin, wurde Anfang des 20. Jahrhunderts in Saratow/Rußland geboren. Sie absolvierte das jüdische Gymnasium ihrer Heimatstadt und anschließend eine

Kunstschule in Warschau, um dann an der Universität Warschau Kunstgeschichte zu studieren. In ihrer künstlerischen Arbeit spezialisierte sie sich auf Freskomalerei und andere Zweige der Wandmalerei sowie auf antike Techniken.

Im Jahre 1935 wanderte sie nach Palästina aus. Im israelischen Unabhängigkeitskrieg dekorierte sie die Kulturräume verschiedener Militärlager. 1947 wurde sie Mitglied des Verbandes israelischer Maler und Bildhauer; 1948 gehörte sie zu den ersten fünf Künstlern, die das Künstlerviertel in Safed gründeten.

In den vierziger und fünfziger Jahren war sie Anhängerin der Temperatechnik, Kasein oder Ei auf übertünchtem Grund. Ende der fünfziger Jahre verwandelte sich ihr Stil von der zweidimensionalen Dynamik zur räumlichen Dynamik, in ihren Bildern erschienen neue Momente: Die figurativen Komponenten wurden reduziert, und es kamen andere Komponenten hinzu, die großen Formen oder Räumen angehören.

1964 wurde sie nach New York berufen, um an der Jeschiwa 'Deplatvish' Glasmalereien und ein Mosaik an der Außenwand des Gebäudes auszuführen. Andere Wandgemälde finden sich in der staatlichen Schule von Jerusalem-Rechavia sowie in der Juristischen Fakultät der Hebräischen Universität Jerusalem. Sie schuf auch Buchillustrationen, Aquarelle und Collagen.

Hamsa Lerner verzeichnete 1949/50 Einzelausstellungen in Den Haag, Amsterdam, London, Paris, New York und Jerusalem, außerdem nahm sie 1947/78 an vielen Gruppenausstellungen teil.

1935 erhielt sie einen Preis der Stadt Warschau, 1964 einen israelischen Preis für ein Mosaik im Herzlia-Gymnasium Tel Aviv. Die von ihr verwendeten Techniken sind: Fresko, Sgraffitto, Mosaik, Ankausto, Radierung, Tempera, Collage, Glasmalerei und Öl. - Seit 1972 lebt sie in Jerusalem, letztens in einem Seniorenheim.

100. Lea Levin

Malerin, wurde in den zwanziger Jahren in Jerusalem geboren. Während der Jahre 1955/58 übersiedelte ihre Familie wegen materieller Probleme nach Brasilien. Hier studierte Lea bildende Kunst im Museum für Moderne Kunst in Sao Paulo und arbeitete in einer Gruppe von Künstlern, darunter Carmela

Hanoda. 1958 kehrte sie nach Israel zurück und vervollständigte ihre Studien am Avni-Institut in Tel Aviv.

Lea Levin arbeitet mit verschiedenen Maltechniken: Öl auf Leinwand und Karton, Aquarell, Gouache und Collage. Außer Stilleben und Blumen, die sie besonders in Wasserfarben sehr zart wiederzugeben versteht, malt sie in hellen Farben auch Landschaften.

1966 hatte sie Einzelausstellungen in Tel Aviv, 1969 in der Charles Mann Gallery New York sowie im Museum of Modern Art New York, 1970 in der Bodley Gallery New York, 1975 in Haifa und 1976 in Jaffo. Sie nahm an zahlreichen Gruppenausstellungen in Israel und im Ausland teil. - Die Künstlerin lebt und wirkt in Tel Aviv.

101. Charlotte Lichtblau geb. Adelberg

Malerin, wurde 1926 in Wien geboren und floh 1938 mit ihren Eltern aus dem nationalsozialistischen Österreich in die USA. Dort nahm sie Malunterricht, um ihr früh entdecktes Talent zu schulen. Schon als Dreizehnjährige war sie eine fleißige Schülerin bei Henry Schaefer-Simmern in New York, und als sie ihren Mann (der bei der amerikanischen Militärverwaltung arbeitete) 1946/47 nach Deutschland begleitete, lernte sie bei den bekannten Expressionisten Gottfried Brockmann und Werner Gilles neue Maltechniken.

Doch ihr bester Lehrer und Freund war wie sie selbst ein Flüchtling aus Wien, Joseph Floch, ehemaliger Professor an der Akademie der Schönen Künste, Mitbegründer des 'Hagenbundes'. Floch war ein eigenwilliger Mensch, der den damaligen Kunstbetrieb verachtete und an der gegenständlichen Malerei festhielt. Charlotte teilte seine Meinungen und blieb unbeeinflußt von den modernen Strömungen. Sie beschäftigte sich mit Kunstgeschichte und Kritik, schrieb im 'Philadelphia Inquirer' über das Kunstleben in New York und veröffentlichte Essays über Kunst in der 'Herald Tribune', im 'Arts Magazine' sowie in 'The Journal for Religious and Intellectual Life' u.a.

1964 hielt sie ihre erste Einzelausstellung in New York. 1969 begann ihre Zusammenarbeit mit dem Bildhauer und Dichter Seymour Gresser, mit dem sie viele gemeinsame Ausstellungen gestaltete.

Ihr Zusammenwirken fand seinen Höhepunkt in einem Bilderzyklus über die biblische Geschichte von Hagar und ihrem Sohn Ismael, die vom Stammvater Abraham in die Wüste vertrieben wurden, wozu Gresser die Erzählung

„Hagar und ihre Eltern“ schrieb. Gemäß jüdischer Tradition, an die sich Charlotte Lichtblau hielt, nahm Hagar, die Ägypterin, schließlich den jüdischen Glauben an und wurde nach dem Tod Saras unter dem Namen Ketura Abrahams Frau *(vgl. S. 8)*. In der islamischen Tradition werden Abraham, Hagar und Ismael als Begründer der Heiligen Stadt Mekka gefeiert. Das biblische Motiv kehrt im Bilderzyklus Charlotte Lichtblaus als lebendige Erzählung in Darstellungen von leuchtender Intensität wieder, die an Georges Rouault erinnern.

1975 erhielt sie den Auftrag für ein 15 Quadratmeter großes Wandgemälde in der katholischen Kathedrale von New York: Hier schuf sie den Seiltänzer von Manhatten, der zwischen Wolkenkratzern taumelt, sich aber von seinem Kurs quer durch Raum und Zeit nicht abbringen läßt.

Die Künstlerin hat eine besondere Technik des Ölbildes entwickelt, indem sie die Farben im Malprozeß selbst auskristallisieren läßt, was den Bildern Lebendigkeit verleiht und Zeugnis gibt von ihrer Selbstreflexion.

Charlotte Lichtblau zieht es oft in ihre alte Heimat, sie verbringt den Sommer häufig in Altaussee, im Gebirge des Salzkammerguts und malt gerne Gebirgslandschaft, z.B. in ihrem 'Selbstbildnis mit Narzissen'.

Einzelausstellungen hatte sie im Pierson College Yale, in der Lichtfield Gallery, in der Capricorn Gallery New York, in der Van Bovenkamp Gallery New York und in La Galerie Mistral Brüssel. In den Jahren 1950/60 beteiligte sie sich an verschiedenen Gruppenausstellungen in der Gallery Corcoran Washington, D.C., der Aca Gallery New York, der Esthée Gallery New York, der Roko Gallery New York, der Lauren Gallery New York, der Leonard Gallery New York, der Capricorn Gallery New York, der Compass Gallery New York und der Marietta Gallery Ohio.

1976/78 veranstaltete die Künstlerin vier Ausstellungen im Cathedral Museum for Religious Art New York, im Museum for Religious Art St. John New York. Mit dem Bildhauer Seymour Gresser stellte sie im Exhibition Space Soho New York, der Duke University, im Sweet Briar College und in der Fordham University New York aus. Es folgten 1992 eine Ausstellung im Biblical Art Center Dallas, 1993 in der St. Louis University, 1994 im Palais Palfy Wien.

102. Hanna Lieblich

Malerin, wurde 1908 in Krakau geboren, studierte in den Jahren 1927/32 an der renomierten Kunstakademie ihrer Heimatstadt, Malerei und Bildhauerei, anschließend in Wien, Prag und Jugoslawien. Im Jahre 1933 wurde sie Mitglied der Vereinigung polnischer bildender Künstler und wirkte als freischaffende Künstlerin; gleichzeitig unterrichtete sie an Schulen Zeichnen und Malen und nahm an mehreren Ausstellungen der polnischen Künstlervereinigung teil.

Nach Ausbruch des Zweiten Weltkriegs im September 1939 floh sie nach Rußland und kam bis nach Turkmenistan in Zentralasien. In der Hauptstadt Aschchabad lehrte sie während des ganzen Krieges in einer Mittelschule Zeichnen und Malen. Sie überlebte den Krieg, doch ihre gesamte in Polen verbliebene Familie kam in Konzentrationslagern ums Leben.

1946 kehrte sie nach Polen zurück, nahm ihre künstlerische Tätigkeit wieder auf und erhielt Aufträge von Staats- und Distriktstellen.

Im Jahre 1950 emigrierte Hanna Lieblich nach Israel, wo sie nach kurzer Zeit Mitglied des israelischen Maler- und Bildhauerverbandes wurde. Hier nahm sie an verschiedenen Gruppenausstellungen teil; 1954 hielt sie ihre erste Einzelausstellung im Künstlerhaus Haifa. Im selben Jahre erhielt sie den Struck-Preis der Stadt Haifa (zum Andenken an den großen Radierer und Maler Hermann Struck, der in Haifa bis zu seinem Lebensende gewirkt hatte). 1955 folgten zwei weitere Einzelausstellungen in Kapstadt und Johannesburg.

Ihre in Asien gemalten Bilder wurden 1946 von der polnischen Regierung angekauft und befinden sich in Museen und öffentlichen Einrichtungen Polens. Die in Israel entstandenen Werke sind im allgemeinen realistischer Natur, wenn auch manchmal - wie zum Spaß - abstrakte Elemente auftauchen, z.B. im 'Mädchen mit Kücken', wo ein Kücken aus Keramik mit einem Henkel am Rücken zu sehen ist.

103. Aileen Lipkin

Malerin und Bildhauerin, wurde 1933 in Johannesburg geboren, studierte 1949/50 am Witwatersrand Technical College unter Anleitung von James Gardner, 1959 dann sechs Monate in Arthur Goldreichs Kunstschule in Johannesburg. 1960 ging sie nach London, wo sie zwei Jahre an der Central School of Art studierte, und zwar bei Alan Davies, Hans Hanstisdal, Alan Reynolds u.a. Von 1952/59 verfügte sie über ein eigenes Kunstatelier. 1960/64 lebte sie in London und machte von dort mehrere Reisen auf den Kontinent. 1963/86 gab sie Privatstunden in Zeichnen und Malen. Ab 1972 arbeitete sie an Buch-Illustrationen für Verlage in der Schweiz und Südafrika, ebenso für Broschüren und Zeitschriften.

1963 wurde ihr Bild 'Frau auf einem Affen' in Kunstzeitschriften veröffentlicht. 1976 erschien eine Mappe ihrer Skizzen 'Von Bamako bis zum Dogon Land' in der Totem-Meneghelli-Galerie Johannesburg. 1984 wandte sie sich dem Entwurf und der Gestaltung von Teppichen und Tapeten zu. 1973/75 verbrachte sie jedes Jahr einen Monat in Westafrika, 1979/80 vier Monate in Ägypten, 1984 und 1986 einige Zeit in Indien.

Aileen Lipkin arbeitet mit Ölfarben, Acryl, Gouache, Aquarell, Kohle- und Federzeichnung. Ihre Themen sind Landschaften, Porträts, Stilleben, Genrebilder, figurative und abstrakte Kompositionen. 1973 veröffentlichte sie eine Reihe farbiger Papiercollagen unter dem Titel 'Echo'. In ihren Arbeiten verwendet sie rostfreien Stahl, Bronze, Fiberglas, Polyester, Polyuretan und Glas.

1960/70 nahm sie an vielen Gruppenausstellungen in Großbritannien, Portugal, Griechenland und Südafrika teil. Sie hielt 14 Einzelausstellungen in Südafrika und London. Ihre Werke befinden sich in verschiedenen Galerien und Museen Südafrikas. Sie führte auch mehrere öffentliche Aufträge in Südafrika aus, z.B. das Stahlrelief am Gebäude der Provinzregierung in Pietermaritzburg oder die Skulptur 'Wachstum' aus rostfreiem Stahl am Exchange Square in Johannesburg. - Die Künstlerin lebt in Johannesburg.

104. Batya Lischansky (1900-1992)

Bildhauerin, wurde 1900 in Malin/Ukraine geboren, kam 19-jährig mit ihren Eltern nach Palästina, studierte 1929 Skulptur und Malerei an der Bezalel-Kunstschule in Jerusalem und vervollständigte ihr Studium in Rom, Berlin und Paris.

Sie war die erste jüdische Bildhauerin, die in Palästina ein öffentliches Denkmal schuf, nämlich in Hulda südöstlich von Rechovot. In ihren jungen Jahren versuchte sie eine Annäherung von Impressionismus und Realismus, in den zwanziger Jahren brachte sie neuen romantischen Geist in die Kunstszene Palästinas: Ihre Büsten, Tierskulpturen und Kompositionen waren nicht abstrakter Natur, sondern mit Liebe und künstlerischer Hingabe wie Spiegelbilder ihrer eigenen Gefühle geschaffen. Unter ihren Werken befindet sich eine Büste von Lord Melchett (britischer Staatsmann und Industrieller) und die Monumentalkomposition 'Arbeit und Haganáh' ('Haganáh' heißt 'Verteidigung' und war der Name der nationalen Untergrund-Verteidigungsorganisation der Juden Palästinas zur Zeit des britischen Mandats).

In ihrer 70-jährigen Karriere als Bildhauerin hielt sie 40 Ausstellungen, davon 17 Einzelausstellungen. Sie erhielt 1944 und 1957 in Israel den Dizengoff-Preis und 1983 eine Auszeichnung der Stadt Tel Aviv. 1933/36 schuf sie in Kfar Saba zwölf in Stein oder Marmor gehauene große Denkmäler, weitere Werke 1933 in Tel Mond bei Netanja, 1950/54 in Kfar Jehoschua, 1954/57 im Kibbuz Kaduri, 1958/60 in Bet Keschet, 1961/63 im Kibbuz der Ghettokämpfer Kfar Masaryk (nördlich von Haifa), zuletzt in Kfar Jehoschua. 1988 erschien über ihr Werk eine Monographie.

Außer ihren Ausstellungen in Israel hatte sie Einzelausstellungen in Kairo und Paris und nahm an Gruppenausstellungen in Frankreich und Holland teil. Ihre mehr als 300 Büsten verewigen die Züge jüdischer Pioniere und Führer der Arbeiterbewegung.

105. Menia Litvak, geb. Moldavski

Malerin, geboren 1919 in Kischinow/Moldavien (damals Rumänien), lernte Zeichnen und Malen in der Schule für Schöne Künste ihrer Heimatstadt und dann für ein Jahr an der Kunstakademie in Bukarest. Der Ausbruch des Zweiten Weltkriegs unterbrach ihr Studium, da Kischinow samt Bessarabien 1940 von der Sowjetunion annektiert wurde. Nach dem Überfall der deutschen Wehrmacht auf die Sowjetunion im Juni 1941 mußte Menia ins Innere Rußlands fliehen, und es folgten schwere Jahre des Hungers, der Entbehrungen und der dauernden Flucht vor den Kriegsfronten. Um zu überleben, mußte sie jedwede Arbeit annehmen und auf die Malerei verzichten. Gegen Ende des Krieges arbeitete sie als Retoucheurin bei einem Fotografen.

Sie heiratete, hatte zwei Töchter und kehrte mit ihrer Familie nach dem Krieg nach Kischinew zurück. Dort waren die Lebensbedingungen sehr schwer, doch in ihrer knapp bemessenen Freizeit begann sie wieder zu malen: Landschaften, Puppen und Fabeltiere in dekorativ-naiver Manier.

Nach dem Tod ihres Mannes ging sie 1976 nach Israel und ließ sich in Jerusalem nieder. Das tiefe Blau des Himmels, das Türkisblau des Meeres und die veränderliche Palette der Wüste beeindruckten sie sehr: Nun konnte sie sich endlich ganz der Malerei widmen.

Bereits 1976 hielt sie ihre erste Ausstellung in Israel; 1980/89 folgten Einzelausstellungen in Jerusalem, Tel Aviv, Paris; 1979/91 nahm sie an Gruppenausstellungen israelischer Maler teil, darunter bei der Art-Expo in New York und 1991 bei der International Art Show in Tokio.

Menia Litvak ist eine naive Malerin, deren Bilder durch die Einfachheit der Darstellung - eine Mischung von Mystik und russischer Folklore, durchsetzt mit jüdischen Symbolen - eine persönliche Note erhalten, wenn sie auch manchmal an Chagall oder an die britisch-jüdische naive Malerin Dora Holzhändler erinnern. - Sie ist seit 1984 Mitglied des israelischen Künstlerverbandes und lebt in Jerusalem.

106. Nelly Livni

Malerin, 1934 in Fez/Marokko geboren, studierte zunächst Biologie in Paris und promovierte in diesem Fach, wobei sie ihren zukünftigen Ehemann kennenlernte, einen Schriftsteller.

Im Jahre 1963 wanderte Familie Livni mit ihrem kleinen Sohn nach Israel aus, wo sie sich in Jerusalem niederließen. Nelly Livni arbeitet in ihrem Fach Biologie und ist Leiterin des Immuno-histologischen Laboratoriums im Hadassa-Hospital Jerusalem.

Ihr angeborenes Zeichentalent und ihre permanente Tätigkeit des Färbens histologischer Präparate erweckten in ihr das Verlangen, sich künstlerisch zu betätigen. Sie studierte in den Jahren 1972/75 Malerei im Atelier von Nahada Gafni und Aaron April.

Seit 1975 veranstaltete sie Ausstellungen in Jerusalem, Marseille und Paris. 1992 hielt sie eine Ausstellung im Rahmen der Alliance Française Jerusalem mit dem Thema 'Jerusalem und seine Blumenshows'.

Die Bilder Nelly Livnis sind Ausdruck ihrer Lebensfreude, der Bewunderung des israelischen Lichtes, der warmen Mittelmeersonne, welche die Farbenpracht ihrer Palette hervorzaubert, wie auch der eigentümlichen Umwelt im Jerusalem der Propheten und Schwärmer.

Die Kritiker unterstreichen die Originalität ihrer Blumenkompositionen, und Renée Neher (Prof. für Geschichte an der Hebräischen Universität Jerusalem) sagt über ihre Arbeiten, „daß sie die Symbolik der 2000-jährigen Hoffnung des

Bibelvolkes mit Harmonie und viel ästhetischem Gefühl zum Ausdruck bringen." (Eröffnungsansprache zur Ausstellung) Nelly Livni ist seit 1988 verwitwet. Ihr verstorbener Mann war Professor an der Bar-Ilan Universität in Ramat Gan/Israel. - Sie lebt und arbeitet in Jerusalem.

107. Ester Lurie

Malerin, geboren 1913 in Libau/Lettland, absolvierte die Mittelschule (das Esra-Gymnasium) in Riga und nahm dann Privatunterricht in Zeichnen und Malen bei Andrei Vespremi und Itzhak Friedlaender. 1931/33 studierte sie an der Akademie für dekorative Kunst und Bühnenentwürfe in Brüssel, dann auch an der Akademie der Schönen Künste in Antwerpen.

1934 ging sie nach Palästina und arbeitete als Bühnenbildnerin für das Theater in Tel Aviv. 1937 hielt sie ihre erste Ausstellung im Kibbuz Gevah und wurde 1938 Mitglied des Künstlerverbandes. Weitere Ausstellungen folgten in Jerusalem, Tel Aviv und Haifa.

Anfang 1939 machte sie eine Studienreise nach Europa, besuchte Paris und Belgien, wobei sie an der Kunstakademie von Antwerpen bei Professor Isidor Opsomer arbeitete. Im gleichen Jahr fuhr sie zu einem Verwandtenbesuch nach Lettland und Litauen und stellte dort ihre israelischen Landschaftsbilder aus, die von der Kritik lobend gewürdigt wurden. Das staatliche Museum von Kowno (Kaunas) und jüdische Institutionen kauften einige ihrer Werke.

In Litauen vom Krieg überrascht, konnte sie nicht mehr ausreisen und teilte 1941/44 das Schicksal ihrer Leidensgenossen in Ghettos und Konzentrationslagern. Ihr Aufenthalt im Kownoer Ghetto ist in vielen ihrer Zeichnungen und Bildern als lebendige 'Zeugenschaft' dokumentiert. Ihre damals im Museum von Kowno befindlichen Bilder wurden als 'jüdisch-entartete Kunst' vernichtet.

1945 von der Roten Armee befreit, fuhr sie nach Italien, wo sie Juden begegnete, die in der britischen Armee dienten. Einer von ihnen, der Maler Menachem Schemi, organisierte Ausstellungen ihrer Skizzen aus den Konzentrationslagern.

Im Juli 1945 kehrte Ester Lurie nach Palästina zurück. Ein großer Teil ihrer Arbeiten aus dem Ghetto wurde gerettet, nach Palästina gebracht und in den Sammelbänden 'Lebendige Zeugenschaft' und 'Frauen-Konzentrationslager' veröffentlicht. Sie enthalten Skizzen, Porträts von vielen der 1200 jüdischen

Frauen, die zusammen mit der Künstlerin aus dem Ghetto Kowno zuerst nach Ostpreußen, dann ins Lager Leibitsch bzw. in die Lager Nauen und Stutthof überführt wurden. Keine ihrer Leidensgenossinnen ist noch am Leben. Die Originalzeichnungen befinden sich in der Holocaust-Gedenkstätte Yad Vashém Jerusalem bzw. im Museum der Ghettokämpfer im Kibbuz Kfar Masaryk (nördlich von Haifa).

Nach 1967 malte Ester Lurie hauptsächlich israelische Landschaften, alte Gäßchen in Jerusalem u.a. Ihre Techniken sind Öl auf Leinwand und Schwarzweiß-Zeichnung. Ein Album erschien 1969, im Jahre 1977 legte sie eine Folge von Kupferstichen (30 Blätter) nach ihren Ghettozeichnungen vor. Einzelausstellungen hielt sie 1934 in Kowno und Riga, 1937/38 in Haifa, Tel Aviv und anderen Städten Israels; 1945 stellte sie ihre Ghettoskizzen in Italien aus. Seit 1946 nahm sie an vielen Gruppenausstellungen teil, die von der Gedenkstätte Yad Vashém veranstaltet wurden, sowie 1978 an der Ausstellung 'Kunst im Widerstand' im Jüdischen Museum New York.

1938 erhielt die Künstlerin für ihre Zeichnung 'Israel-Philharmonie' in Tel Aviv den Dizengoff-Preis und anläßlich der Ausstellung israelischer Künstler 1946 denselben Preis für ihr Werk 'Mädchen mit dem gelben Fleck'. 1966 wurde sie bei der Internationalen Ausstellung von Künstlerinnen in Vichy/ Frankreich mit einer Goldmedaille geehrt.

Ihre Ausdrucksmittel sind Feder- und Tuschezeichnungen, Aquarelle, Ölbilder, Kupferstiche und Bleistiftzeichnungen. Ihre Porträts, einige nur aus wenigen Strichen bestehend, geben den Seelenqualen ihrer Subjekte Ausdruck, wobei in manchen Augen ein Hoffnungsschimmer leuchtet. - Ester Lurie lebt in Tel Aviv.

108. Anna Mahler (1904-1988)

Bildhauerin, geboren in Wien als Tochter des berühmten Komponisten Gustav Mahler (1860-1911) und seiner Frau Alma, geb. Schindler. Die kleine Anna wurde von Eltern und Freunden ihrer hellblauen Augen wegen mit dem Kosenamen 'Gucki' gerufen und meist von Gouvernanten erzogen. Als Siebenjährige wurde sie Halbwaise und gezwungen, das abenteuerliche Leben ihrer Mutter zu teilen. Die schöne und vielumworbene Alma Mahler führte ein recht unstetes Leben mit wechselnden Liebschaften und drei Ehen (mit dem Architekten und Leiter des Bauhauses Walter Gropius [1883-1969] und dem

Schriftsteller Franz Werfel [1890-1945]). Dieses Leben beeinflußte die seelische und charakterliche Entwicklung von Anna Mahler negativ. Das musikalische, vom Vater ererbte Talent, wurde durch Geigen- und Cello-Unterricht gefördert.

Doch die Konflikte mit der Mutter führten die Sechzehnjährige zu einer frühen Ehe mit dem Musiker Rupert Koller, die zwei Jahre hielt. Anna zog nach Berlin, wo sie neben Musik noch Malerei studierte; in ihrer Kindheit hatte sie viele Stunden im Atelier von Oskar Kokoschka verbracht, wo ihre Mutter dem Maler Modell saß ('Die Windsbraut'). Sie heiratete in zweiter Ehe den Komponisten Ernst Krenek, doch auch diese Ehe ging in Brüche. 1924 lebte sie in Rom, wo sie bei Giorgio de Chirico Malunterricht nahm. 1930 heiratete sie in Paris den Verleger Paul Zsolnay, mit dem sie nach Wien zurückkehrte. Sie versuchte sich nun in Tonarbeiten, modellierte Köpfe und Büsten und schuf unter Leitung von Fritz Wotruba auch Skulpturen aus Stein. 1937 erhielt eine ihrer Steinfiguren den 'Grand Prix' auf der Weltausstellung in Paris.

Am 13. März 1938 floh sie mit ihrer Mutter zuerst nach Budapest, dann nach Prag und London, wohin auch Franz Werfel aus Italien nachkam. Ihre sämtlichen Arbeiten blieben in ihrem Wiener Atelier und fielen während des Krieges einem Bombenangriff zum Opfer. Anna Mahler heiratete in vierter Ehe den russischen Dirigenten Anatole Fistoulari, doch verließ sie auch diesen Mann und fuhr mit der gemeinsamen Tochter zu ihrer Mutter in die USA. Ein Lehrstuhl für Bildhauerei an der Universität von Kalifornien und Büsten bekannter Persönlichkeiten wie Franz Werfel, Arnold Schönberg, Alban Berg, Otto Klemperer, Vicki Baum und vielen anderen aus dem Bekanntenkreis ihrer Mutter machten sie auch im Exil berühmt, doch der große Durchbruch stellte sich nicht ein. Sie wollte ihren Stil nicht ändern, akzeptierte nicht die abstrakte Strömung der sechziger Jahre, sondern lehnte sie vielmehr völlig ab.

Seit dem Tod ihrer Mutter 1964 pendelte sie zwischen Amerika und Europa; zwei Monate vor einer großen Ausstellung ihrer Werke in Salzburg, starb die Künstlerin 1988 in London. Von den in Wien geschaffenen Werken überdauerte nur eine Büste des Kanzlers Kurt Schuschnigg den Krieg; ihre in Amerika geschaffenen Werke befinden sich in Privatsammlungen in den USA und London.

109. Ursula Malbin

Bildhauerin, wurde 1917 in eine Familie jüdischer Ärzte in Berlin geboren; nach einer Tischler-Lehre und Erwerb des Gesellenbriefs war sie ein Jahr in Fotoateliers tätig, um dann als Bildhauerin zu arbeiten. Wenige Wochen vor dem Zweiten Weltkrieg flüchtete sie 1939 aus Deutschland, allein, mittellos und ohne Paß; ihre Eltern, Bruder und Schwester hatten Deutschland schon verlassen. Als der Zweite Weltkrieg ausbrach, weilte sie in Genf, studierte dort an der Beaux Arts Académie, wurde von dem Bildhauer Henri Pâquet angeleitet, den sie 1941 heiratete. 1945 wurde ihre Tochter geboren. Seit 1967 lebt sie teils im Künstlerdorf Ein Hod bei Haifa, teils in Troinex bei Genf.

Die Besonderheit von Ursula Malbins Werk liegt in seiner Einfachheit, seiner zarten, anmutigen Darstellung menschlicher Formen sowie in seiner Wiedergabe dauernder Schönheit des Lebens, aller Wechselfälle zum Trotz. Um die Reinheit ihrer Inspiration zu bewahren, arbeitet die Künstlerin ohne Modelle. Im April 1995 wurde sie von der Société Académique 'Arts-Sciences-Lettres' Paris für ihr Gesamtwerk ausgezeichnet. Ihre Skulpturen schmücken Parks, Schulen, Krankenhäuser und Sportplätze wie auch Privathäuser und Gärten in Europa und Amerika, mit 29 Bronzeskulpturen besonders den 'Mitzpor Shalom - Vista of Peace Park' in Haifa (S. 23 u. 228; Text nach der Broschüre "Sculpture Garden 'Vista of Peace' Haifa", Israel; aus dem Englischen und gekürzt von E.R. Wiehn).

110. Nitsa Maliniak

Malerin (deren Eltern aus Polen stammten), wurde in den vierziger Jahren in Tel Aviv geboren, bekundete schon als Kind großes Zeichentalent, und hatte ihre erste persönliche Ausstellung als 17-jährige in Tel Aviv. Während ihres Militärdienstes arbeitete sie an Wandmalereien und Dekorationen in Kasernen und Lagern.

Sie studierte am Avni-Institut in Tel Aviv unter Leitung der bekannten Maler Mosche Mokady, Avigdor Stematsky und Jeheskel Streichman. An der Universität Tel Aviv und an der Hebräischen Universität Jerusalem studierte sie Kunstgeschichte, anschließend an der University of Pennsylvania und anderen amerikanischen Hochschulen. Sie machte einige Studienreisen nach Europa und wurde 1971 Mitglied des Israelischen Künstlerverbandes. Außer ihrer Beschäftigung mit der bildenden Kunst absolvierte sie ein juristisches Studium an der Hebräischen Universität Jerusalem und praktizierte als Rechtsanwältin.

Nitsa Maliniak malt in naiver Manier figurative Motive, und es gelingt ihr, trotz dramatischer Farben ihren Bildern einen Hauch von Poesie einzuflößen. Ihre hauptsächlichen Themen sind Landschaften in phantasievoller Interpretation, Erinnerungen an Ereignisse in ihrem Leben, naive Darstellungen von Bibelszenen, die sich teilweise im Israelischen Bibelmuseum befinden. Oft kehren in ihren Werken auch Motive aus Safed wieder, wo sie ein Sommerstudio unterhält.

Einzelausstellungen ihrer Bilder gab es 1963 in der Galerie 220 in Tel Aviv, 1964 in Philadelphia/USA, 1965 in New York, 1977 in der Witt-Galerie Amsterdam, 1978 in der Galerie De Eyck Antwerpen, 1979 in der Ury-Gallery London sowie mehrere Ausstellungen in Israel. Sie nahm an vielen Gruppenausstellungen in Israel teil sowie 1978/79 in Monaco. Ihre Techniken sind Öl, Acrylic, Aquarell, Pastell, gemischte Technik und Zeichnung. - Sie lebt in Tel Aviv.

111. Herta Mansbacher (1885-1942)

Malerin, wurde in Darmstadt geboren, absolvierte dort die Lehrerbildungsanstalt und übte ihren Beruf in Worms aus. Ihr angeborenes Talent sowie einige Malstunden genügten ihr, um Blumenarrangements, Landschaften und Genrebilder auf die Leinwand zu zaubern. 1938 stellte sie sich mutig den Brandstiftern der Wormser Synagoge entgegen und wurde Zeugin der Zerstörung der jüdischen Bezirksschule, in der sie unterrichtet hatte. Zeitweilig lehrte sie auch in Mannheim, wo sie sich mit einer ihrer Schülerinnen anfreundete, die besonderes Interesse für ihre Malarbeiten zeigte. - Nach Erhalt des Deportationsbescheids 1942 sandte Herta Mansbacher eines ihrer Bilder - 'Blumenstrauß am Fenster' - ihrer ehemaligen Schülerin Doris Perlstein; viele Jahre später schenkte diese das Bild dem 'Raschi-Haus' in Worms. Es ist das einzige Gemälde Herta Mansbachers, das den Krieg überdauerte und erhalten ist (vgl. H.R. Hüttenbach 1988).

112. Lucie Marcus, geb. Ritter (1895-1967)

Malerin, wurde in Breslau als einziges Kind ihrer Eltern geboren. Nach dem Abitur besuchte sie die Breslauer Akademie der Schönen Künste und studierte Malerei bei Siegfried Haertel, in dessen Atelier sie seit 1913 einige Jahre arbeitete. Im Jahre 1921 heiratete sie den Breslauer Arzt Ernst Marcus. Die Künstler Haertel und Lucie Marcus erhielten die Erlaubnis, den Sitz Heinrichau/Schlesien des Großherzogs von Sachsen-Weimar als Studio zu nutzen. Dort entstanden ihre ersten Naturbildnisse und Detailarbeiten. Nach 1921 lernte sie bei Professor Peter Kowalski Aquarelltechnik, in der sie zu der ihr typischen Farbintensität reifte. Damals entfernte sie sich von ihrem naturalistischen Stil und begann, sich für ihre Bilder aus Märchen und romantisch-poetischer Literatur inspirieren zu lassen.

Bald nach Hitlers Aufstieg beschlossen Lucie und ihr Mann, Deutschland zu verlassen und emigrierten 1934 in die USA. Nach vielem Suchen entdeckte sie dort eine Stelle in der Modebranche und hatte mit eigenen Entwürfen in New York und Los Angeles Erfolg, allerdings war der bittere Preis dafür die Aufgabe der Malerei, für die keine Zeit mehr blieb. 72-jährig erwachte in ihr die Sehnsucht nach Europa; sie fuhr von ihrer neuen Heimatstadt San Francisco nach Europa, starb jedoch während dieser Reise an den Folgen einer langjährigen Krankheit.

Der größte Teil ihrer Werke befindet sich im Familienbesitz in Kalifornien, eine kleine Sammlung von Modeskizzen und Zeichnungen aus der Breslauer Zeit wird im Leo Baeck Institut New York aufbewahrt.

113. 'Marevna' (Maria Vorobieff) (1892-1984)

Malerin, wurde in Rußland als uneheliche Tochter eines russischen Adeligen und einer jüdischen Schauspielerin geboren, als zweijähriges Kind von einem polnischen Aristokraten adoptiert und verbrachte ihre Kindheit im Kaukasus. Als 15-jährige erhielt sie ihren ersten Malunterricht in Tbilissi (Tiflis) und studierte anschließend dekorative Kunst in Moskau. Sie unternahm 1910 eine Europareise, die sie nach Frankreich und Italien führte, traf russische Emigranten und besuchte 1911 auch Maxim Gorki auf Capri. Er riet ihr, einen Künstlernamen anzunehmen, und zwar 'Marevna'; mit diesem Pseudonym zeichnete sie alle ihre Werke und wurde unter diesem Namen berühmt.

1912 studierte sie an der Kunstakademie Collarossi und an der Acad€mie Russe in Paris, wo sie den Künstlern Ossip Zadkine, Hannah Orloff, Jacques Lipschitz, Chaim Soutine, Amadeo Modigliani u.a. begegnete. 1914 starb ihr Adoptivvater, sie blieb mittellos und war gezwungen, vom Verkauf ihrer Bilder zu leben. Im Jahre 1918 lernte sie den mexikanischen Maler Diego Rivera (den späteren Gatten der Malerin Frida Kahlo), kennen, mit dem sie bis zu seiner Rückkehr nach Amerika (1921) zusammenlebte. Dieser Partnerschaft entstammt ihre einzige Tochter Marika.

In den zwanziger Jahren ging Marevna zur 'Minor Art' über, zur dekorativen Kunst, die viel einträglicher war. Während des Zweiten Weltkriegs lebte sie in der unbesetzten Zone Südfrankreichs; nach dem Krieg übersiedelte sie nach London, wo sie ein Studio eröffnete, behielt jedoch ihr Pariser Atelier, wo sie von Zeit zu Zeit arbeitete, und starb 1984 in London.

Sie veranstaltete mehrere Einzelausstellungen, so 1913 im Salon des Ind€pendants Paris, 1919 im Salon d'Automne Paris, 1924 im Salon des Tuileries, 1968 im Guggenheim Museum New York, 1971 im Petit Palais in Genf und in verschiedenen Galerien von London und Paris.

In den Jahren 1910 bis 1945 gehörte sie zum jüdischen Zirkel, der bekannten Pariser Schule des Montparnasse. 1967 vertrat sie England auf der Internationalen Ausstellung in Venedig. Ihr Werk besteht aus Radierungen, Pastellen, Ölbildern, die sich in Museen Westeuropas befinden, z.B. das Gemälde 'Bouquet at the Colombe d'Or' im Petit Palais Genf und in Privatsammlungen, darunter auch bei ihrer Tochter Marika Rivera Phillips. Einige ihrer Werke waren 1985 im Rahmen der Ausstellung 'Jewish Artists in Paris 1905-1945' zu sehen, organisiert vom Jewish Museum New York.

114. Käthe Markus, geb. Ephraim (1892-1970)

Malerin, wurde in Breslau geboren, studierte Malerei in Berlin bei Lovis Corinth, später auch bei Max Beckmann, unter dessen Einfluß sie der modernistischen deutschen Malervereinigung 'Der Bund' beitrat, außerdem wurde sie Mitglied der bekannten 'Rheingruppe' in Düsseldorf. Sie machte eine längere Studienreise nach Paris, wo sie an Ausstellungen teilnahm.

Im Jahre 1934 wanderte sie nach Palästina aus, wurde bald bekannt, hielt viele Einzelausstellungen, war Mitglied des israelischen Künstlerverbandes und nahm an zahlreichen Gruppenausstellungen teil.

Ihre Bilder zeugen von den Einflüssen der verschiedenen modernistischen Richtungen der deutschen Expressionisten und der Pariser Schule, die sie gut kannte. Ihr Bild 'Karussell' erinnert an 'Die Brücke' bzw. an die Kunstrichtung des 'Blauen Reiter'. Sie war überdies eine sehr geschätzte Bildhauerin.

Ihre Werke befinden sich in Museen und Privatsammlungen in Israel, Deutschland, Frankreich u.a. Dr. Bezalel Narkiss (Israel) schreibt über ihre Gemälde, daß sie ihre eindrückliche Sprache den kräftigen Farben und dem lebenswahren Rhythmus verdanken (B. Narkiss 1973).

115. Adriana de Mayo

Malerin, geboren 1951 in Bukarest; da sie Talent zum Zeichnen und zu bildender Gestaltung aufwies, schickten sie ihre Eltern in verschiedene Jugendkurse für Malerei, Skulptur und dekorative Kunst. 1966 erhielt sie bei einem Kunstwettbewerb in Warschau einen Jugendpreis. Nach Beendigung der Mittelschule studierte sie Malerei an der Akademie der Schönen Künste in Bukarest und besuchte private Zirkel der modernen Kunst. Bald jedoch befreite sie sich von diesen Einflüssen und verwirklichte eigene originelle Einfälle und Techniken.

Im Jahre 1970 wanderte sie nach Israel aus und vervollkommnete ihre Kenntnisse in Kunstgeschichte an der Universität von Tel Aviv. 1971 hatte sie ihre ersten Einzelausstellungen in Israel, in den USA und Australien, 1973/78 in Paris, Antwerpen, London, Boston und Sao Paulo. Sie nahm an mehreren Gruppenausstellungen in Israel und im Ausland teil.

Ihre Bilder befinden sich in Museen und Privatsammlungen in Rumänien, Frankreich, Belgien, Deutschland, England und Brasilien. Ihre Techniken sind Ölmalerei, Acrylic, Gouache und Tusche. - Adriana de Mayo lebt in Tel Aviv.

116. Chava Mehutan

Bildhauerin, wurde 1925 in Philadelphia/USA geboren. Sie absolvierte die Kunstakademie ihrer Heimatstadt und machte 1946 als Touristin ihre erste Reise nach Palästina. Es folgten mehrere Studienreisen nach Europa; sie studierte Bildhauerei und Malerei in Paris und arbeitete dort mit Pablo Picasso und Amadeo Modigliani.

Im Jahre 1954 beschloß sie, nach Israel auszuwandern. Vom Landleben angezogen, ließ sie sich in einem Kibbuz nieder. Mehrere Reisen nach Europa und in die USA brachten ihr neue Inspirationen.

Ihre erste Ausstellung hielt Chava Mehutan 1956 in Tel Aviv, 1959 nahm sie an der Biennale für Skulptur in Antwerpen teil, 1960 an einer Ausstellung für zeitgenössische Kunst in Paris; 1962 war sie auf dem Bildhauer-Symposium in Belgrad vertreten, 1965 auf der 8. Biennale für Bildhauer in Sao Paulo und erhielt einen Preis; sie ist Trägerin des Dizengoff-Preises.

In den Jahren 1977/89 hielt die Künstlerin zahlreiche Ausstellungen, z.B. im Herzlia Museum, im Brooklyn Museum New York, im Museum of Modern Art New York, in Sao Paulo und Rio de Janeiro, der Bloomsbourg State University Gallery, Everhart Museum Scranton, Brandais University, William Johnson Gallery Seattle, Keystone College und in Israel. 1991 gab es eine Ausstellung ihrer Werke im Hara Museum Arc Tokyo, im Fukuoka Art Museum Japan, im National Museum of Comtemporary Art Seoul und im Februar 1996 die Ausstellung 'Bronze' in der Art Gallery Tivon/Israel.

Ihre Techniken sind Holz, Stein, Terracotta. Ausgangspunkt ihrer Skulpturen sind fast immer einfache menschliche Figuren, die sie formt und verbindet, ausdrucksvoll in Maßstab und Gebärde. In ihren Werken der achtziger Jahre werden die Körper zu Objekten, in einzelne Gliedmaßen und Teile zerlegt, z.B. 'Limbs' (Holz, 1985). Ihre Werke der neunziger Jahre zeigen eine Tendenz zu abstrakteren Formen.

1987 nahm sie am Art Meeting in Tel Chai/Israel teil und kreierte mit 'Felsentunnel' eine neue Linie pseudo-archäologischer Skulptur. Außer ihren Monumentalskulpturen, in Parks und Freiluftmuseen Israels, sind ihre Werke in Museen Israels und den USA zu finden.

117. Else Meidner (1901-1987)

Malerin, als Tochter des Arztes Dr. Heinrich Meyer und seiner Frau Margaret in Berlin geboren. Obwohl ihre Familie dagegen war, studierte Else nach dem Abitur an der Kunstgewerbeschule in Berlin und 1918/25 bei Ludwig Meidner Malerei. Im Jahre 1927 heiratete sie Ludwig Meidner, ihr Sohn David lebt seit 1951 in Israel.

Die gelungene Porträtradierung 'Alfred Döblin' verschaffte ihr 1929 den zweiten Preis eines Graphikwettbewerbes. 1932 beteiligte sie sich an der

Gruppenausstellung der 'Juryfreien Kunstschau' in Berlin. In ihrem Schaffen wurde sie von Käthe Kollwitz, Max Osborn u.a. ermutigt.

1933 wurde ihre Arbeit durch den Aufstieg des Nationalsozialismus jäh unterbrochen, ihre Familie übersiedelte vorerst nach Köln, 1939 dann nach London, wo sie unter schwersten Bedingungen für den Lebensunterhalt der ganzen Familie sorgen mußte und zeitweilig als Dienstmädchen arbeitete. Zu ihren materiellen Sorgen kamen psychische Depressionen wegen der wachsenden Entfremdung von ihrem Mann. Obwohl er ihr Talent mehrfach öffentlich anerkannte und lobte, litt sie unter seiner vermeintlichen Dominanz und Präpotenz. 1953 ging die Ehe in Brüche, als Ludwig Meidner nach Deutschland zurückkehrte, während Else die britische Staatsangehörigkeit erwarb und in London blieb.

Das Werk Else Meidners umfaßt Porträts, Figuren, Akte und Landschaften. Die von ihr benutzten Techniken sind Öl auf Leinwand, Gouache, Graphik, Zeichnung. Sie war strenge Realistin und 'haßte' den Abstraktionismus. In ihrem Frühwerk war Rembrandt ihr Vorbild, in den Londoner Emigrationsjahren zeigen ihre Bilder expressionistisch-fauvistischen Einfluß, besonders bei religiöser Thematik.

In den Jahren 1949/72 hatte sie fünf Einzelausstellungen in Londoner Galerien. 1954 und 1969 wurden ihre Werke auch in deutschen Kunstgalerien in Frankfurt und Darmstadt ausgestellt. Eine Rehabilitationsausstellung ihres Werkes fand 1991 posthum im Rahmen der Sammlung Marvin und Janet Fishman in der Kunsthalle Schirn in Frankfurt am Main bzw. in der Kunsthalle Emden statt. Das Gesamtwerk von Else Meidner befindet sich zum größten Teil in israelischem Privatbesitz.

118. Cecilia Merlaub

Malerin und Graphikerin, wurde 1917 in Constanza/Rumänien geboren. Sie studierte an der Universität Bukarest Rechtswissenschaften und beendete ihr Studium im Jahre 1938. Gleichzeitig studierte sie an der Akademie für Schöne Künste in Bukarest Malerei, und zwar in den Ateliers der Professoren C. Cutzescu-Storck und Francisc Sirato, 1940 erwarb sie ein B.A.-Diplom.

Ihre erste Einzelausstellung fand erst 1945 in Bukarest statt, da während des Zweiten Weltkriegs für Juden in Rumänien jede künstlerische Betätigung verboten war. 1945/50 leitete sie die Kunstzeitschrift 'Arcades' und 1950/52 die

Zeitschrift 'Die Kunst in der Volksrepublik Rumänien'. In den Jahren 1945/47 arbeitete sie am ersten Puppentheater Bukarests, wo sie Design und Kostüme entwarf. Sie schuf auch Plakate für Theater und Kinos, publizistische Grafik und Tapisseriemodelle. In den fünfziger Jahren malte sie Ikonen auf Glas, kreierte dekorative Holzplatten, illustrierte Bücher und schuf Einbände für Bücher und Zeitschriften. In ihrer vielfältigen Tätigkeit beschäftigte sie sich auch mit Innendekoration und Wandmalerei.

Im Jahre 1960 verließ Cecilia Merlaub Rumänien und ließ sich in Paris nieder. Sie schuf u.a. drei Wanddekorationen als Mosaikarbeit in Neuilly-sur-Seine. Ihr Talent konnte sich erst jetzt ohne verknöcherte Vorschriften des „sozialistischen Realismus" frei entfalten. Von daher muß auch ihre fieberhafte Tätigkeit in Rumänien verstanden werden, da dort das Überleben als Künstler nur dank origineller Initiative und abwechslungsreicher Gestaltung möglich war. 1970 stellte sie zum ersten Mal in Paris aus.

Sie malte Ikonen auf Glas und erweckte in ihrer originellen Holzmalerei rumänische Volkslegenden zu neuem Leben, z.B. in 'Legende vom Meister Manole', dem unglücklichen Maurer, der seine junge Frau in einer Kirche lebendig einmauern mußte, um sein Werk vollenden zu können und der sich dann vom Kirchturm in den Tod stürzte.

Ihre hölzernen 'Totems' erinnern an Skulpturen der Azteken oder 'primitive' afrikanische Kunst. Auch diese Werke sind - wie die Holzplatten der 'Meister Manole-Legende' - in harmonisch abgestimmten Farben bemalt. Letztere erscheinen in der Art der alten französischen Miniaturen des 14. Jahrhunderts stilisiert und gewinnen dadurch und dank der originellen Komposition besonderen Charme.

Ganz anders sind hingegen die von Cecilie Merlaub geschaffenen großen Mosaikgebilde aus Keramik und Glas (bis zu 3 m Höhe wie in Neully). Die Vielfalt der Farben und ihre Harmonie, das Fehlen jeglicher figürlicher Darstellung, ergeben eine abstrakte Komposition, in der das Spiel des Lichts die gewünschten Effekte hervorruft.

Cecilie Merlaub nahm an vielen Gruppenausstellungen teil, z.B. 1945/72 in Belgien, Frankreich und Italien. Ihr Gesamtwerk ist die Frucht eines ausdauernden, geduldigen Willens zum Schaffen, um über die Schwierigkeiten ihrer Zeit hinwegzukommen.

Jüdische Frauen in der bildenden Kunst

119. Berenice Michelow

Malerin und Graphikerin, wurde 1930 in Johannesburg/Südafrika geboren, studierte 1948/50 am Witwatersrand Technical College und erhielt ein Diplom für Schöne Künste. 1951/53 setzte sie ihre Studien in London fort, und zwar an der Central School of Art unter Laurence Irving, Reginald R. Thomlinson, Cochrane und erhielt ein Diplom.

Ihre Techniken sind Öl auf Leinwand, Gouache, Kohlestift und verschiedene Methoden der Graphik. 1964/68 schuf sie 'Bilder auf Musik bezogen', wobei sie versuchte, musikalische Rhythmen in visuelle Formen und Farben zu verwandeln. Es folgte 1969 'Wirklichkeit der Form', eine neue Interpretation organischer Formen, die ihr Interesse für den menschlichen Körper weckten. 1971 folgten 'Aktfiguren', 1977 'Der Flug', 1978 'Betrachtung über unsere Zeiten', dann 'Focus' und 1983/85 'Alltägliche Landschaften'.

Berenice Michelow ist Mitglied des Südafrikanischen Künstlerverbandes und entfaltete seit 1968 eine ausgedehnte Lehrtätigkeit am Zentrum für andauernde Erziehung an der Universität von Witwatersrand. 1954/60 arbeitete sie am Entwurf von Theaterkostümen und Bühnenbildern für Aufführungen in London und Johannesburg, machte Illustrationen für 'Izwi 14' und das Titelblatt für 'Contrast'. Daneben unternahm sie ausgedehnte Reisen.

Außer der Teilnahme an zahlreichen Gruppenausstellungen seit 1964 in Südafrika, Holland, Belgien, Deutschland, Israel, Australien, Zimbabwe, Monaco, Frankreich, Chile und den USA hielt Berenice 18 Einzelausstellungen in Südafrika und gewann einige Preise.

1985 schuf sie in staatlichem Auftrag die Holztafel in Öl 'Zwischen Wirklichkeit und Illusion' für das 'Sand du Plessis Theater' in Bloemfontein. Ihre Werke befinden sich in Museen und Kunstgalerien Südafrikas und im California College of Arts and Crafts. - Die Künstlerin lebt in Südafrika.

120. Lea Michelson

Bildhauerin, wurde 1925 in Lodz/Polen geboren, kam 1938 mit der Jugend-Alijah ins damalige Palästina, wo sie zunächst die Landwirtschaftsschule in Ben Shemen besuchte. Nach Beendigung der Mittelschule ging sie ans Avni-Institut für bildende Künste in Tel Aviv, um Skulptur zu studieren. Sie arbeitete in den Ateliers der Bildhauer A. Priver, K. Alul sowie Dov Feigin und wurde nach kurzer Zeit in den Verband israelischer Künstler aufgenommen.

In den Jahren 1961/76 verzeichnete sie Einzelausstellungen ihrer Skulpturen in Ramat Gan und Arad/Israel. Sie nahm auch an den vom Verband organisierten Gruppenausstellungen teil. Man findet ihre Werke in der Holocaust-Gedenkstätte Yad Vashém Jerusalem, in der Synagoge von Arad, in den städtischen Kunstmuseen von Petach Tikwa und Ramat Gan ebenso in der Entbindungsklinik von Tel Haschomér. - Für ihre Arbeiten verwendet sie verschiedene Materialien wie Ton, Stein, Terracotta, Email, Holz und Metall. - Lea Michelson lebt und wirkt in Arad/Israel.

121. Ro Mogendorf (1907-1969)

Malerin, in Amsterdam geboren, zeigte als Kind ihr großes Zeichentalent, und schon als Schülerin erlernte sie Malerei. Nach dem Abitur setzte sie ihr Zeichen- und Malstudium an der Akademie der Schönen Künste in Amsterdam fort, um dort abzuschließen. Auf mehreren Ausstellungen erregten ihre Werke, speziell ihre Tuschezeichnungen, besonderes Aufsehen, und sie wurde in Holland rasch bekannt.

Nach Ausbruch des Zweiten Weltkriegs wurde Ro Mogendorf von christlichen Freunden versteckt und verdankte diesem Umstand ihr Überleben. Nach dem Krieg verzeichnete sie mehrere Einzelausstellungen in Holland und Israel. Einige ihrer Bilder befinden sich im Jüdischen Museum Amsterdam sowie im Ghetto Fighter Museum in Kfar Masaryk nördlich von Haifa.

122. Ida Mordkine (1884-1943)

Malerin, wurde in Rußland geboren, studierte Musikgeschichte und lernte Zeichnen und Malen im Atelier Abrami Abrahams, den sie später heiratete. Im Jahre 1929 übersiedelte das Ehepaar nach Paris, wo sie in einem gemeinsamen Studio wirkten. Sie veranstalteten Ausstellungen in Paris, Brüssel, Wien und Prag.

Ida Mordkine malte Porträts, Landschaften und Blumen in einem naiven, optimistischen weiblichen Stil, wobei sie bunte und leuchtende Farben verwandte.

Leider konnte sie nicht zur Vollendung ihres Schaffens gelangen; das Künstlerehepaar wurde, kurz nach der Besetzung von Paris durch die deutsche Wehrmacht von der Gestapo verhaftet, nach Osten deportiert und in einem Konzentrationslager ermordet. Nur wenige ihrer Bilder sind in Frankreich und in Israel erhalten.

123. Tamara Musachanova

Bildhauerin und Keramikerin, wurde 1926 in Derbent am Kaspischen Meer (Aserbeidschan) als einzige Tochter einer religiösen jüdischen Familie geboren. Ihre Eltern widersetzten sich anfangs ihrem Wunsch, Malerei zu studieren, besonders weil noch vier Söhne zur Schule gingen und die Familie 1938 großes Unglück traf. Der Vater wurde vom sowjetischen Geheimdienst verhaftet, da gegen ihn eine Anzeige vorlag, daß er hebräisch spreche und die Tora studiere!

Erst bei Ausbruch des Zweiten Weltkriegs kam er frei, und die Familie zog in eine Kollektivwirtschaft im Kaukasus, wo sie den Krieg überlebten. Tamara arbeitete mit Hingabe an ihren Keramikfigurinen und Tellern, die sie mit dekorativen Motiven ausstattete, oft aus der kaukasischen Volkskunst entlehnt.

1946/49 besuchte Tamara die Kunstgewerbeschule 'Kalinin' in Moskau. Im Jahre 1977 wurde sie in den Künstlerverband der UdSSR aufgenommen. Sie erhielt eine Arbeitsstelle in der Verwaltung der Stadt Mahatschkala in Daghestan, unweit von Baku. Hier eröffnete sie ihr eigenes Atelier, wo sie Keramikteller und Figurinen herstellte, welche im Rahmen von Gruppenausstellungen in Städten der UdSSR sowie in Europa viel Interesse weckten.

Im Jahre 1990 gab es in Aserbeidschan Ausschreitungen gegen Juden, ihr Atelier wurde zerstört und ein großer Teil ihrer Werke vernichtet. Die Familie entschloß sich daraufhin, nach Israel auszuwandern und lebt jetzt in Haifa, wo Tamara ihre künstlerische Tätigkeit fortsetzt.

Tamara Musachanova hielt Einzelausstellungen in vielen Städten der früheren Sowjetunion, z.B. Derbent, Moskau, Kaunas, Kaliningrad und Tscheliabinsk im Ural. Außerdem nahm sie an Gruppenausstellungen u.a. in Belgrad und Wien teil; auch in Israel verzeichnete sie bereits drei Einzelausstellungen, die von Erfolg gekrönt waren.

Die Künstlerin fand sich langsam in ihrer neuen Heimat zurecht und für ihre Arbeit neue Motive und schöpferische Anregungen. Nur manchmal denkt sie vielleicht nostalgisch an die Zeit zurück, als sie mit Medaillen ausgezeichnet den Titel 'Verdienstvolle Künstlerin der SSR Daghestan' trug. Ihre Werke, soweit erhalten, befinden sich in Museen der ehemaligen Sowjetunion.

Der Stil ihrer Figurinen ist oft naiv und volkstümlich, im Leben und in der Natur Daghestans mit Humor verankert. Ihre dekorativen Keramikteller stellen Blumenmotive, Vögel im Flug oder Ornamente kaukasischer Volkskunst dar. Von ihren bekanntesten Werken seien erwähnt: 'Hafen von Mahatschkala' (glasierte Schamotte 1977), 'Am Bazar' (Schamotte 1979), 'Die Gemüseverkäuferin' (Schamotte 1984), 'Kinder brauchen Frieden' (glasierte Schamotte 1987), 'Adam und Eva' (glasierte Fayance 1988). Sämtliche Figurinen sind mit lebhaften Farben bemalt, ihre dekorativen Keramikteller aus Ton oder Fayance zeigen verschiedene Motive in lebendigen Farben.

Tamara Musachanova trat 1992 der Künstlervereinigung Israels bei. Seit damals und bis 1995 hielt sie Einzelausstellungen im Chagall-Haus Haifa, in der Discont-Bank Ziv in Haifa, im Haus der Neueinwanderer und im Seniorenklub des 'Merkas Carmel'.

124. Dora Muschanova

Malerin, wurde 1920 in Bulgarien geboren. In den Jahren 1938/39 studierte sie an der Dresdener Akademie der Schönen Künste Malerei und gleichzeitig modernen Tanz bei Gret Palueca. Infolge Verschärfung der Maßnahmen gegen Juden mußte Dora ihr Studium in Deutschland abbrechen und kehrte 1940 nach Bulgarien zurück. Hier überlebte sie wie die meisten ihrer Schicksalsgenossen den Krieg, da Bulgarien neben Dänemark das einzige europäische Land war, das seine jüdischen Bürger schützte und sie nicht der deutschen Vernichtungsmaschinerie auslieferte.

Dora Muschanova konnte ihr Kunststudium an der Akademie der Künste 'Nikolai Pavlovitsch' in Sofia fortsetzen und im Jahre 1945 bei Professor Petrov beenden. In den Jahren 1945/48 war sie Privatschülerin des bekannten bulgarischen Malers Bentscho Obreshkov. Sie wurde 1948 in den bulgarischen Verband bildender Künstler aufgenommen und nahm an mehreren Gruppenausstellungen teil.

1948/70 zeigte sie ihr Tanztalent als Ballerina im Nationalen Opernballet. In den Jahren 1950/76 arbeitete sie als Pädagogin für Bewegungskunst der

Opernsänger an der Musik-Akademie von Sofia. 1973 führte sie einen Auftrag für Altarbilder (Ölmalerei) in einem Kloster in Sofia aus.

Im Jahre 1988 ging Dora nach Israel, hielt bereits 1989 ihre erste Einzelausstellung im Kunsthaus Jerusalem und im gleichen Jahr in Tel Aviv. Sie spezialisierte sich auf Porträts, die überaus lebenstreu wirken, wobei es ihr gelingt, mit einigen Pinselstrichen die Charakterzüge einer Personen zum Ausdruck zu bringen. Ihre bevorzugte Technik ist Ölmalerei, ihre Farbpalette bietet satte, tiefe Farben in abtönenden Nuancen.

Ein großer Teil ihrer Bilder befindet sich in der Gemäldegalerie des Gemeindehauses von Sofia, andere sind in der Galerie des bulgarischen Parlaments, viele in Privatkollektionen in Europa und Israel.

125. Martha Musil, geb. Heymann (1874-?)

Malerin, als Tochter einer wohlsituierten jüdischen Kaufmannsfamilie in Berlin geboren, zeigte sie Talent für Zeichnen und Malerei und studierte in Berlin, wo sie Schülerin Lovis Corinths war. Sie heiratete mit 21 Jahren, doch ihr Glück währte nur zwei Jahre, da ihr Mann auf einer gemeinsamen Italienreise in Florenz plötzlich starb.

Martha blieb in Italien und beschäftigte sich mit Malerei. In Rom lernte sie den italienischen Kaufmann Marcovaldi kennen, heiratete ihn und hatte mit ihm zwei Kinder. Die Ehe ging jedoch auseinander, und Martha kehrte nach Berlin zurück, wo sie als Malerin arbeitete und in einem Kunstsalon ausstellte, den ein Schwager unterhielt.

Im Jahre 1907 machte sie in Berlin die Bekanntschaft des später berühmten österreichischen Schriftstellers Robert Musil. Zwischen beiden entstand eine Liebesbeziehung, und als Musil 1910 Berlin verlassen mußte, war ihre Verbindung bereits so fest, daß sie mit ihm nach Wien ging. Wahrscheinlich hätten sie längst geheiratet, aber Enrico Marcovaldi widersetzte sich der Scheidung. Martha mußte die ungarische Staatsbürgerschaft erwerben, damit die Scheidung durch ein ungarisches Gericht möglich wurde. Musil mußte von der katholischen Kirche zum Protestantismus übertreten, bevor 1911 die Trauung stattfinden konnte; nun verschwand sie vollends im Schatten ihres immer berühmter werdenden Mannes. Um seine Frau vor Verfolgung zu schützen emigrierte Robert Musil 1938 von Wien nach Genf, wo er 1942 starb.

Die wenigen Bilder Martha Musils - Landschaften aus Italien, Stilleben in Öl auf Leinwand und einige Aquarelle - befinden sich in Privatbesitz.

126. Sonja Natra

Malerin, Bildhauerin und Keramikerin wurde 1925 unter dem Mädchennamen Rosen in Bukarest geboren. Während des Zweiten Weltkriegs besuchte sie die private Kunstschule der Jüdischen Gemeinde, die von Professor Max Hermann Maxy geleitet wurde, da die Aufnahme jüdischer Studenten an rumänischen Hochschulen damals strikt verboten war; sie erlernte Malerei und Gravur.

Nach dem Krieg studierte sie an der Rumänischen Akademie für Schöne Künste in Bukarest, und zwar Bildhauerei bei Cornel Medrea, Boris Caragea und Constantin Baraschi sowie Malerei bei Alexander Ciucurenco; sie erwarb im Jahre 1954 den M.A. Im Rahmen eines Künstleraustausches arbeitete sie 1956/57 im Nationalen Studio in Prag.

Im Jahre 1961 wanderte Sonja Natra nach Israel aus und studierte 1971/75 Pädagogik an der Tel Aviv University, gleichzeitig vervollkommnete sie ihre Kenntnisse in Bildhauerei und Malerei an verschiedenen Kunstschulen, außerdem nahm sie Kurse in Radierungstechnik und Siebdruck (Sérigraphie).

Sie ist mit dem Musiker Sergiu Natra verheiratet und hat zwei Söhne, ihr ständiger Wohnsitz ist Tel Aviv. Außer ihrem Talent für bildende Kunst schreibt Sonja Natra auch Lyrik und veröffentlicht Gedichte.

1957 erhielt sie bei einer internationalen Skulpturen-Ausstellung in Moskau einen Preis, 1980 ein Ehrendiplom bei einer israelischen Graphikausstellung, 1984 den Preis der Kunstkritik, eine Medaille und den Pokal der Kunstakademie von Neapel. Sie wurde bei Ausstellungen in Monte Carlo und Faenza/Italien mehrere Male für ihre Keramikarbeiten ausgezeichnet.

Sonja Natra ist Mitglied des Israelischen Künstlerverbandes und der rumänischen Abteilung der Gesellschaft der Literaten Israels. Sie lehrt am Hochschulinstitut 'Avni' in Tel Aviv, am Kunstinstitut von Bat Yam und am Seminar für Zeichenlehrer in Ramat Hascharon.

Die Künstlerin hat einige Denkmäler in Rumänien geschaffen; in Israel führte sie Wanddekorationen in Keramik für die Bezek-Schule in Jerusalem und für das Hotel Dan-Carmel in Haifa aus. In Tel Aviv hatte sie seit 1969 etwa 10 Einzelausstellungen, darüber hinaus in Frankreich und den USA. Sie beteiligte sich an Gruppenausstellungen in Rumänien, der UdSSR, Polen, Italien, Frankreich und Israel.

Sonja Natra entfaltete eine sehr fruchtbare künstlerische Tätigkeit im kulturellen Geschehen Israels. Sie wirkte als Malerin, Bildhauerin, Keramikerin, Radiererin, Dichterin, die auch Essays über Kunstprobleme veröffentlichte und lehrte. Sie malte keine Landschaften, denn sie war mehr an den zwischenmenschlichen Verhältnissen, an der Rolle des Mitmenschen in der Gesellschaft interessiert.

Zu diesem Thema schuf sie zwei große Gemäldegruppen: 'Begegnungen' und 'Konfrontationen'. In der ersten Gruppe zeigt sie Fragmente von Figuren vor einer Mauer, die sich gegenseitig nicht anschauen und augenscheinlich die Existenz ihrer Nachbarn gar nicht wahrnehmen; jeder ist in seiner Einsamkeit eingeschlossen. Im zweiten Zyklus wird dasselbe Thema anders abgehandelt, ein dramatisches Bild der menschlichen Einsamkeit.

Die Skulpturen Sonja Natras erschließen die Schönheit des weiblichen Körpers, während sich in ihrer Keramik die Farben der Erde und des Himmels wiederfinden, vom rötlichen Braun zum schreienden Gelb oder zum hellen Blau. Ihre Keramik verwendet auch originellerweise Fragmente von Eisen, Bronze oder Stein, die sich harmonisch in ihr Werk einfügen. Das Werk Sonja Natras ist Ausdruck einer künstlerischen Persönlichkeit, die mit Mut und Aufrichtigkeit an die Probleme der Kunst und des Lebens herangeht.

Sonja Natra ist Mitglied der Académie Lupece Paris (von der sie zwei Goldmedaillen für Skulptur und französische Lyrik erhielt), der Academia del Verbano Italien und anderer Institutionen. Sie hielt in den Jahren 1969/92 Einzelausstellungen in verschiedenen Museen und Galerien, z.B. der Galerie 119 Tel Aviv, der Cité des Arts Paris sowie in San Francisco, Boston und Bat Yam. 1986 wurde in der Maison des Sciences de l'Homme und 1992 in der Cité Internationale des Arts in Paris große Einzelausstellungen abgehalten.

127. Anne Neumann (1906-1955)

Malerin, wurde 1906 in Cottbus geboren; um ihr Zeichentalent zu fördern, ließen sie ihre Eltern studieren, und sie absolvierte 1923/27 die Reimannschule in Berlin. Ihre ersten Arbeiten wurden 1932 in der großen Kunstausstellung in Berlin ausgestellt, wo sie den Adolf-Donath-Preis erhielt.

1933 mußte sie Deutschland verlassen und emigrierte ins damalige Palästina. Hier arbeitete sie anfangs an Buchillustrationen für Kinderbücher, für die biblischen Legenden 'Judith' und 'Ruth' sowie als freie Künstlerin. Nach dem Zweiten Weltkrieg malte sie vorwiegend Bilder zum Holocaust.

Anne Neumann schuf auch Kupferstiche von Charakterköpfen und Figuren. 1949 hielt sie Einzelausstellungen in Argentinien, Uruguay und Brasilien, anschließend in Israel. Sie veröffentlichte ein Buch über bildende Kunst. Eine unbarmherzige Krankheit machte ihrem Leben und Schaffen ein Ende, noch ehe sie das 50. Lebensjahr erreicht hatte.

128. Louise Nevelson, geb. Berliawsky (1899-1988)

Bildhauerin, in Kiew/Ukraine als Tochter des Kaufmannes Isaak Berliawsky geboren; als sie sechs Jahre alt war, wanderten ihre Eltern mit ihr nach New York aus. Sie bekam bereits als Kind Tanz- und Gesangsunterricht. Die Familie übersiedelte bald nach Rockland/Maine, wo der Vater als Holzhändler tätig war. Die Verbundenheit Louises mit Holz stammt aus ihrer nahe der Wälder von Maine verbrachten Kindheit.

1920 heiratete Louise Charles Nevelson, dessen Familie ein Unternehmen von Frachtschiffen besaß. Zwei Jahre später gebar sie ihren Sohn Myron. Während der zwanziger Jahre studierte Louise Gesang, Schauspiel und Ballett, aber auch bildende Kunst. 1928 wurde sie Studentin der Art Students League New York, wo sie Bildhauerei und Malerei betrieb.

1931 ging ihre Ehe auseinander, Louise widmete sich nun ganz der Malerei und der Skulptur. Sie machte Studienreisen nach Europa, besuchte Italien und Deutschland, vor allem aber Paris und studierte überall die Werke alter und moderner Meister. In den USA zurück, geriet sie in den Kreis der bekannten amerikanischen Maler Diego Rivera und Ben-Shan und malte gemeinsam mit ihnen monumentale Wandgemälde im Rockefeller Centre New York.

Ihre wahre Identität fand Louise Nevelson jedoch erst, als sie anfing, Skulpturen aus zusammengenagelten Holzstücken zu formen und eintönig zu bemalen. Bei einem Skulpturen-Wettbewerb 1936 in der A.C.A.-Gallery New York gewann sie mit ihren Holzskulpturen den ersten Preis. Ihr Ruhm beruhte auf einer Reihe monumentaler Skulpturen aus Holzfragmenten (ca. 3,5 x 2,5 m) in schachtelförmiger Komposition und einförmig bemalt, anfangs schwarz, später weiß oder golden.

Für ihr Schaffen sind schwarz bemalte Skulpturen charakteristisch, z.B. die 'Himmelskathedrale' 1958. Der 1946 erfolgte Durchbruch zu diesem originellen Stil führte sie in die Reihen der amerikanischen Surrealisten, und sie stellte gemeinsam mit Max Weber, Mark Rothko u.a. aus. Ihre Materialien sind Holz, Schachteln aller Größen, Büchsen und Nägel, die sie mit viel Phantasie zu großen Plastiken zusammenfügt.

1959 hielt sie im Museum of Modern Art New York, wo ihre Holzskulptur 'Himmelskathedrale' Aufstellung gefunden hatte, eine Ausstellung mit dem Titel 'Tag des Hochzeitsfestes': Ein Zimmer, ganz in weiß, mit Bettzeug, Spiegel, Hochzeitstorte, Kapelle usw. 1963 bei der Biennale von Venedig ausgezeichnet, konnte Louise ihren Bestellungen kaum nachkommen. In ihrer Arbeitswut und der Fülle von Aufträgen verlor sie freilich den Sinn für Familienleben und vernachlässigte das Verhältnis zu ihrem Sohn (Bildhauer), was sie später tief bereute.

Nach ihrem 60. Lebensjahr wandte sie sich der Modellierung von Stahlfiguren zu, und zwar in geometrisch strengen Formen; außerdem schuf sie Figuren aus Plexiglas, bei denen durch Lichteffekte Bewegung hervorgezaubert wird. Ihre Skulpturen schmücken viele öffentliche Gebäude und Parkanlagen in den USA, z.B. im Park der Princeton University und im neuen Financial-Centre New York.

Louise Nevelson hat ihren Platz in der Kunstgeschichte als eine der hervorrangendsten Erneuerer(innen) der Skulptur des 20. Jahrhunderts, gerade durch ihre originellen, großdimensionalen, schwarz bemalten Holzskulpturen der fünfziger und sechziger Jahre.

Sie gründete das 'Four O'Clock Forum', eine Reihe von Sonntags-Zusammenkünften gleichgesinnter Künstler wie Max Weber, Mark Rothko, Willem de Kooning u.a., wo Probleme des amerikanischen abstrakten Expressionismus und die Integration der indianischen Folklore in die abstrakte Kunst diskutiert und definiert wurden.

In ihrem 1958 geschaffenen Wandgebilde 'Mondgarten plus Eins' finden sich alle Einflüsse auf ihr Werk wieder: das kubistische Netzgebilde, der Konstruktivismus, die Flachreliefs Hans Arps, mexikanische und indianische Motive, all dies eingefangen und überstrahlt von ihrer originellen Komposition und Formung.

Noch bei voller Arbeitskraft und trotz langen Leidens starb Louise Nevelson 1988. Amerika ehrte sie u.a., indem ein Platz in Manhatten nach ihr benannt wurde.

129. Lea Nickel

Malerin, wurde 1918 in Schitomir/Ukraine geboren und emigrierte als Kind mit ihren Eltern ins damalige Palästina. Sie besaß Zeichentalent, studierte Zeichnen und Malen in den Ateliers der Maler Avigdor Stematsky, Jeheskel Streichman, Chaim Glicksberg und vervollständigte ihre Kenntnisse an Kunstschulen in New York bzw. auf Studienreisen in Europa, z.B. in Rom und Paris, wo sie elf Jahre als freischaffende Künstlerin verbrachte. In dieser Periode standen ihre Bilder unter starkem Einfluß der Abstraktionisten der französischen Schule.

1954 hielt sie ihre erste Einzelausstellung in Israel, der viele andere in verschiedenen Galerien des Landes folgten. Im Jahre 1985 veranstaltete das Israel-Museum in Jerusalem eine Retrospektive ihres Werkes. Ihre Bilder strotzen vor stark aufgetragenen Farben und erwecken dank ihrer Frische den Eindruck des Vibrierens der ganzen Malfläche, z.B. im Gemälde 'Painting', das sich im Kunstmuseum von Tel Aviv befindet.

Trotz der verschiedenen Einflüsse auf ihren abstrakten Stil gelang es Lea Nickel in späteren Jahren, den Formen ihre persönliche Note in einem neuen farblichen Barockstil aufzuprägen. Mit anderen Malern, die in den Jahren 1945/55 in den Ateliers von Jeheskel Streichman und Avigdor Stematsky studiert hatten und als sogenannte „vernachlässigte Generation" eingestuft wurden, nahm auch Lea Nickel 1989 an einer Gruppenausstellung teil.

Während die Arbeiten aus ihrer ersten Schaffensperiode von den Grundregeln der Bewegung 'New Horizons' der fünfziger Jahre beherrscht sind, zeigt sie in ihren neueren Werken einen persönlicheren, moderneren Stil. Sie ist mit ihren Bildern in den Kunstmuseen Israels und in einigen Museen Europas vertreten. Im Juli 1992 veranstaltete das Israel-Museum in Jerusalem eine große Ausstellung ihrer Werke.

Lea Nickels Bilder erscheinen durch intensive Farbensymphonie charakterisiert. Ihr Werk war seit 1954 eine glatte Absage an die Realität und einzig ihrer Inspiration zu verdanken. Im Gegensatz zur europäischen Richtung der 'geometrischen Abstraktion' zeigt Lea Nickel in ihren Werken eine eher 'lyrische Abstraktion', ähnlich den Bildern der Amerikaner Jackson Pollock und de-Kooning, indem sie Gesten, Bewegung, Farbflecke und Striche oder Tropfen auf die Leinwand pinselt und damit den Eindruck der Spontaneität und des Nonkonformismus stärkstens zum Ausdruck bringt.

Sie hielt 1950/61 Einzelausstellungen ihrer Bilder in Paris, in Zentralafrika 1965, Rom 1967/70 und New York 1970. Lea Nickel erhielt 1995 den Israel-Staatspreis für bildende Kunst. Im Frühjahr 1997 waren 18 ihrer neuesten Werke in der Kleinen Galerie des Tel Aviver Dizengoff-Center ausgestellt.

130. Bluma Odes-Ronkin

Malerin, in den zwanziger Jahren in Litauen geboren, kam 1935 ins damalige Palästina und lebte viele Jahre im Kibbuz Kfar Masaryk in Galiläa. Sie lernte Zeichnen und Malen bei den israelischen Malern Mordechai Ardon (Bauhausschüler, Freund Kandinskys und Paul Klees) und Marcel Janco (einem der Gründer der dadaistischen Kunstrichtung) und unternahm Studienreisen nach Frankreich, England und Italien; sie war Mutter des Malers Emanuel Ronkin, der im Sechs-Tage-Krieg fiel.

Die Bilder Bluma Ronkins befinden sich in Museen und Sammlungen Israels, z.B. im Museum für Moderne Kunst Haifa, im Israel-Museum Jerusalem, im Kunstmuseum Tel Aviv, im Museum des Negev Beer Schewa u.a. Israels Ministerien für Unterricht und Kultur sowie für Wohnungsbau haben Bilder der Künstlerin angekauft, ebenso sind ihre Bilder in Privatsammlungen Israels und des Auslands zu finden.

Themen ihrer Arbeiten sind Stilleben und Landschaften; besonders beeindruckte sie die Wüstenlandschaft des Negev, die sie farbengetreu wiedergibt. In den achtziger Jahren neigte sie zu abstrakten Kompositionen.

Sie hielt 1959/75 viele Einzelausstellungen in Israel und nahm an mehreren Gruppenausstellungen israelischer Künstler im Ausland teil, z.B. in Frankreich, der Schweiz, den USA, in Monte Carlo. 1979 zeigte sie in der Kunsthalle von Holon/Israel Bilder ihres gefallenen Sohnes Emanuel und ihrer jungen Tochter Anat zusammen mit eigenen Werken. Bluma Ronkin ist Mitglied des Israelischen Künstlerverbandes und erhielt 1966 den Struck-Preis der Stadt Haifa. - Ihre Techniken sind Öl, Aquarell, Pandastift sowie Zeichnung in Bleistift und Kohle. - Sie lebt und wirkt in Tel Aviv.

131. Nehama Ofek

Bildhauerin, wurde 1914 in Jerusalem geboren; ihre Eltern waren noch vor dem Ersten Weltkrieg aus Rußland nach Erez Israel, ins damalige Palästina eingewandert. Sie war Nichte der bekannten Bildhauerin Hanna Orloff (1888-1968), die in Paris zur französischen Avantgarde gehörte. Nehama studierte Malerei am Avni-Kunstinstitut Tel Aviv bei Schlomo Vitkin, Bildhauerei bei Dov Hoff und S. Merchav, später bei Rudi Lehmann und Jakob Epstein (1880-1959), einem der großen Bildhauer des 20. Jahrhunderts. 1977/79 vervollkommnete sie sich in Italien bei Carlo Nicoli in Carrara.

Nehama Ofek arbeitet in Bronze, Marmor, Jerusalemer Stein, Gips, Terracotta, Polyester und Aluminium. Sie schuf 1983 ein Monument und Relief im Park von Kfar Saba/Israel (eine Stadt, zu der sie eine besondere Beziehung hatte, da ihre Eltern zu den Gründern von Kfar Saba gehörten), ferner ein Denkmal in einem Park von Tel Aviv zum Gedenken an '23 Hafenarbeiter'.

Sie hielt 1973/78 Einzelausstellungen in Israel und nahm an vielen Gruppenausstellungen israelischer Bildhauer im Lande teil sowie 1978 in Lausanne. Im Jahre 1970 erhielt sie einen Preis für ihre Statue 'Mutter und Kind' und 1972 für ihre Gruppe 'Solch eine Familie'. Außer ihrem künstlerischen Schaffen ist sie sozial aktiv als leitende Kulturrätin des 'Magén Davíd Adóm' ('Roter Davidstern', israelisches Rotes Kreuz) in Tel Aviv und als führendes Mitglied des Verbandes freiwilliger Blutspender. - Nehama Ofek lebt in einem Seniorenheim in Kfar Saba/Israel.

132. Halina Olomucki

Malerin, wurde Anfang der zwanziger Jahre in Warschau geboren, studierte an der dortigen Universität Kunstgeschichte und an der Akademie der bildenden Künste Zeichnen und Malerei. 1940 mußte sie ins Warschauer Ghetto, wo sie in den folgenden Jahren als Chronistin Szenen vom 'Umschlagplatz', vom Ghetto-Aufstand im April 1943 sowie von der Liquidierung des Waisenhauses Dr. Janusz Korczaks samt dem traurigen Todeszug der Waisenkinder zeichnete *(vgl. E.R. Wiehn 1993)*.

Versteckt arbeitete sie im 'arischen' Teil der besetzten Hauptstadt, was die Rettung vieler ihrer Werke durch christliche Freunde ermöglichte. Ende 1943 fiel sie in die Hände der Gestapo und wurde nach Majdanek deportiert, durch einen Irrtum des Lagerkommandos jedoch einer Arbeitseinheit zugeteilt und so vorläufig gerettet. 1944 wurde sie nach Auschwitz verbracht, wo sie dank ihrer künstlerischen Begabung Dekorationen für den Stubendienst malte und dadurch den Gastod entging. 1945 von der Roten Armee befreit, kehrte sie in das fast völlig zerstörte Warschau zurück.

Sie beschloß ihr Kunststudium an der Akademie der Künste in Lodz. Im folgenden Jahrzehnt arbeitete sie in Polen und erlebte einige Einzelausstellungen. 1957 emigrierte sie nach Paris, wo sie ihr eigenes Studio eröffnete, und zwar mit großem Erfolg. Sie hielt Einzelausstellungen in Paris und London. 1960 unternahm sie eine Studienreise nach Israel, wo sie sich 1972 endgültig niederließ. Hier setzte sie ihre künstlerische Tätigkeit fort, inspiriert von der neuen Landschaft und dem neuen Leben.

133. Meret Oppenheim (1913-1985)

Malerin, in Berlin-Charlottenburg geboren, war jüdischer Abstammung. Möglicherweise gehörte sie zur Familie des ersten bewußt jüdischen Malers in Deutschland, Moritz Daniel Oppenheim (1800-1880). Der Vater war Arzt, durfte aber wegen seines jüdischen Namens nicht mehr praktizieren und übersiedelte 1939 in die Schweiz, wo er seinen Beruf jedoch auch nicht ausüben konnte. Meret wuchs teilweise in Deutschland, teilweise in Basel/Schweiz auf und ging mit 18 Jahren zum Studium der Malerei nach Paris, wo sie sich dem Kreis der Surrealisten André Bréton, Max Ernst und Marcel Duchamp anschloß. Gleichzeitig begann sie ein Studium der Skulptur.

Ihre phantasievollen surrealistischen Gemälde erregten in den dreißiger Jahren Aufmerksamkeit, und sie erfreute sich bewundernder Kritiken seitens großer Künstler wie Hans Arp und Alberto Giacometti. Berühmt wurde sie besonders durch das von ihr geschaffene Objekt 'Le déjeuner en fourrure', das vom New Yorker Museum of Modern Art erworben wurde. 1936 hatte sie dort eine Ausstellung ihrer Werke sowie in der Galerie Marguerite Schulthess in Basel und spielte eine führende Rolle in der surrealistischen Kunst.

1939 verfiel Meret Oppenheim in eine Schaffenskrise, welche sie erst viele Jahre später in Bern überwinden konnte. 1938/40 malte und restaurierte sie Gemälde in der Kunstgewerbeschule Basel. Es gelang ihr, bei Ausbruch des Zweiten Weltkriegs in der Schweiz Zuflucht zu finden, wo sie bis 1956 blieb. Es sind Jahre der Krise, sie schuf wenig. Dagegen betätigte sie sich in diesen

Jahren aktiv als Frauenrechtlerin, wozu ihre starke Persönlichkeit wie geschaffen war.

Ihre Devise 'Das Objekt ist der Träger der Idee' zieht sich wie ein Leitmotiv durch ihr gesamtes Werk. Ihr Gemälde 'Women as Bench' ist ein Protest gegen die sexuelle Ausbeutung der Frau. 1956 hielt sie eine persönliche Ausstellung in der Galerie Etoile Scelle Paris, 1959/70 gab es mehrere Einzelausstellungen in etlichen Städten Europas. 1975 erhielt sie den Basler Kunstpreis und kritisierte anläßlich der Preisverleihung die Benachteiligung der Frau als Künstlerin. Auf einer Schweizer Briefmarke war 1993 das Bild 'Unter der Regenwolke' von Meret Oppenheim zu sehen; sie starb 1985 in Basel.

Im April 1995 fand im Kunstmuseum Mendrisio/Schweiz eine recht späte Retrospektive dieser großen Schweizer Künstlerin statt. Intellektuelle Wachsamkeit, Humor, Erotik und die ständige Suche nach den Grundsätzen des Daseins charakterisieren ihr Werk. Etwa 80 Exponate - Zeichnungen, Bilder, Skulpturen und die ihr spezifischen Assemblagen - sind in Mendrisio vereint. Im Jahre 1996 wurde sie zum ersten Mal in einer großen Wanderausstellung dem amerikanischen Publikum vorgestellt.

134. Olga Oppenheimer-Worringer (1886-1941)

Malerin und Graphikerin, wurde als Tochter eines jüdischen Großkaufmanns in Köln geboren. Sie zeigte Zeichentalent und wurde von ihren Eltern an die Kunstakademie nach München geschickt, wo sie einige Jahre verbrachte, um 1909 ihr Studium an der Académie Ranson bei Paul Sérusier in Paris fortzusetzen. 1910 richtete sie in dem von ihrem Vater Max Oppenheimer erbauten Kölner Gereonshaus ihr Atelier sowie eine Mal- und Zeichenschule ein. Ihr Atelier wurde damals zum Treffpunkt des Kölner Gereonsklub und zu einem wichtigen Diskussionszentrum für moderne Kunst in Deutschland.

1910/13 war Olga mit Figurenbildern und Stilleben, Gemälden und Holzschnitten auf avantgardistischen Ausstellungen in Köln und Bonn vertreten; 1913 beteiligte sie sich an der Armory Show in New York, Boston und Chicago. Schon 1909 war sie gemeinsam mit Franz M. Jansen Gründungsmitglied des Kölner Künstlerbundes, und 1911 trat sie der abgespaltenen Kölner Sezession bei. Die Freundschaft mit August Macke verhalf ihr zur Präsentation ihrer Werke unter den Rheinischen Expressionisten im Bonner Kunstsalon Cohen. Im Jahre 1913 heiratete sie den Kölner Gastronomen Adolf B. Worringer, mit dem sie zwei Söhne hatte.

Neben ihrer eigenen Maltätigkeit förderte Olga Oppenheimer auch junge Talente und organisierte gemeinsam mit August Macke u.a. von 1910/13 Ausstellungen des avantgardistischen Gereonklub. In diesem Rahmen entstanden die ersten Ausstellungen mit Paul Klee, Robert Delaunay, des Blauen Reiters von Franz Marc u.a. im Rheinland. Von ihren Werken haben sich nur fünf Arbeiten in Privatbesitz erhalten, die aus der Zeit 1907/16 stammen.

Im Jahre 1916 erkrankte Olga Oppenheimer an einer schweren psychischen Krankheit, die sie zur Aufgabe ihrer künstlerischen und sonstigen Tätigkeiten zwang. Sie wurde 1918/41 in der Heilanstalt Waldbreitbach bei Neuwied untergebracht. Im Rahmen des berüchtigten 'Euthanasieprogramms' der Nationalsozialisten wurde sie 1941 von dort aus nach Lublin deportiert und ermordet. Die Rehabilitierung der vergessenen Künstlerin erfolgte 1979, als die erwähnten fünf aufgefundenen Arbeiten in der Ausstellung 'Die Rheinischen Expressionisten' in Bonn, Krefeld und Wuppertal den ihnen gebührenden Platz einnahmen.

1980 wurden sie auch im Rahmen der Ausstellung 'Max Ernst in Köln' gezeigt. Diese Arbeiten zeugen von der stilistischen Verwandtschaft zur Münchener Sezession, zum Umkreis der 'Jugend' sowie zu Adolf Hölzel und den Malern von Pont-Aven/Bretagne, einer Gruppe, der auch Paul Gauguin, Paul Sérusier, Emile Bernard u.a. angehörten. Die zeitgenössische Kritik sieht die Bedeutung der Künstlerin besonders als Promotorin und Ausstellungs-Veranstalterin junger Künstler vor dem Ersten Weltkrieg.

135. Hannah Orloff (1888-1968)

Bildhauerin, wurde in Konstantinowka/Südukraine geboren. Im Jahre 1905 wanderte ihre Familie infolge der damaligen Pogrome nach Palästina aus. Im Jahre 1910 fuhr sie nach Paris, wo sie an der Ecole des Arts Décoratifs Bildhauerei, Zeichnen und Kupferstich studierte. Gleichzeitig besuchte sie auch Bildhauerei-Kurse an der Académie Russe in Montparnasse. Sie gesellte sich zur jüdischen Gruppe der Pariser Schule und war mit Amadeo Modigliani, Jules Pascin und Chaim Soutine befreundet.

Im Jahre 1916 heiratete sie den Dichter Ary Justman und schuf die Illustrationen zu seinem Buch 'Réfléctions Poétiques'. In den alljährlichen Ausstellungen des Salon d'Automne und der Tuilerien war sie mit ihren Werken vertreten. Nach nur zweijähriger Ehe starb ihr Mann, und sie blieb mit einem einjährigen Sohn allein. In den frühen zwanziger Jahren verdiente sie ihren Lebensunterhalt als gesuchte Porträtistin der Pariser Haute-Volée.

1922 hielt sie ihre erste persönliche Ausstellung in der Galerie Povolozky. 1923 und 1925 unternahm sie Reisen nach Palästina. 1926 erwarb sie die französische Staatsbürgerschaft und bald darauf wurde sie für ihr Werk mit dem Titel 'Ritter der Ehrenlegion' ausgezeichnet. Sie blieb bis 1942 in Paris, als sie - von Freunden vor der ihr bevorstehenden Verhaftung gewarnt - mit ihrem Sohn nach Lyon flüchtete. Dort lernte sie den Maler George Kars kennen, den sie heiratete und mit dem es ihr gelang, in die Schweiz zu entkommen. Dort erfuhr Kars jedoch, daß seine Familie in Deutschland ermordet worden war und beging aus Verzweiflung Selbstmord.

Im Jahre 1945 kehrte Hannah Orloff nach Paris zurück, wo sie ihr Atelier geplündert fand, die meisten ihrer Skulpturen waren gestohlen. Ende der vierziger Jahre fuhr sie neuerlich nach Israel, um einige öffentliche Aufträge auszuführen. Sie starb 1968 während eines Besuches in Israel, wo anläßlich ihres 80. Geburtstags eine Retrospektive ihrer Werke veranstaltet worden war.

Hannah Orloffs erste Skulpturen (1919-1925) zeigen den Einfluß ihrer kubistischen Freunde, z.B. die Büste von M. Volgel 1922, während die nach 1930 entstandenen Werke realistisch dem Sinne nach und expressiv in der Behandlung des Materials sind. Ihre Skulpturen erwecken den Anschein, als würde Marmor, Bronze oder Holz in ihren Händen geschmeidig werden, wobei sie durch Einfachheit und Zärtlichkeit des Ausdrucks charakterisiert bleiben, z.B. 'Mutter und Kind' (Kibbuz Ein Gev), 'Das kleine Mädchen Eva' (eine Holzstatuette), 'Der Akkordeonist - Porträt von Per Krong' 1924 (Galerie Valois Paris), 'Die Tänzer - Matrose und Liebste' (Museum of Arts Philadelphia), 'Der Seemann', 'Mann mit Pfeife' u.a.

Die Bronzebüste 'Porträt der Maria Lani' befindet sich im Art-Museum des Mount Holyoke College in den USA und sollte eine unbekannte deutsche Schauspielerin darstellen. Diese Büste hat eine interessante Vorgeschichte: Anfang des 20. Jahrhunderts erschienen in Paris zwei Film-Impresarios, die bei mehreren bekannten Künstlern Bilder und Büsten der Schauspielerin Maria Lani bestellten. Unter diesen befanden sich Pierre Bonnard, Georges Braque, Robert Delaunay, Fernand Léger, Henry Matisse, Amedée Ozenfant, Marc Chagall, Jules Pascin, Chaim Soutine, Hannah Orloff, Louis Marcoussis, Ossip Zadkine u.a. Die Galerie Bernheim-Jeune in Paris organisierte 1930 die Ausstellung der betreffenden Werke; doch stellte sich zur Verblüffung aller Beteiligten später heraus, daß der 'Star' gar keine Schauspielerin, sondern eine Stenotypistin aus Prag war und die beiden Impresarios in Wirklichkeit ihr

Mann und ihr Bruder waren, zwei Schwindler, die sich mit allen Kunstwerken in die Vereinigten Staaten abgesetzt hatten. Einige Werke wurden später gefunden, darunter der Bronzekopf von Hannah Orloff.

Im Jahre 1937 veranstaltete das Petit Palais in Paris eine umfassende Ausstellung unter dem Titel 'Les Maîtres de l'Art Indépendant (1895-1937)', wo neben den Malern Jules Pascin, Marc Chagall, Moíse Kisling und Pablo Picasso auch Hannah Orloff ihre Skulpturen ausstellte.

Einen bedeutenden Platz in ihrem Schaffen nahmen Tierskulpturen ein, z.B. Fische, Vögel oder phantastische Gebilde wie Meernixen. Ihre Werke befinden sich in Museen Israels, Europas und der USA sowie in der permanenten Ausstellung der Galerie Valois in Paris. Im Jahre 1991 waren in der Ausstellung 'Metropolis 1920' im Musée de l'Art Modèrne Montreal/Kanada auch Bronzestatuen von Hannah Orloff zu sehen, z.B. 'Femme à l'imperméable' und 'Mr. Monnier'.

136. Tia Peltz-Sararu

Zeichnerin, Graphikerin, Malerin, wurde 1923 in Bukarest als Tochter des bekannten jüdisch-rumänischen Schriftstellers Isak Peltz geboren. Von ihrem Vater erbte sie angeblich die scharfe Beobachtungsgabe und das warme Herz für die kleinen und größeren Probleme ihrer unmittelbaren Umgebung der jüdischen Bevölkerung von Bukarest.

In den dreißiger Jahren und während des Zweiten Weltkriegs erlitten die Familie Peltz und natürlich auch Tia spürbar die Folgen des immer stärker werdenden Antisemitismus, der einen Höhepunkt 1940/41 in der sog. 'Legionärs-Zeit' erreichte, als die rumänischen Juden der Schreckensherrschaft der 'Eisernen Garde' ausgeliefert waren *(vgl. M. Korber 1993; S. Palty 1995; K. Schächter 1996)*. Das Haus der Familie Peltz wurde enteignet, die Bücher ihres Vaters mit denen anderer freiheitlicher, demokratischer Literaten öffentlich auf Scheiterhaufen verbrannt. Tia konnte keine öffentliche Schule mehr besuchen und lernte Zeichnen und Malen in der privaten Kunstschule für begabte jüdische Jugendliche bei Professor Max Hermann Maxy. Schon zu jener Zeit arbeitete sie mit Begeisterung an spontan hingeworfenen Skizzen des Bukarester Straßenlebens.

Nach 1945 absolvierte sie die Akademie der Schönen Künste in Bukarest. Im kommunistischen Rumänien war eine neue Verfolgungswelle im Gange, und zwar gezielt gegen Nicht-Konformisten, die sich nicht in die Zwangsjacke der

Parteidiktatur zwingen lassen wollten, z.B. Isak Peltz. Er wurde verhaftet, verurteilt und erst nach 2 ½ Jahren befreit; während dieser Zeit hatte Tia Malverbot.

Anfang der fünfziger Jahre normalisierte sich das kulturelle Leben in Rumänien zusehends, und Tia Peltz wurde Gründungsmitglied des Verbandes bildender Künstler Rumäniens. Der Entfaltung ihres vielseitigen graphischen Talents stand nun nichts mehr im Wege.

In ihrer 40-jährigen Karriere hat Tia Peltz etwa 300 Bücher illustriert, jahrzehntelang für die Kunstspalte verschiedener Fachzeitschriften gezeichnet und etliche humoristisch-satirische Sammelbände herausgegeben, z.B. 'Rumänische Sprichwörter mit Kommentar', 'Miniaturen' oder 'Die Welt gehört den Kindern', ein Thema, das ihr besonders am Herzen liegt. Tia Peltz ist Trägerin einer Goldmedaille, Mitglied der Kunstakademie in Parma und in deren Lexikon der bildenden Künste verzeichnet. Sie ist auch im 'World's Who's Who of Women' des International Biographical Center in Cambridge erwähnt.

Ihre Schwarz-weiß-Kunst, besonders die zarten, wenn auch manchmal sehr scharfen Federzeichnungen, die mit wenigen Strichen die Essenz des Subjekts oder Objektes wiedergeben, haben sie weit über die Grenzen ihrer Heimat bekannt gemacht. Sie hielt 32 Einzelausstellungen in Museen und Galerien Rumäniens und Israels (1969, 1971). Für 1993 bereitete die Künstlerin eine Retrospektive ihres Werkes in Bukarest vor, das Porträts, Skizzen von Bukarester Straßen und Gebäuden enthält, die heute - dank dem Eifer der kommunistischen Machthaber - vom Erdboden verschwunden sind. Eine Auswahl dieser Stadtbilder unter dem Titel 'Mein sentimentales Bukarest' ist 1994 als Album erschienen. Die Kunstkritik in Rumänien wertet den Beitrag von Tia Peltz als Markstein im Kunstleben Bukarests.

Noch heute ist das Atelier voller Arbeiten; neue, originelle, spontane Federzeichnungen einer geübten Hand füllen Schubladen als Zeugnisse des Geschehens, als Dokumente einer miterlebten Zeit in der heutigen Welt. - Tia Peltz lebt und wirkt in Bukarest.

137. Beverly Pepper, geb. Stoll

Malerin und Bildhauerin, wurde 1924 in Brooklyn/New York als Tochter einer Familie des jüdischen Mittelstandes geboren. Sie studierte mit 17 Jahren am Pratt-Institute in New York Industrie-Design und Reklamezeichnen. In den

Jahren 1942/48 arbeitete sie als Art-Director für verschiedene Werbeagenturen.

Sie heiratete und hatte ein Kind, ohne jedoch ihre Fortbildung zu vernachlässigen, indem sie Abendkurse an der Art Students League in New York besuchte. Nach dem Scheitern ihrer Ehe fuhr sie 1948 nach Europa und arbeitete in Paris unter André Lhote und Férnand Léger. In zweiter Ehe heiratete sie den Journalisten und Schriftsteller Bill Pepper, mit dem sie weite Reisen durch Europa und den Fernen Osten unternahm. 1952 kam sie mit zwei kleinen Kindern nach Rom, wo sie eine Zeitlang wirkte. Eine Reise nach Kambodscha weckte ihr Interesse an Holzskulpturen, und um 1960 begann sie mit Begeisterung, Holzskulpturen und Figurinen zu schnitzen.

Sie stellte ihre Arbeiten gemeinsam mit David Smith und Alexander Calder in Spoleto, Umbrien/Italien aus. In den späten sechziger Jahren ging sie zu Arbeiten in Eisen und poliertem Stahl über, was sie berühmt machte. Ihre Ausdrucksform wurde immer abstraktionistischer, zuletzt arbeitete sie in rein geometrischen Formen, wobei ihre Figuren durch Dreiecke, Sphären usw. ihre Form finden. Sie zeigte ihre Arbeiten u.a. in der Albertina in Wien, im Metropolitan Museum New York, im Hirschhorn-Museum Washington, in Turin und anderen Städten Italiens. - Beverly Pepper lebt und wirkt in Todi/Umbrien.

138. Orovida Camille Pissaro (1893-1968)

Malerin, wurde in Epping, Essex/England als Tochter des Malers Lucien Pissaro und Enkelin des berühmten Malers Camille Pissaro geboren. Auch ihre Mutter Esther Ben-Sussan war in der bildenden Kunst als Designerin und Holzgraveurin tätig.

Ihr großes Zeichentalent befähigte Orovida, die besten Kunstschulen Englands zu besuchen, aber nachdem sie diese als langweilig und unzulänglich befunden hatte, zog sie es vor, von ihren Eltern im Zeichnen und Malen unterwiesen zu werden. Sie malte mit Vorliebe Stadtszenen, Marktbilder, Figuren und schloß sich der Londoner Malergruppe in der Fitzroystreet an, der ihr Vater angehörte. Im Jahre 1924 änderte sie ihre Manier und malte nun auf Leinen oder Seide, wobei sie diese Materialien nach einer japanischen Methode vorbehandelte. Später arbeitete sie auch in Tempera.

Sie hielt Einzelausstellungen in der Leicester Gallery London und vertrat nach 1920 England auf internationalen Ausstellungen und Biennalen in Venedig und Paris. Im Zeitraum von 1931/67 stellte Orovida ihre Arbeiten auch in der Royal Academy of Arts in London aus.

Auf graphischem Gebiet beschäftigte sie sich seit 1914 mit Kupferstichen, und für längere Zeit blieb dies ihre Lieblingstechnik. In den letzten Jahren ihres Lebens waren die wichtigsten Themen ihrer Werke wilde Tiere in freier Wildbahn, wie 'Migrating Horses' oder 'Tigers at the watering place'. Unter den Haustieren galt ihre große Liebe den Katzen. - Orovida Camille Pissaro starb 1968 in London.

139. Felicia (Felka) Platek (1899-1944)

Malerin, wurde in Warschau als Tochter von Leon und Salome Platek geboren. Schon als Kind war es Felicias sehnlichster Wunsch, Malerei zu studieren und das jüdische Viertel von Warschau zu verlassen. Anfang der zwanziger Jahre fuhr sie nach Berlin.

Aus dem erst in den späten sechziger Jahren der Öffentlichkeit zugänglichen Tagebuch des Malers Felix Nussbaum und gemäß den Aussagen Dr. Fritz Steinfelds, einem in Israel lebenden Freund des Künstlerpaares, hatte Felicia ihren Lebenspartner und späteren Ehemann 1928 an der Berliner Akademie im Atelier von Professor Hans Meid kennengelernt. 1929 eröffneten Felicia Platek und Felix Nussbaum ihr gemeinsames Studio in Berlin, wo sie ihre Bilder ausstellten und verkauften, um ihren Lebensunterhalt und ihre Studien zu bestreiten.

1932 erhielt Felix Nussbaum ein Staatsstipendium für die deutsche Kunstakademie in Rom, die Villa Massimo. Im selben Jahr steckten Nazis ihr Berliner Atelier in Brand, wobei ca. 150 Bilder vernichtet wurden. Nach der Machtübernahme durch die Nazis 1933 wurde das Stipendium annulliert, beide waren mittellos und gezwungen, ihre Bilder zu verkaufen und ein Wanderleben zu führen.

Sie versuchten, sich in Rapallo niederzulassen, aber ohne Erfolg, mußten Italien verlassen und pendelten zwischen Paris, Brüssel und Ostende. 1934 kamen die Eltern Felix Nussbaums, die ihren Urlaub in der Schweiz verbrachten, zu Besuch nach Rapallo. Sie verstanden sich nicht mit Felicia und waren mit der Partnerwahl ihres Sohnes nicht zufrieden, fuhren zu ihrem Unglück nach Deutschland zurück, um ihre Geschäfte zu liquidieren und sind seither verschollen.

1937 heiratete Felicia, die ihre Bilder oft mit 'Felka' signierte, den um fünf Jahre jüngeren Felix. 1940 erfolgte die deutsche Besetzung Belgiens, und Felix Nussbaum wurde als ehemaliger deutscher Staatsbürger in einem Lager interniert. Es gelang ihm zu fliehen und gemeinsam mit Felka im Untergrund ein Versteck zu finden, wo sie von ihrer Kunst zu leben versuchten. 1944 wurden sie entdeckt, von der Gestapo verhaftet, nach Auschwitz verschickt, wo sie im selben Jahr vergast wurden.

Felicia Platek lebte wie viele andere Künstlerinnen im Schatten ihres Mannes, den sie überaus liebte und verehrte, wobei ihre Liebe einen mütterlichen Anstrich hatte und als eifersüchtig galt. Es ist nicht zu bestreiten, daß durch die schweren Lebensbedingungen, die dauernde Unsicherheit und Angst vor Verfolgung, ihre menschliche und künstlerische Persönlichkeit zerstört wurde.

Viele ihrer Bilder wurden bei der ersten Verhaftung Felix Nussbaums 1940 von Nachbarn gefunden und gerettet. Die meisten erhaltenen Werke Felicia Plateks befinden sich im Museum für Kulturgeschichte in Osnabrück, dem Geburtsort Felix Nussbaums, und in Privatsammlungen. Sie war eine hervorragende Porträtistin, wie etliche Werke bezeugen, z.B. 'Porträt einer jungen Frau' 1927 (Gouache auf Papier), 'Porträt einer modernen Frau', 'Porträt von Frau Etienne' 1940 (Öl auf Leinwand), 'Selbstbildnis vor offenem Fenster' 1940 (Gouache auf Papier). Sie schuf 1932/33 viele Landschaftsbilder, Meer- und Hafenbilder in Italien, so 'Der Strand von Alassio' mit winkendem Felix im Bild oder Stadtbilder aus Paris wie 'Ausblick aus der Rue Archimède in Paris im Winter' 1940 (Gouache auf Papier).

Sie malte auch Stilleben, z.B. 'Stilleben mit Schnecke' u.a. Die Malerei war eine Zuflucht für sie, die einzige Ablenkung in ihrem gehetzten Flüchtlingsleben in dauernder Angst. In ihren glücklichen Jahren bis zum Ausbruch des Krieges malte Felicia Platek realistisch-optimistische Bilder in hellen Farben, doch in den Jahren des Elends wirken alle ihre Werke, auch wenn sie thematisch atypisch sind, dunkel, traurig und verkrampft.

Im Frühjahr 1997 organisierte das Israel-Museum Jerusalem eine retrospektive Ausstellung der Werke Felix Nussbaums mit einigen Bildern von Felka Platek. Ihr Werk bezeugt das große Talent dieser unglücklichen Frau, die mit 45 Jahren in Auschwitz ermordet wurde. Ihr Leben steht für das Leid und die Vernichtung unzähliger jüdischer Künstler und Künstlerinnen im Holocaust.

140. Riza Probst-Kreid (?-1982)

Malerin, Anfang der zwanziger Jahre in Craiova/Rumänien geboren. Sie studierte Malerei an der Akademie der Schönen Künste in Bukarest und nahm bereits als 17-jährige an Gruppenausstellungen teil. Später wirkte sie als freischaffende Künstlerin und hielt Einzelausstellungen in Bukarest, in Brasov (Kronstadt) und im Jahre 1939 in der Galerie Jaques Paris. In den Jahren 1945/50 lehrte sie Zeichnen und Malerei sowie Design an rumänischen Hochschulen und führte als Regierungsaufträge viele Designarbeiten aus. Sie veröffentlichte auch mehrere Studien über bildende Kunst.

1950 emigrierte Riza Probst-Kreid nach Israel, ließ sich in der landwirtschaftlichen Siedlung (Moschav) Hayogev in der Nähe von Afula nieder und wurde bald in den Israelischen Künstlerverband aufgenommen. Sie zeichnete für die Kunstrubrik der in Israel in rumänischer Sprache erscheinenden Tageszeitung 'Viata noastra' ('Unser Leben').

Die Themen ihrer Bilder sind Szenen aus dem Landleben, Porträts von Bauern mit einer von südlicher Sonne gegerbten Haut sowie Landschaften Israels mit viel Licht und Sonne, oft blendend weiß. Ihre Techniken sind Öl, Pastell, Aquarell und Zeichnung. - Die Künstlerin starb 1982.

141. Pnina Rakotch

Malerin, wurde 1948 in einem kleinen Städtchen in Polen geboren. Ihre Eltern waren Überlebende des Holocaust, die Mutter wurde aus einem Lager befreit, der Vater war versteckt. Die Eltern wanderten 1950 nach Israel aus, als Pnina zwei Jahre alt war.

Nach Abschluß der Schule und nach Beendigung ihres zweijährigen Militärdienstes begann sie ihr Studium bei den Malern B. Eisenwasser und J. Grossbard. Im Jahre 1978 besuchte sie einen Kurs für Zeichenlehrer an der Kunstschule Ohel Sara, 1986 wurde sie Mitglied des Israelischen Verbandes der Maler und Bildhauer.

1973/92 nahm sie an jährlichen Gruppenausstellungen in verschiedenen Städten Israels teil, ebenso 1990 an der International Miniprint Exposition in Barcelona. Sie verzeichnete Einzelausstellungen in mehreren Galerien Israels, z.B. 1992 im Kunsthaus 'Marc Chagall' in Haifa.

Ihre bevorzugten Techniken sind Aquarell und mixed media, sie hat aber auch Arbeiten in Miniprint, Kupferstich und Malerei auf Seide vorzuweisen. Große Aufmerksamkeit widmete Pnina dem Zeichnen, das sie manchmal geschickt mit Collagen verbindet und zu figurativen Kompositionen vereint. Ihre Monotypes, die zu ihren besten Arbeiten gehören, sind entweder in schwarzweiß oder in Sandfarbe mit olivgrünem Hauch. Ihre Themen sind Blumen in Vasen oder Landschaften Israels, z.B. die Steinwüste des Negev, wo sie die typische Sandfarbe erfaßt.

Die Einzelausstellung im Chagall-Haus Haifa 1992 markiert einen Wendepunkt in ihrem Schaffen: Die Arbeiten der letzten drei Jahre vor der Ausstellung enthalten rein abstrakte Themen, die weniger verstanden als vielmehr erfühlt werden müssen. Sie sind in Öl auf Papier oder Aquarell ausgeführt, z.B. 'Schlafende Füchse', 'Mein Studio', 'Dorf Tabor', 'Mädchen', 'Ein Sommertag', 'Am Hauseingang' u.a.

142. Alma Redlinger

Malerin und Graphikerin, wurde 1924 in Bukarest geboren. Da sie früh Zeichentalent zeigte, erhielt sie privaten Zeichenunterricht. Als sie das Lyzeum beendet hatte, brach der Zweite Weltkrieg aus, und sie wurde als Jüdin auf keiner staatlichen Hochschule zugelassen. Daher studierte sie an der sog. 'Freien Kunstakademie', die von Professor Max Hermann Maxy, selbst von der Akademie der Schönen Künste relegiert, für jüdische Studenten in Bukarest gegründet worden war.

Im Jahre 1946 stellte sie bereits ihre Bilder im Rahmen des offiziellen Ausstellungssalons für Malerei und Graphik in Bukarest aus. 1951 wurde sie Mitglied des Verbandes rumänischer bildender Künstler. Seit 1954 war sie in allen offiziellen Salons vertreten, ab 1969 nahm sie an Ausstellungen für dekorative Kunst teil. Einzelausstellungen ihrer Bilder hielt Alma Redlinger seit 1956/83 in Bukarest fast alle zwei bis drei Jahre, außerdem beteiligte sie sich an Gruppenausstellungen rumänischer Maler im Ausland, z.B. in Moskau, Minsk, Helsinki, Leipzig, Athen, Berlin, Wien, Barcelona u.a.

Sie unternahm Studienreisen in die UdSSR, Tschechoslowakei, nach Bulgarien, Italien, Frankreich und Polen. Durch ihre in internationalen Ausstellungen gezeigten Werke, z.B. bei 'Intergraphik' 1965, 'Vietnam in dieser Stunde' in Berlin 1968, auf der Internationalen Biennale 'Sport in der Kunst' in Madrid

1971/73 und 'L'éstampe contemporaine à la Bibliothèque Nationale' in Paris wurde sie über die Grenzen ihres Landes bekannt.

Ihre Werke befinden sich in Museen und öffentlichen Sammlungen in vielen Städten Rumäniens bzw. in Frankreich, Italien, Israel, Deutschland, den USA, Kanada u.a. Im Jahre 1945 erhielt sie den 'Simu'-Preis für junge Künstler, im Jahre 1946 den Preis des Ministeriums für Kunst. Sie ist Mitglied der Academia Italia delle Arti e del Lavoro (1980) und erhielt 1981 eine Goldmedaille sowie 1985 den 'Oscar d'Italia'.

Die Künstlerin ist mit Ladislaus Redlinger, ehemaliger Professor für Philosophie, verheiratet und Mutter zweier Töchter, beide Architektinnen. Sie malt Landschaften, Stilleben mit Blumen, Genrebilder wie 'Weberinnen mit Webstuhl'. Alle ihre Arbeiten sind durch ihre linearen Formen charakterisiert, oft expressionistisch anmutend. Ihre farbenfrohe Palette verleiht ihren Bildern und Graphiken die Wirklichkeit des Lebens.

Alma Redlinger versteht so zu malen, daß ihre Bilder nicht nur ein auf die Leinwand gebanntes Abbild der Realität sind, sondern eine zusätzliche Dimension erhalten, jene ihrer eigenen Gefühls- und Gedankenwelt. Im Juli 1994 wurden in einer der Lobbies des Nationaltheaters Bukarest Ölgemälde, Aquarelle und Zeichnungen der Künstlerin ausgestellt. - Die Künstlerin lebt und wirkt in Bukarest.

143. Anita Ree (1885-1934)

Malerin, wurde in Hamburg geboren, studierte ab 1905 Malerei in Paris, dann in Positano/Italien. Nach Beendigung ihres Studiums eröffnete sie ihr eigenes Atelier in der Nähe von Weimar. Sie malte Porträts von Persönlichkeiten ihrer Zeit, ebenso ein Tryptichon für den Altar der Nikolauskirche in Hamburg, dessen Mittelteil im Zweiten Weltkrieg durch Bomben zerstört wurde.

Max Liebermann entdeckte ihr großes Talent und sagte ihr eine ruhmreiche Zukunft voraus. Ihr weltfremdes, verträumtes Wesen ging ganz in ihrer Kunst auf und war weit von der Härte der Wirklichkeit entfernt. - Sie veranstaltete Ausstellungen ihrer Bilder in Hamburg und Lübeck. Als die Nazis eine ihrer Wandmalereien mutwillig zerstörten, beging sie Selbstmord.

Im Jahre 1967 organisierte der Hamburger Künstlerverband ihr zu Ehren eine posthume Ausstellung. Einige ihrer Werke befinden sich im Jüdischen Museum Berlin, andere in der Kunsthalle Hamburg, z.B. 'Selbstbildnis', 'Lesender Chinese', 'Teresina', 'Positano'; in Lübeck befindet sich das 'Haus mit kahlem Raum'. Ein Teil ihrer Bilder ist auch im Israel-Museum Jerusalem zu finden. - Sie schuf Ölbilder, Aquarelle und Zeichnungen, von denen sich der größte Teil in Hamburg bzw. Lübeck befindet. In ihren Werken ist der starke Einfluß der bekannten Malerin Paula Modersohn-Becker deutlich erkennbar.

144. Shay Rieger

Bildhauerin, wurde in den vierziger Jahren in New York geboren. Sie studierte Malerei und Bildhauerei an der Art Students League New York. Ihre Skulpturen stellen verschiedene Subjekte dar, doch berühmt wurde sie hauptsächlich durch ihre hervorragenden Tierskulpturen, die sie nach von ihr 'live' angefertigten Skizzen in zoologischen Gärten modellierte.

Sie arbeitet in Sandstein, Alabaster, Marmor, Granit, selten in Holz und Bronze. Die naturgetreue Wiedergabe der verschiedensten Tiere - Wale, Pinguine, Frösche, Fische oder Säugetiere - in charakteristischer Bewegung und perfekter Form haben der Künstlerin Erfolg gesichert, besonders bei ihrem Kinderpublikum. Dieses dankte ihr bei einer ihrer Ausstellungen durch eine große Anzahl persönlicher Briefe.

Ihre Skulpturen sind in mehreren Galerien, im Naturhistorischen Museum New York, im Brooklyner Zoo und Aquarium sowie in verschiedenen Parkanlagen und zoologischen Gärten der USA zu finden. Im Jahre 1970 veröffentlichte sie die Bücher 'The Stone Menagerie' und 'The Bronze Zoo' mit Abbildungen ihrer Werke in Stein und Bronze.

145. Eileen Rogoff

Malerin, wurde 1942 in Vereeniging/Südafrika geboren, studierte 1959/61 am Pädagogischen College Johannesburg, 1962/63 am Witwatersrand Technical College und erhielt 1963 Abschlußzeugnisse als Elementar- und Juniorenschullehrerin. Sie arbeitete zehn Jahre mit Cees Rietbrock und drei Jahre mit Sidney Goldblatt. 1962/70 lehrte sie an den King-David-Schulen in Linksfield/Johannesburg und eröffnete 1980 ihre eigene Zeichen- und Malschule in Johannesburg.

Eileen Rogoff ist besonders bekannt durch ihre Bilder von alten Gebäuden, z.B. jene von Johannesburg oder vom Malay-Viertel in Kapstadt. Sie malt mit

Vorliebe Landschaften, aber auch Porträts, Stilleben, Figuren; sie arbeitet in Öl auf Leinwand, Aquarell, Tusche, Bleistift und Kohle.

Die Künstlerin erhielt öffentliche Aufträge, nämlich 1984 für das Porträt der 'Frau des Jahres' (Johannesburg) und 1985 vom Ausschuß für die Jahrhundertfeier Johannesburgs eine Bestellung für mehrere Stadtbilder.

Seit 1980 verzeichnete sie drei Einzelausstellungen, die dritte in der Schweiz; darüber hinaus nahm sie an etlichen Gruppenausstellungen teil, u.a. 1983 in Südafrika und New York. Ihre Werke befinden sich im Afrikanischen Museum und im Die-Ou-Kaaphuis-Museum, beide in Johannesburg. - Die Künstlerin lebt in Südafrika.

146. Anna Rosenblatt

Malerin und Designerin, wurde 1953 in Czernivtsi (Czernowitz, damals UdSSR, heute Ukraine) geboren. Die Eltern entdeckten ihr Zeichentalent und schickten sie in eine Kunstschule vor Ort; zur weiteren Ausbildung besuchte sie 1970/74 eine Kunstgewerbeschule in Wischnitz und erwarb ein Diplom für dekorative Kunst und Design. Bereits als Schülerin hatte sie einige Ausstellungen ihrer Zeichnungen und Bilder veranstaltet, Preise erhalten und verdiente später ihren Lebensunterhalt als Textildesignerin.

Im Jahre 1978 wanderte sie nach Israel aus, wo sie in den Jahren 1979/83 in Haifa am Design-College von May Gloomsfield studierte und ein Diplom als Graphik-Designer erwarb.

Anna Rosenblatt arbeitet in Kohle, Pastell, Aquarell und Öl. Die Themen ihrer Bilder sind die Natur, Blumen, Stilleben sowie Porträts. Ihr Schaffen verwirklicht sich in realistischen, manchmal idealisierten Aquarellen und Zeichnungen von Städtebildern, uralten Ruinen aus ihrer Umgebung und in satten Ölbildern von der Blumenpracht des Landes. Für ihre Porträts nimmt sie meist Menschen aus Kibbuzim und Fabriken.

Sie beteiligte sich an mehreren Gruppenausstellungen in Israel, so in der Cardo-Galerie Jerusalem und in Galerien von Tel-Aviv-Jaffo. In den Jahren 1980/92 hatte sie in verschiedenen Städten Israels auch Einzelausstellungen ihrer Werke. Ihre erste Ausstellung im Ausland hielt sie 1988 in Gilching/ München im Rahmen einer deutsch-israelischen Freundschaftswoche. Hier hatten ihre eigenwilligen Aquarelle mit Stilleben und israelischen Städteansichten besonderen Erfolg. - Anna Rosenblatt lebt und wirkt in Netanya/Israel.

147. Eva Rosenholz (russ. Rosengolz)-Levin (1898-1970)

Malerin, wurde in einer kinderreichen jüdischen Familie in Witebsk/Beloruß (Weißrußland) geboren. Sie hatte das Zeichentalent von ihrer Mutter geerbt, welche an der Kunstgewerbeschule vor Ort Zeichnen lehrte. Eva beendete 1915 das Alexejev-Gymnasium in Witebsk und lernte gleichzeitig Zeichnen an der von Kasimir Malevich geleiteten Kunstschule.

Nach Ausbruch des Ersten Weltkriegs arbeitete sie als Krankenschwester an der Front. Drei ihrer Brüder fielen im Bürgerkrieg 1917/18 in den Reihen der Roten Armee. 1918 inskribierte sich Eva Rosenholz für Zahnmedizin an der Universität Tomsk, und zwar auf Anraten ihrer Verwandten, die sie von einem einträglichen Beruf überzeugen wollten. Doch die innere Berufung zur Malerei war stärker, und 1920 war sie Studentin der Moskauer Akademie der Künste, wo sie Malerei bei Robert Falk und Bildhauerei bei Stepan Erzya (1876-1959) studierte. Noch während ihrer Studienzeit stellte sie 1922 in Witebsk einige Bilder aus, darunter einen Frauenakt. 1925 entstand ihr eindrucksvollstes Bild 'Alte Juden'.

Sie beendete 1925 ihr Akademiestudium mit Auszeichnung und erhielt damit das Recht auf ein Stipendium, das ihr eine Auslandsreise ermöglichte. 1926 ging sie nach London, wo sie das Schaffen der großen Meister in den Museen studierte. Sie kopierte einige, malte aber noch mehr originelle Bilder und stellte mehrere Werke in der Tate Gallery London aus.

Nach ihrer Rückkehr in die Sowjetunion wurde sie an der ersten staatlichen Textildruckerei zum Professor für Design ernannt, arbeitete aber auch für die Textilfabrik von Dorogomylovskaja. 1934/36 wirkte sie als beratende Designerin im Volkskommissariat für Leichtindustrie und veröffentlichte Artikel über „Wege der modernen Kunst" und über „Theater der nächsten Zukunft".

Im Ministerium für Kunst, wo sie eine hohe Stellung einnahm, lernte sie ihren späteren Mann, den Maler Levin kennen. Im Jahre 1949 wurde Eva Rosengolz-Levin mit 51 Jahren Opfer der stalinistischen 'Säuberung' und als Jüdin aller ihrer Ämter enthoben. Wie viele andere jüdische Intellektuelle wurde sie zwangsweise nach Zentralasien verschickt - ohne Familie, ohne Anklage, ohne Gerichtsverfahren, gezwungen, in einer Kollektivwirtschaft schwere physische Arbeit zu leisten und litt unsäglich unter seelischer Einsamkeit.

In den Jahren 1950/70 und bis zu ihrem Tode malte sie in ihrer karg bemessenen Freizeit Landschaftsbilder ihrer Umgebung, arbeitende Menschen, aber alles grau in grau - die Landschaften, wie die Menschen. Um ihren Gedanken Ausdruck zu verleihen, schrieb sie auch traurige Gedichte, da eine Korrespondenz unmöglich war. Ihre besten Werke aus dieser Zeit sind Charakterköpfe leidender Menschen und Landschaften der Öde und des Exils.

Aus den früheren Schaffensperioden der Künstlerin sind zu erwähnen: 'Frauenakt' 1922, 'Alte Juden' 1925, 'Marusya' 1929, 'Schornsteine' 1930; letzteres zeigt eine verrauchte Industriestadt, deren Anblick Angst auslöst; das Bild ist in Pastell ausgeführt; ebenso 'Der Moskaufluß im Zwielicht', inspiriert von William Turner.

Die russische Kunstkritikerin Elena Murina schrieb über Eva Rosengolz-Levin: „Sie erlitt viele Tode, doch ist sie geistig immer wieder auferstanden durch ihre Kunst." (M.V. Yablonskaya in: 'Women Artists of Russia's New Age' 1900-1935, New York 1990) Sowohl die Werke der Künstlerin aus der ersten Schaffensperiode als auch die aus dem Exil und der nicht überwundenen Verzweiflung wegen des ihr widerfahrenen Unrechts zeugen von großem Talent und schöpferischer Arbeitskraft. So weit erhalten, befinden sich ihre Werke in Museen Rußlands und Kasachstans. - 1970 starb Eva Rosengolz-Levin im Exil von Kasachstan.

148. Rena Roth-Bekin

Malerin und Graphikerin, wurde 1934 in Berezani/Polen geboren. Sie überlebte den Holocaust anfangs im Ghetto, später in Wäldern versteckt. Als Teenager wurde sie 'displaced person', und als solche durchwanderte sie mehrere Auffanglager in Österreich, Italien und Zypern, bis sie endlich 1947 im damaligen Palästina ankam. Sie wurde ins Jugenddorf Ben Schemen geschickt, wo sie die Landessprache erlernte und die Schule besuchte.

Nach Beendigung ihres Militärdienstes 1953 studierte sie am Oranim-Seminar für Kunstlehrer in Israel bei Marcel Ianco, Michael Gross und Claire Yaniv Zeichnen und Malen und vervollständigte ihre Kenntnisse bei Sima Slonim und Arie Navon. Sie studierte auch Gravur an der Universität Haifa und besuchte Kurse im Künstlerdorf Ein Hod, wo sie die Kunst des Kupferstichs im Atelier Arie Kollmanns erlernte. Anschließend arbeitete sie als Kunstlehrerin in der Nord-Region des Landes.

Rena Roth-Bekin hielt mehrere Einzelausstellungen in Galerien Israels und stellte ihre Arbeiten bei einer Kollektivausstellung israelischer Künstler 1985 in Sao Paulo/Brasilien aus sowie 1987 in der Monopolio-Galerie Sao Paulo. 1988 nahm sie an der Miniprint-Ausstellung in Barcelona teil.

Ihre Techniken sind Öl auf Leinwand, Zeichnung, Seidendruck, Miniprint, Collagen wie auch originelle Techniken, z.B. Seidensiebdruck mit Pandastift überzogen. - Ihre oft allegorischen Themen zeugen von ihrer tiefen Bindung zum Judentum und zeigen die Wurzeln ihres Schaffens in der im Schtetl verbrachten Jugend.

149. Susan Rothenberg

Malerin, wurde 1945 in Buffalo/USA geboren. Sie besuchte die Cornell University/N.Y., wo sie 1966 den B.A. erwarb. 1967 studierte sie an der George Washington University Bildhauerei und setzte ihr Studium an der Corcoran Museum School in Washington, D.C. fort. 1969 ließ sie sich in New York nieder. Sie hat eine Tochter, die sie allein erzog.

1976/77 erhielt sie das CAPS-Stipendium und 1980 das Guggenheim-Stipendium für Malerei. 1975/81 hatte sie Einzelausstellungen in New York, hauptsächlich in der Willard Gallery, außerdem im University Art Museum in Berkeley/Kalifornien, in Minneapolis, St. Louis sowie im Akron Art Museum/Ohio, ebenso in London, in der Kunsthalle Basel, in Frankfurt und Dänemark. Sie nahm an vielen Gruppenausstellungen teil, stellte in verschiedenen Galerien New Yorks aus, so 1977 im Museum of Modern Art, 1980 auf der Biennale in Venedig, anschließend auch in Paris.

Ihre Bilder befinden sich im Museum of Modern Art New York, im Whitney Museum New York, im Akron Art Museum Ohio, im Museum of Fine Arts Houston/Texas u.a.

Ihre charakteristischen Themen in den Jahren 1973/79 sind monochrome Pferdebilder, vermengt mit geometrischen Gebilden auf dickpastiger Grundfläche und Hintergrund, gespickt mit weißen Pinselstrichen; es entsteht eine fette, dichte Fläche, die von kraftvoller Energie zeugt. Gleich den prähistorischen Höhlenzeichnungen von Stieren fängt Susan Rothenberg in ihren Bildern eher die Quintessenz ihrer kraftvollen Pferde ein als eine genaue, naturalistische Darstellung ihrer Formen.

Ihre Technik wechselt zwischen Öl auf Leinwand und Acrylic. Während ihre Werke im allgemeinen von Emotionen durchzogen sind, vermeidet sie klare Ausdrucksweise und zieht das Impasto vor, so daß ihre Bilder zwischen pur abstrakter Malerei und althergebrachter traditioneller Malerei einzureihen sind. 1985 schuf sie vier Bilder nach dem großen holländischen Abstraktionisten

Pieter Mondrian, in denen (z.B. im 'A golden Moment') ihre persönliche Emotion mit dem Subjekt zu einer Einheit verschmilzt.

Im Jahre 1980 brachte die Albright-Knox Art Gallery in Buffalo/New York, eine große retrospektive Ausstellung der Gemälde und Zeichnungen der Künstlerin, die auch im Hirshhorn Museum Washington, D.C. gezeigt wurde. In den Jahren 1981/94 stellte die Künstlerin in verschiedenen Museen und Galerien der USA aus, z.B. im Art Institute Chicago; im Milwaukee Art Museum/Wisconsin, im Butler Institute of American Art Youngstouwn/Ohio, im Walker Art Center Minneapolis/Minnesota, im Seattle Art Museum, in der Gallery Graff Montreal/Kanada, in der Gerald Peters Gallery Dallas/Texas, u.v.a.

150. Helène Rozenberg (1908-1975)

Naive Malerin, wurde in Belhatov/Polen geboren und starb in Paris. Sie lebte viele Jahre in Paris und in Frankreich versteckt die Besatzung und den Zweiten Weltkrieg überlebt. Sie war über 50 Jahre alt, als sie Malerei erlernte, um in paradiesischen Visionen ihre Gefühle, ihre Erlebnisse und Leiden einzuhüllen, beschienen von einem überirdischen Licht. Ihre Farbenpalette ist zart, abgetönt, wie in einer verzauberten Welt. Sie verzeichnete folgende Ausstellungen: 1964 'Les Primitifs Modèrnes' in der Galerie Charpentier Paris, 1968 Galerie Lauriston Paris und 1969 Lugano.

151. Pitah Rubin (1923-1975)

Malerin, wurde in Czernowitz (Bukowina, damals Rumänien, heute Ukraine) als Tochter eines jiddischen Schriftstellers geboren. Nach Beendigung der Mittelschule studierte sie an der Akademie der Schönen Künste in Bukarest Malerei sowie Kunstgeschichte an der dortigen Universität. Sie stellte ihre Bilder in verschiedenen Galerien Bukarests aus, hauptsächlich Landschaften, aber auch Kompositionen, in welchen sie immer mehr von der offiziellen Linie des 'Sozialistischen Realismus' abwich und in die abstrakte Malerei hinüberglitt.

Diese schlichte 'Rebellion' gegen die vom Staat vorgeschriebene Dogmatik kam ihr teuer zu stehen. Im Jahre 1965 wurde ihre Einzelausstellung in Bukarest nach drei Tagen vom rumänischen Sicherheitsdienst 'Securitate' geschlossen. Dies kam einem Arbeitsverbot gleich, und nach zwei schweren Jahren, in denen sie um ihren Lebensunterhalt kämpfen mußte, gelang es ihr im Jahre 1967, nach Israel auszuwandern.

Hier wurde sie recht bald anerkannt, viele ihrer Bilder wurden von Museen und Privatsammlern erworben. Sie unterrichtete am Avni-Institut für bildende Kunst in Tel Aviv Zeichnen, hatte ihr eigenes Studio und wurde Mitglied des Israelischen Verbandes bildender Künstler. Sie hielt mehrere Einzelausstellungen in verschiedenen Städten Israels. - Ihr früher Tod setzte ihrem arbeitsreichen und erfolgreichen Leben ein jähes Ende.

152. Gretty Rubinstein, geb. Rotman

Malerin und Graphikerin, wurde 1947 als Gretty Rotman in Piatra-Neamt/ Rumänien geboren. Nach ihrem Abitur besuchte sie die Akademie der Schönen Künste 'Nicolae Grigorescu' in Bukarest; nach Abschluß der Akademie veranstaltete sie in Rumänien einige Einzelausstellungen ihrer Figurinen und Bilder und nahm an mehreren Gruppenausstellungen junger Künstler in Bukarest bzw. im Ausland teil, z.B. in Amsterdam, Paris, Kopenhagen, Helsinki, London und New Delhi. Dabei erhielt sie einige Preise und Auszeichnungen, einige von der UNESCO.

Im Jahre 1964 wanderte sie nach Israel aus und vervollständigte ihre Studien an der Bezalel-Akademie in Jerusalem. Ihre Abschlußarbeit ist ein Album von Radierungen mit biblischen Motiven, wofür sie einen Preis erhielt. 1971 wurde sie Mitglied des Israelischen Künstlerverbandes, und 1976 erschien in Tel Aviv das Album 'Gretta', worin hundert ihrer Werke wiedergegeben sind. Außer ihren Ausstellungen in Israel 1970/78 stellte sie Bilder und Radierungen auch in Rom, Paris, Antwerpen und Basel aus. Sie nahm an Gruppenausstellungen in Zürich, New York, Omaha/USA, Philadelphia und 1972 bei der Graphik-Ausstellung in Florenz teil.

Die von ihr benutzten Techniken sind Zeichnung, Radierung, Öl auf Leinwand, Mischtechnik, Acrylic und Kohle. Die israelische Kunstkritikerin Miriam Tal stuft Gretty Rubinstein bezüglich der Farben, der Darstellungen und der Subjekte als Renaissance-Malerin ein, obwohl sie Expressionistin ist.

Die vielen Porträts ihrer Eltern und verschiedener Persönlichkeiten, z.B. 'Celibidache' oder 'Jevtuschenko' (fast 100 x 100 cm groß) oder ihre Selbstporträts zeugen von ihrem großen psychologischen Talent. Ihre Werke mit politischer Substanz wie 'Let my People go' und 'Prague 68' sowie 'The seales room night' (Während des Golfkrieges) oder ihre Straßenszenen, Tanzabende bzw. 'Performance' (Triptichon) könnte man mit den Werken der amerikanischen Malerinnen Therese Bernstein und Florine Stettheimer vergleichen, obwohl Gretty einer anderen Generation angehört.

In den Jahren 1979/92 beteiligte sich die Künstlerin an mehreren Gruppenausstellungen in Israel und im Ausland, z.B. Israel Artists Helsinki/Finnland, Art Fair Kolliseum New York, Bronfman Museum Montreal/Kanada, Linden Gallery 'Aspects of Art' Melbourne/Australien. Sie hielt Einzelausstellungen in der Magnussen Gallery Kopenhagen/Dänemark, Ugarit Gallery Beverly Hills/Kalifornien, Gallery of World Art Boston; Lieman Galerie Heidelberg, Panta Galerie Heidelberg, Boundary Gallery London. 1992 wurde in der Marjorie und Herman Platt Gallery der University of Judaism in Los Angeles eine große Ausstellung vieler Werke der Künstlerin veranstaltet. Anläßlich des 50. Geburtstags der Künstlerin wurde im Juni 1997 eine große retrospektive Ausstellung im Künstlerhaus Jerusalem eröffnet. - Gretty Rubinstein ist verheiratet, hat einen Sohn und lebt in Jerusalem.

153. Charlotte Salomon

Malerin, wurde 1917 als Tochter des Chirurgen Dr. Albert Salomon in Berlin geboren, war in ihrer Kindheit ein scheues, schwer erziehbares Kind, mürrisch, in sich gekehrt und langsam im Sprechen. All diese Symptome waren möglicherweise auf den im Jahre 1926 erfolgten Selbstmord ihrer Mutter zurückzuführen. Der Vater heiratete in zweiter Ehe eine ehemalige Opernsängerin, die Kantorstochter Paula Lindberg.

Als 1933 die Nazis an die Macht kamen, wurde es Dr. Salomon verboten, an der Berliner Universität weiter Vorlesungen zu halten, und seine Frau erhielt Gesangsverbot. Nur durch Zufall oder ein Mißverständnis wurde Charlotte 1935 an der Akademie der Schönen Künste aufgenommen, obwohl bereits ein Zulassungsverbot für Juden bestand. In jenen Jahren lernte Charlotte Alfred Wolfsohn kennen, den Musiklehrer ihrer Stiefmutter, Mystiker und Visionär, der einen tiefen Eindruck auf das junge Mädchen machte und in den sie sich heimlich verliebte. Wolfsohn hatte u.a. die Idee, daß man durch Übung und Selbsterziehung die Stimme formen und zu ungeahnten Leistungen verpflichten könne.

1938 wurde Dr. Salomon von der Gestapo verhaftet und im Konzentrationslager Sachsenhausen interniert, das er nach längerer Zeit als gebrochener

Mann verließ. Die Familie beschloß nun, Charlotte nach Villefranche-sur-Mer zu ihren Großeltern mütterlicherseits zu schicken, die auf einer Farm arbeiteten, welche einer Amerikanerin gehörte. Kurz nach ihrer Ankunft in Vichy-Frankreich beging die Großmutter Selbstmord, und Charlotte erfuhr von ihrem Großvater, daß mehrere Mitglieder der Familie ihrer Mutter Selbstmord begangen hatten, was ein schwerer Schock für das junge Mädchen war.

Dazu kamen die äußeren Umstände der deutschen Besatzung Frankreichs sowie die Gefahr, verhaftet und verschleppt zu werden. Als deutsche Staatsangehörige war sie besonders gefährdet und nur die sofortige Flucht hätte sie retten können. Aber sie fühlte sich verpflichtet, ihren kranken Großvater zu pflegen, und so blieb ihr nur die Wahl zwischen Selbstmord oder dem Warten auf die Deportation in ein Vernichtungslager. Hier machte sich nun der dunkle, mystische Einfluß Wolfsohns bemerkbar, durch dessen Lehren sie vom Selbstmord absah und die Kraft aufbrachte, das Weiterleben zu wählen.

Innerlich war sie davon überzeugt, daß sie der Deportation nicht würde entgehen können und warf sich mit ungeheurer Energie auf ihr künstlerisches Schaffen, um die ihr noch verbleibende Zeit richtig zu nutzen. In den Jahren 1940/42 malte Charlotte 1300 Bilder bzw. Zeichnungen in Kohle, Pastell oder Gouache und beschrieb auf diesen Bildern in kalligraphischer Schrift Etappen ihres Lebens, eine Art Autobiographie bzw. Selbstanalyse. Ihre Lebensgeschichte, bildlich und im Text, ist voll bitterer Ironie, aber auch voll innerer Stärke, Glaube und Liebe. Hinter dem im Text vorkommenden Amadeus Daberlohn versteckt sie ihre einzige große Liebe - Alfred Wolfsohn. Charlottes Lebensgeschichte steht für unzählige ihrer Schicksals- und Leidensgenossinnen.

Am Ende teilte sie ihr Werk in Akte und Szenen ein und benannte es: 'Leben? Oder Theater? Ein Singspiel (Musical)'. Die Handlung läuft zwischen 1913 und 1940 ab, zum größten Teil in Deutschland, am Ende in Nizza. In böser Vorahnung übergab sie das umfassende Werk einem Freund, dem Dorfarzt Dr. Moridis mit den Worten: „Willst du gut darauf aufpassen? Es ist mein ganzes Leben!"

Im Jahre 1942 starb ihr Großvater in Nizza und Charlotte kehrte nach Villefranche zurück. Alexander Nagler, ein gebürtiger Österreicher, beaufsichtigte die Kinder auf der Farm; sie kamen sich näher und heirateten 1943. Beide wurden am 21. September 1943 nach Auschwitz deportiert und ermordet. Ihre Eltern, die vor den Nazis nach Holland geflüchtet und untergetaucht waren, überlebten den Krieg und kamen nach Frankreich, um zu retten, was von Charlottes Bildern übrig geblieben war. Dr. Moridis hatte inzwischen das Manuskript des Singspiels der Farmbesitzerin Ottilie Moore übergeben, da er sie als amerikanische Staatsbürgerin für sicherer hielt als sich selbst. Mrs. Moore übergab Charlottes Werk ihren Eltern, die es 1971 dem Jüdischen Historischen Museum Amsterdam zum Geschenk machten. Seither sind die Bilder in mehreren Ausgaben erschienen und in einer Wanderausstellung dem internationalen Publikum zugänglich gemacht worden.

Alfred Wolfsohn, Charlottes große Liebe, konnte nach England entkommen, wo er nach seinen Theorien Gesangsunterricht erteilte. Er starb 1962. Einer seiner Schüler, ein südafrikanischer Jude namens Roy Hart, Schauspieler von Beruf, bildete ein Ensemble von Schauspielern und Tänzern, das spätere 'Roy Hart Theater' in Südfrankreich, das sich zu einem der besten Avantgarde-Theater Europas entwickelte. Roy Hart kannte die Geschichte und das Werk Charlotte Salomons. Eine Schauspielerin des 'Jerusalemer Studios', Penelope Kreitzer, arbeitete ein Jahr lang im Roy Hart Theater in Südfrankreich und stellte eine künstlerische Verbindung zwischen den beiden Bühnen her.

Der Direktor des Jerusalemer Studios, Mark Rittenberg, brachte aus Europa ein Exemplar des Werkes von Charlotte Salomon mit und erwirkte 1982 von Charlottes Stiefmutter, Professor Paula Salomon-Lindberg, das Uraufführungsrecht für Charlottes 'Musical'. Die Premiere fand im Rahmen des Staatlichen Israel-Festivals 1984 in Jerusalem statt. In einer anderen Bearbeitung wurde das Singspiel auch im Radcliffe College der Harvard University/USA aufgeführt. Dank der Bemühungen ihrer überlebenden Familie, ihres posthumen Freundes Roy Hart, Mark Rittenbergs und seines Ensembles in Jerusalem, ist das Lebenswerk Charlotte Salomons vierzig Jahre nach ihrem Tod zum Leben erweckt worden und erfreut sich der uneingeschränkten Bewunderung des Publikums.

154. Eva Samuel

Bildhauerin, Keramikerin, wurde 1904 in Essen geboren. Sie studierte 1921/23 Kunstgewerbe an der Folkwang-Schule in ihrer Heimatstadt, arbeitete dann im Atelier von Uphoff im Künstlerdorf Worpswede, später im Essener Studio Margarethen-Höhe in Keramik und setzte ihre Keramikstudien in Stuttgart fort. Sie war vor dem Krieg in der bekannten Hamelner Töpferei tätig; in Stuttgart hatte sie in einer Kunstgewerbeschule u.a. Keramikchemie studiert.

1932 wanderte Eva Samuel nach Palästina aus, wo sie weiter in Keramik arbeitete. 1934 gründete sie gemeinsam mit Paula Aharonson die erste Keramikfabrik in Rischon Le-Zion in Israel. Sie schuf Figurinen, Keramikreliefs auf Wänden u.a. Ihre Reliefs schmücken viele öffentliche Gebäude in Städten Israels, z.B. in Rechovot, Rischon Le-Zion u.a. Als Malerin schuf sie auch beachtenswerte Werke in Öl, Aquarell, Holzmalerei, Radierungen und Zeichnungen. Das plastische Talent Eva Samuels fand seine Ausdrucksform in ganz verschiedenen bildenden Künsten, je nach Subjekt ihres Schaffens; am liebsten jedoch arbeitete sie in Keramik.

Sie war Mitglied des Israelischen Künstlerverbandes und Gründungsmitglied der Keramikkünstler Israels. In den Jahren 1932/76 hielt sie viele Einzelausstellungen in Israel und nahm auch an Gruppenausstellungen im Ausland teil, z.B. 1925 im Folkwang-Museum Essen, bei internationalen Keramikausstellungen in Paris, Faenza, Mailand, Brüssel und New York sowie im Rahmen der Ausstellung israelischer Künstler im Museum der Stadt München. 1946 erhielt sie den ersten Preis für Kunstgewerbe der Bezalel-Kunstakademie Jerusalem, 1949 den ersten und zweiten Preis bei Keramikausstellungen, 1952 den WIZO-Preis für jüdische Künstlerinnen.

155. Liana Saxone-Horodi

Malerin, wurde 1940 in Rumänien geboren. Ihr Vater, ein bekannter Rechtsanwalt in Bukarest und militanter Zionist, wurde unter dem kommunistischen Regime Rumäniens verhaftet und für einige Jahre in den rumänischen 'Gulag' der Provinz Dobrudscha zum Kanalbau (Donau-Schwarzmeer) verbannt. Sie lernte Zeichnen und Malen bei Professor Riza Propst-Kreid sowie bei dem bekannten rumänischen Maler Rudolf Schweizer-Cumpana in Bukarest.

Im Jahre 1964 wanderte sie mit ihrer Familie nach Israel aus. Hier besuchte sie das Avni-Institut für bildende Künste in Tel Aviv und arbeitete zur Vervollkommnung ihrer Kenntnisse im Atelier des Malers Yehuda Yatziv in Haifa. Liana Saxone ist mit Ing. Horodi verheiratet und Mutter zweier Söhne.

Die von ihr benutzten Techniken sind Öl auf Leinwand, Aquarell, Holzmalerei und Brandmalerei (Pyrogravur), also Einbrennen dekorativer Motive mit Farben in Holz mittels eines glühenden Stiftes. Die Themen ihrer Bilder sind vielfältig: Landschaften in Großformat, Porträts, Stilleben, Stadtbilder, aber auch zarte Aquarellskizzen, die sie von ihren ausgedehnten Reisen mitbrachte. Ihr Stil ist im allgemeinen realistisch, neigt aber in den in letzter Zeit ausgestellten Bildern eher zum abstrakten Ausdruck symbolischer Gebilde und zu einer eher ornamentalistischen Malerei, die archaische Motive mit Pyrogravur auf Holz zu einem Ganzen glücklich vereint.

Liana Saxone-Horodi ist Mitglied des israelischen Verbandes bildender Künstler und hatte in den Jahren 1966/70 mehrere Einzelausstellungen in Tel Aviv und Haifa, auch nahm sie an zahlreichen Gruppenausstellungen in israelischen Städten teil, z.B. Tel Aviv, Haifa, Beer Schewa sowie in Moskau, London u.a. Ihre Einzelausstellung im Chagall-Haus Haifa vom Februar 1993 zeigte die oben erwähnte neue Richtung ihres Schaffens, während ihre Einzelausstellung im November 1995 eine andere Seite offenbarte: Stadtbilder aus Haifa und anderes unter dem Titel 'Ein Spaziergang durch Wadi Nisnas'.

156. Hanna Schächter

Malerin und Keramikerin, wurde 1903 in Rumänien geboren, studierte Philosophie und Kunstgeschichte an der Universität von Czernowitz (Bukowina, heute Ukraine). 1933 wanderte sie nach Palästina aus und studierte Malerei am Avni-Institut in Tel Aviv bei den israelischen Malern Yaakov Wexler, Jeheskel Streichman und Okochi. Später studierte sie Keramikskulptur bei Luzzati im Künstlerdorf Ein Hod bei Haifa und bei Gileadi in Ramat Gan/Israel.

Ihre aus der biblischen Geschichte inspirierten Werke wie die Keramikfigurinen 'König Saul' und 'Samuel' sowie ihr Gemälde 'Isaak und Abimelech' wurden vom Bibelmuseum Israels angekauft. - Sie lebte und wirkte in Tel Aviv, wo sie ein Atelier besaß und in den Jahren 1966/73 mehrere Einzelausstellungen ihrer Bilder und Keramikfigurinen veranstaltete.

157. Sara Schächter

Malerin, wurde 1910 in Falticeni/Rumänien als jüngste Tochter einer religiösen Familie geboren. Nach Beendigung der Mittelschule in ihrer Heimatstadt studierte sie an der Universität Czernowitz (heute Ukraine) Psychologie und Pädagogik und erhielt ein Diplom in Psychologie. Ihr Zeichentalent brachte es mit sich, daß sie den ursprünglichen Widerstand ihrer Familie überwand und dank der Hilfe ihrer Eltern Malerei an den Kunstakademien in Wien, Mailand und schließlich in Paris studieren konnte.

1940 kehrte sie nach Czernowitz zurück und lebte bei einer dort verheirateten Schwester. Im selben Jahr wurde die Nordbukowina mit Czernowitz von der Sowjetunion annektiert. Sara Schächter wurde in den Verband russischer bildender Künstler aufgenommen. Doch im Juni 1941 überfiel die deutsche Wehrmacht die Sowjetunion, und die verbündeten deutsch-rumänischen Truppen eroberten Czernowitz. Damit begann eine Zeit des Grauens für die Juden in Czernowitz. Im Oktober 1941 wurde Sara mit ihrer Familie in ein Ghetto verbracht, sie entging jedoch der Deportation in die Konzentrationslager Transnistriens und blieb in Czernowitz unter deutscher Besatzung bis 1944. Wie alle Juden mußte sie den gelben Stern tragen und hatte Berufsverbot *(vgl. M. Korber 1993; S. Palty 1995; K. Schächter 1996).*

1945 gelang es ihr, nach Palästina auszuwandern, und damit eröffneten sich ihr endlich Möglichkeiten künstlerischer und familiärer Erfüllung. 1948 wurde sie Mitglied des Israelischen Künstlerverbandes und war Mitbegründerin des Künstlerdorfes Ein Hod, wo sie einige Jahre in ihrem Atelier wirkte. Sie heiratete und hat eine Tochter, die das Talent ihrer Mutter erbte.

Sara Schächters Themen sind hauptsächlich Porträts, in denen sie nicht nur die äußeren Züge des Modells wiedergibt, sondern auch die Seele, z.B. im Porträt Golda Meirs. Sie malte überdies Blumenstilleben in bunten, hellen Farben, Frauenakte und Kompositionen.

Sie verzeichnete vor dem Zweiten Weltkrieg Einzelausstellungen in Rumänien, Wien, Mailand, London, Abidjan/Elfenbeinküste und Israel. Außerdem nahm sie an verschiedenen Gruppenausstellungen des israelischen Künstlerverbandes teil. Eine Retrospektive ihres Schaffens im Museum von Ramat Gan/ Israel, die im Januar 1991 während der irakischen Raketenangriffe eröffnet wurde, mußte wegen des Golfkriegs verschoben werden.

Sara Schächter arbeitete in Kohle, Pastell, Aquarell und Öl auf Leinwand. Ihre besten Werke sind ihre Porträts bekannter und weniger bekannter Zeitgenossen. Einige ihrer Bilder befinden sich in israelischen Museen, viele in Privatsammlungen.

Anfang November 1992 fand im Ausstellungssaal des Israelischen Künstlerverbandes in Tel Aviv eine von der Malerin veranstaltete Ausstellung ihrer jüngsten Arbeiten statt. Es waren außer einigen älteren Porträts bekannter israelischer Persönlichkeiten hauptsächlich Aquarelle typischer Landschaften Israels in lebhafter, realistischer Darstellung zu sehen: Galiläa, die Berge Judäas, die Wüste des Negev. Interessant war auch ein Porträt in Aquarell, einer selten für Porträts benutzten Technik. - Die Künstlerin lebt bei ihrer Tochter in Kfar Haruzim.

158. Malvina Schalková (1882-1944)

Malerin, wurde in Prag geboren und erhielt ihre künstlerische Ausbildung in Mittelschulen für bildende Künste in Prag und Vrchlabí (Hohenelbe). Danach studierte sie Kunstgeschichte an der Universität Wien und war bis zum Anschluß Österreichs an Hitler-Deutschland im März 1938 in Wien als Malerin tätig, dann flüchtete sie zu ihrem Bruder nach Prag.

Von dort wurde sie im Februar 1942 zusammen mit ihrem Bruder nach Theresienstadt deportiert, gerade als sie eine Retrospektive ihres Werkes zur Ausstellung in Prag vorbereitet hatte. Die fast 60-jährige Künstlerin nahm ihre Malutensilien mit ins Lager und arbeitete dort in der Sonderwerkstatt. Ihre ausgereiften Zeichnungen und Aquarelle aus Theresienstadt, die zwischen Holzwänden versteckt erhalten geblieben sind, zeigen Szenen aus dem Leben der arbeitenden Frauen und spiegeln wahrheitsgetreu die Wirklichkeit des Lagers wider, wobei ihre Palette feine Farbvariationen und Lichtmodellierungen hervorzaubert.

Am 18. Mai 1944 wurde Malvina Schalková nach Auschwitz deportiert und im September ermordet. Ihre Bilder befinden sich im Jüdischen Museum Prag, in Yad Vashém Jerusalem, im Ghetto-Museum Theresienstadt und im Haus der Ghettokämpfer Kfar Masaryk/Israel.

159. Luise Schatz, geb. McKlur

Malerin, wurde Anfang des Jahrhunderts in Vancouver/Kanada geboren, studierte an der Universität von Kalifornien Design und erwarb dort ihren M.A. In den Jahren 1945/48 arbeitete sie an Drucken und Modellen für Textilien als Mitglied der Gruppe 'Die Sieben aus Kalifornien'. 1951 heiratete sie den Maler Bezalel Schatz und wanderte mit ihm nach Israel aus.

Hier gründete sie das Atelier 'Yad' (Hand) für Kunstgewerbe und kreierte Metallobjekte, zumeist aus Kupfer, die 1954 auf der Triennale von Mailand die Silbermedaille erhielten. Sie schuf große Wandmalereien auf den Schiffen 'Schalom' und 'Theodor Herzl' der israelischen Schiffahrtsgesellschaft 'Zim', überdies dekorierte sie das El-Al-Büro in London.

Ihre großflächigen Arbeiten sind in mehreren öffentlichen Gebäuden Israels zu sehen, z.B. in der Bibliothek 'Haus des Volkes' in Jerusalem, eine Keramikwand im Krankenhaus von Tirat-Hakarmel in Haifa u.a. Ihre Bilder befinden sich in Museen und Privatsammlungen Israels, etwa im Museum der Stadt Tel Aviv, im Museum für moderne Kunst in Haifa, im Israel-Museum zu Jerusalem, aber auch in Privatsammlungen in den USA, der Schweiz, in Frankreich und Italien.

Sie hielt 1953/73 Einzelausstellungen in Israel und nahm an den Biennalen in Venedig wie Sao Paulo/Brasilien teil und beteiligte sich an vielen Gruppenausstellungen israelischer Künstler sowohl mit Bildern als auch mit Kunstgewerbeobjekten: 1957 in Athen bei 'Moderne israelische Kunst', 1958 im Art Council London, 1959 im Kunstmuseum in Bern, in Oslo, Stockholm, Helsinki, 1960 im Musée de l'Art Modèrne in Paris, 1969 in Bukarest, 1973 im Rahmen einer Kollektivausstellung israelischer Künstler in Zürich.

Luise Schatz gewann mehrere Preise in Israel, z.B. 1973 den Preis für Malerei der Stadt Jerusalem und 1970 die Silbermedaille bei der Triennale von Mailand. Ihre Techniken sind Aquarell und Collage; außerdem kreierte sie kunstgewerblichen Schmuck und Dekorgegenstände. Ihre zarten Wasserfarben verwendet sie für abstrakte Kompositionen, die oft an Paul Klee erinnern, aber ihre persönliche Note haben. - Die Künstlerin lebt in einem Seniorenheim in Jerusalem.

160. Melitta Schiffer (1900-1988)

Malerin, wurde in Triest geboren, das damals zu Österreich gehörte. Noch als Kind übersiedelte sie mit ihren Eltern nach Weimar, wo sie nach Beendigung der Mittelschule an der dortigen Kunstakademie studierte und später im Atelier des abstrakten Malers Milden arbeitete. Sie hielt ihre erste Einzelausstellung im Jahre 1935 im Jüdischen Museum von Berlin.

Es gelang ihr 1937, Deutschland gerade noch rechtzeitig zu verlassen und nach Palästina auszuwandern. Hier nahm sie aktiven Anteil am Kunstleben der jüdischen Siedlungsgemeinschaft. Sie zeigte ihre Arbeiten sowohl in Einzelausstellungen als auch in Gruppenausstellungen in den wenigen Galerien und Museen des entstehenden Staates. Im Jahre 1951 unternahm sie eine Studienreise nach Europa und stellte einige ihrer Werke im Israel-Klub Paris aus, wo sie großen Anklang fanden.

Melitta Schiffers Themen waren meist Landschaften, Straßenszenen, städtische Gebäude, Stilleben und Blumen. Ihre Bilder drücken Bewegung aus und haben Schwung, z.B. das Gemälde 'Strandpromenade', bei dem die Betrachter den Eindruck gewinnen können, als seien sie selber unter den Spaziergängern am Strand von Tel Aviv. Sie bevorzugt klassische Techniken wie Öl, Aquarell und Zeichnung. Ihre Bilder befinden sich in Kunstmuseen Israels, in Jerusalem, Tel Aviv und Haifa, aber auch in Privatsammlungen.

161. Ruth Schloss

Malerin, wurde 1922 in Nürnberg geboren, verließ 1937 mit ihren Eltern Deutschland und emigrierte ins damalige Palästina. Ihr Zeichentalent ermutigte sie zum weiteren Studium, sie besuchte und absolvierte 1941 die Bezalel-Kunstschule in Jerusalem und vervollkommnete sich in den Jahren 1949/51 in Paris.

Ihre erste Einzelausstellung hielt sie 1949 in Tel Aviv, seither hatte sie 18 Einzelausstellungen in verschiedenen Städten Israels, aber auch im Ausland: 1968 in Zürich, 1971 in Amsterdam und Mexiko-City, 1974 in Paris und Nürnberg, 1977 in New York, 1978 in Köln usw. Sie nahm an zahlreichen Gruppenausstellungen israelischer Künstler im In- und Ausland teil, z.B. in Boston, Philadelphia, New York, Moskau, Johannesburg, Montreal, Vichy und Paris. Ihre Werke befinden sich teils in Museen Israels und Privatsammlungen, teils im Puschkin-Museum Moskau, aber auch im Wichita-Museum/Kansas.

Die von Ruth Schloss benutzten Techniken sind Öl, Acryl, Radierung, Lithographie und Seidendruck. Drei Jahrzehnte hindurch war die Thematik ihrer Werke fast ausschließlich sozial-politischer Natur (besonders die Radierungen und Lithographien sowie Drucke auf Seidengewebe). Ihre Bilder aus jener Zeit scheinen eine geschickte Mischung von realer Dokumentation (Texte, Plakate, Fotos) und gefühlvoller Bilderfolge (Figuren von Flüchtlingen, verlassene Kinder, Stacheldraht, Häuserschutt). Im Gegensatz dazu behalten ihre einfachen Zeichnungen von robusten Landfrauen immer noch ihren Wert und ihre Anziehungskraft. In ihrer Darstellung menschlicher Gesichter versteht sie es, mit einigen sicheren Strichen Charakter und Stimmung zum Ausdruck zu bringen, ohne den Gesichtsausdruck näher auszuarbeiten.

Ruth Schloss wird dank der sozialen Motivierung ihrer Werke besonders in der erwähnten ersten Periode ihres Schaffens oft die israelische 'Käthe Kollwitz' genannt. - Sie lebt in Kfar Schmaryáhu/Israel.

162. Diana Schor

Malerin, wurde 1926 in Galatz an der Donau geboren, und war sowohl musikalisch als auch mit Zeichentalent begabt; noch während der Schulzeit in Galatz nahm sie Privatstunden in Zeichnen und entschloß sich, gleichzeitig Musik und bildende Kunst in Bukarest zu studieren. 1945/50 studierte sie an der Akademie der Schönen Künste und am Institut für bildende Kunst 'N. Grigorescu' im Atelier des bekannten Malers Camil Ressu, 1947/50 absolvierte sie ein Geigenstudium am Konservatorium 'Lira' in Bukarest bei Professor Renzo della Pergola.

In den Jahren 1968/70 arbeitete Diana Schor in Paris bei Marc Chagall und in den Ateliers von Man Ray und Sonia Delaunay. Ihre erste Einzelausstellung hielt sie 1952 in Bukarest, gefolgt von mehr als 25 Ausstellungen in Rumänien, Israel, Frankreich, Griechenland und USA. Sie beteiligte sich auch an zahlreichen Gruppenausstellungen in Rumänien, Frankreich, der Bundesrepublik, Italien, der Schweiz, Österreich, Ungarn, Schweden, der Türkei, Griechenland, Tunis, Syrien, der Tschechoslowakei, der UdSSR und den USA. 1953 erhielt sie beim Internationalen Jugendfestival in Bukarest den Jollio-Curie-Preis, außerdem 1962 Ehrendiplome bei der Internationalen Keramikausstellung in Faenza/Italien, 1974 bei der Quadriennale für dekorative Kunst in Erfurt, 1975 bei der Triennale für Tapisserie (Wandteppiche und Gobelins) in Lodz.

Im Jahre 1980 emigrierte sie aus Rumänien in die USA und ließ sich in San Francisco nieder. Ihre Werke befinden sich in Museen und Privatsammlungen in Rumänien, Frankreich, Belgien, der Schweiz, England, Italien, Israel und den USA. Diana Schor arbeitete in Öl und schuf hauptsächlich Tapisserien, die sie berühmt machten.

Ihr Werk bietet ein lyrisches Bild der Wirklichkeit, ohne figurativ zu sein. Ihre Ölbilder sind gewöhnlich Landschaften, z.B. die Vogelperspektive von 'San Diego', wo Licht und Bewegung sich zu einer Art 'musikalischen' Symphonie fügen. Das immer mitklingende musikalische Motiv findet man auch in ihren Tapisserien 'Bach' oder 'Die Musik'. Die plastische Interpretation des Konzerts für zwei Geigen von Bach zeigt das tiefe Empfinden der Künstlerin für Musik und ihre Originalität in der Übertragung der Musik in plastische Formen und Farben, wobei ihre Arbeitsmittel der Rhythmus, die Farben, das Licht und die Bewegung sind.

Die Tapisserie 'Das Weißglühen' mit dem Ausbruch einer weißen Strahlenmasse auf rotem Grund soll die exaltierten Akkorde der Blechinstrumente in den Opern Richard Wagners wiedergeben. Ihre Landschaften von Amalfi oder von San Francisco weisen dieselbe Frische der Farben, den lebendigen Rhythmus, den Überfluß des Lichtes auf, welcher den originellen Charakter ihres Werkes ausmacht.

163. Greta Schreyer

Malerin, wurde 1917 als Tochter des aus der Slowakei stammenden Goldschmieds und k. u. k. Hofjuweliers Siegmund Loebl und der aus Mähren stammenden Mutter in Wien geboren. Greta besuchte das Reform-Realgymnasium und die Gewerbeschule für Gold- und Silberschmiede, die sie mit der Gesellenprüfung abschloß. Sie nahm auch privat Zeichenunterricht und hatte die Absicht, die Kunstakademie zu besuchen, wozu es jedoch nicht kam.

Sie verlobte sich mit dem jungen Rechtsanwalt Oskar Schreyer und verließ gerade noch rechtzeitig Wien, knapp vor dem 'Anschluß' Österreichs an das Großdeutsche Reich. Sie landeten in Paris, wo Greta Broschen mit Blumenmustern entwarf, um damit ihren Lebensunterhalt zu verdienen.

Ihre Eltern kamen beide im Holocaust ums Leben, der Vater in Theresienstadt, die Mutter in Auschwitz.

1939 wurde New York die nächste Station der Schreyers. Greta fertigte Schmuck aus Pelz- und Lederabfällen und lernte gleichzeitig Malerei bei der ungarischen Malerin Anna Lezmai. Später wirkte sie als Graphikerin bei der Zeitschrift 'Vogue' und schrieb Artikel für 'Harper's Bazaar'. In den Jahren 1946 und 1948 wurden ihre beiden Kinder geboren.

Ihre erste Einzelausstellung hielt sie 1956 in der Crespi-Gallery. Es folgten weitere Ausstellungen, zuletzt 1987 in der Ingber-Gallery am West Broadway New York mit in Woodstok entstandenen Schwarz-weiß-Kompositionen. Im gleichen Jahr wurden einige ihrer Werke im Unteren Belvedere in Wien gezeigt. 1994 war im Anton-Hanak-Museum in Langenzersdorf bei Wien eine Retrospektive ihrer Werke zu sehen, betreut von der Österreichischen Galerie.

Nach ihrer Scheidung heiratete Greta 1969 ihren Cousin, den kommunistischen Nationalökonomen Eugen Loebl. Dieser war nach dem Krieg der erste Außenhandelsminister der Tschechoslowakei und wurde im Slansky-Prozeß zu lebenslänglichem Kerker verurteilt. Da er unschuldig war, wurde er 1960 vom neuen Regime aus der Haft entlassen, 1963 rehabilitiert und zum Direktor der Notenbank ernannt. Er hatte jedoch sein kommunistisches Credo in der langjährigen Haft verloren und ergriff 1968 mit seiner Familie die Gelegenheit zur Flucht nach Österreich und von dort in die USA, wo er 1987 starb.

Greta Schreyers Palette ist sehr breit, sie malt mit Vorliebe Landschaften aus ihrer Erinnerung an die als Kind in Mähren verbrachten Jahre, aber auch New Yorker Hinterhof-Ansichten im fahlen Mondlicht, Intérieurs und Stilleben. In den achtziger Jahren bevölkern Frauen mit Katzen ihre Bilder, die sich gemeinsam gegen das aufkommende Unheil zu wehren scheinen. In ihrem Zyklus 'Red Forest' der Jahre 1990/92 malte sie die herbstfarbigen Wälder Amerikas, in denen sich die Kronen der Bäume zu einer Kathedrale zusammenschließen, und die rote Farbe der Blumen und des Grases symbolisiert die Asche der Opfer des Holocaust. Ähnliche Motive findet man in ihren Schwarzweiß-Kompositionen, wobei durch variierte Szenen eine unterschiedliche Bildwirkung erzielt wird.

164. Ethel Schwabacher, geb. Kremer (1903-1984)

Malerin, wurde als Tochter einer wohlhabenden, gebildeten deutsch-jüdischen Familie in New York geboren. Ihre aus Deutschland eingewanderten Eltern hatten Kunstverständnis, so daß Ethel in ihren künstlerischen Interessen bestens unterstützt wurde. Mit 15 Jahren und während sie die Horace-Mann-School besuchte, nahm sie auch Kurse für Bildhauerei in der 'Art Students League'. 1920/21 studierte sie Bildhauerei an der National Academy of Design, und im Sommer 1923 arbeitete sie im Atelier der Bildhauerin Anna Hyatt Huntington.

Im Jahre 1928 fuhr Ethel Kremer nach Europa, wo sie sechs Jahre blieb und eine psychoanalytische Behandlung bei Helene Deutsch absolvierte. 1934 kehrte sie nach New York zurück und heiratete den Rechtsanwalt Wolf Schwabacher. Nach der Geburt ihrer beiden Kinder erneuerte sie die Freundschaft mit dem Maler Arshile Gorky, dessen Phantasie und leuchtende Farben sie nachhaltig beeinflußten. In den vierziger Jahren ging sie zur Malerei über, malte Landschaften in Cézanne-Manier, Blumen, Pfaue und Stiere.

Allmählich wurde ihre Palette reicher, der Einfluß Gorkys machte sich bemerkbar in der Verwendung natürlicher Formen und der Kombination mit Formfragmenten in solcher Freiheit, daß die Komposition nicht mehr repräsentativ wirkte. Beide Künstler bezeugten ein großes Interesse an Fruchtbarkeit, Natur und Unterbewußtsein.

1946 beging Gorky nach einer Krebsoperation Selbstmord, was Ethel Schwabacher tief erschütterte. Ein weiterer schwerer Schicksalsschlag, der plötzliche Tod ihres Mannes 1951, trieb sie zu einem Selbstmordversuch, den sie überlebte. Von 1952 bis 1980 war sie mit Dr. Marianne Kris in einem symbiotisch-therapeutischen Verhältnis verbunden.

1957 wurde ihre Monographie über das Werk Arshile Gorkys veröffentlicht. Bereits die Frauen-Serien von 1951 bezeugen eine deutliche Wende und Abkehr von Gorkys Einfluß. Mit fötusartigen Formen, eingebettet in Blumengehege aus warmen Farben, feierte die Künstlerin fröhlich die weibliche Fruchtbarkeit. Aber der Tod ihres Mannes (Ende 1951) veränderte ihr Werk in dramatischer Weise. Sie verzichtete nun auf satte Palette und zartes Pinselwerk, um in Schwarz-weiß und Blutrot mit schroffen, rauhen Pinselstrichen zu arbeiten, was eine starke Unruhe auf die Leinwand bringt. Ihre Bilder schreien vor Schmerz. Trotzdem setzt sie ihre Fruchtbarkeitsthemen fort, z.B. im Bild 'La joie de ma mère'. Die Bewegung für Bürgerrechte der sechziger Jahre brachte das menschliche Element in einer mythischen Vision in ihre Werke.

Ihre langjährige Kunsthändlerin Betty Parsons weigerte sich jedoch, ihre politisch gefärbten Werke auszustellen. Bis sie einen anderen Galeristen fand, arbeitete sie isoliert an lyrisch-epischen Gemälden, die auf biblischen oder griechischen Mythen beruhen, besonders auf einer neuen Interpretation der Sage von Orpheus und Euridike. Die Farben sind wieder leuchtend, der Pinselstrich leicht und frei, wobei große Farbenflächen als Hintergrund für die mythologischen Gestalten erstehen.

Auch die epischen Ereignisse ihres eigenen Lebens, in ihren Tagebüchern aufbewahrt, werden zu Themen ihrer Bilder. Durch Arthritis verkrüppelt, schuf Ethel Schwabacher um 1971 eine Reihe Pastell-Kleinformatporträts berühmter Künstler, mit denen sie sich verwandt fühlte und nannte diese Reihe 'Mein Parnassus'.

165. Chaya Schwartz

Malerin, wurde 1912 in Polen geboren und kam 1929 als 17-jährige mit der Jugend-Alija (Jugend-Immigration) ins damalige Palästina. Sie begann ihre Kunststudien am Bezalel-Kunstinstitut in Jerusalem und lernte privat bei Israel Paldi sowie im Atelier von Josef Zaritzki. 1934 fuhr sie zur Vervollkommnung ihres Studiums nach Paris und inskribierte sich an der Ecole des Beaux-Arts für Malerei, wo sie bei Grumer und Parais studierte. Sie blieb auch nach Beendigung ihres Studiums eine Zeitlang in Paris, um weitere Eindrücke und Strömungen der modernen Malerei kennenzulernen und ihre eigenen Bilder auszustellen.

Im Jahre 1951 zeigte sie Werke in der Galerie K. Brenner in Paris, 1953 in der Kensington Gallery London, 1962 in der Don-Quijote-Galerie in Rom, später in New York, 1958 nahm sie an der Biennale in Venedig teil. In den folgenden Jahren stellte sie oft in Israel aus, besonders in ihrem Studio der Künstlerstadt Safed, wo sie Gründungs-Mitglied der dortigen Künstlerkolonie war. Sie ist Mitglied des israelischen Künstlerverbandes. Für ihr Schaffen wurde sie in Israel 1944, 1949 und 1960 mit dem Dizengoff-Preis ausgezeichnet. 1985 veranstaltete sie eine Retrospektive ihres Werkes im Kunsthaus zu Jerusalem.

Ihre Bilder legen Zeugnis ab von der originellen Verarbeitung der verschiedenen Einflüsse, denen sie unterlag: Modernismus der Pariser Schule, israelischer Expressionismus, das religiöse Vaterhaus (der Vater war orthodoxer Rabbiner) und die religiöse Atmosphäre im Hause des Rabbi Kook, wo sie während ihrer Studien an der Bezalel-Akademie einige Zeit verbracht hatte.

Ihre Themen sind Landschaften, Figuren, Porträts, freie Kompositionen; neben modernen, realistischen Werken schuf sie Synagogenbilder mit religiösen Symbolen und Motiven. Im Jahre 1984 erschien im Keter-Verlag Jerusalem ein Buch über ihr Werk, worin sie der Dichter Nathan Zach als „Die Malerin des Blauen" bezeichnet (Einleitung zur Monographie), weil in ihrer Palette von blau-grün-grau und roten Farbtönen das Blaue dominiert. Ihre Techniken sind Öl, Aquarell, Acrylic, Pastell, Gouache und Collagen.

166. Rika (Rifka) Schwimmer

Malerin, wurde 1924 in Polen geboren und studierte nach dem Zweiten Weltkrieg Malerei an der Akademie der Schönen Künste in Krakau. Im Jahre 1950 beteiligte sie sich an einer Gruppenausstellung im Solkovski-Museum in Bielitz-Biala/Polen, 1955 stellte sie ihre Bilder im Kulturpalais von Krakau aus.

1957 emigrierte sie nach Israel, wurde Mitglied des Israelischen Verbandes bildender Künstler und eröffnete ein Studio in der Künstlerkolonie Safed.

Die Themen ihrer Werke sind Landschaften Israels, Porträts und Stilleben. Für ihre Arbeiten verwendet sie Ölfarben, Aquarell, aber auch Federzeichnung. 1957/78 veranstaltete sie mehrere Einzelausstellungen in Israel und nahm im Rahmen des Künstlerverbandes an Gruppenausstellungen im Ausland teil: 1967 in Paris, wo sie in den Verband der Malerinnen Frankreichs aufgenommen wurde, 1968 im Salon 84 in Paris, 1970 auf der Biennale moderner

Künstlerinnen in Vichy, außerdem erhielt sie eine Auszeichnung; 1975 empfängt sie eine weitere Auszeichnung in Biarritz.

Ihre Bilder befinden sich in Museen und Privatsammlungen in Israel, den USA, in England, Frankreich, der Schweiz und in Deutschland. Alljährlich nimmt sie mit neuen Arbeiten an der traditionellen Sommerausstellung der Künstlerkolonie in Safed teil. - Rika Schwimmer lebt in Tel Aviv.

167. Bella Sciaky

Malerin, wurde 1925 in Bulgarien geboren, absolvierte das Lycée Mont-Grand und die Académie de Paris. Dank der Intervention von Prinzessin Evdokia (der Schwester König Boris' von Bulgarien) gelang es ihr, 1943 nach Palästina auszuwandern. Das Auswandererschiff wurde jedoch von einem britischen Kontrollboot aufgebracht, die Flüchtlinge wurden in ein Lager auf Zypern geschafft, wo sie ein Jahr interniert blieben *(vgl. D. Guttmann 1997).*

Im Jahre 1945 eröffnete sie gemeinsam mit ihrer Schwester in Tel Aviv den Schönheitssalon 'Nina and Bella Sisters Beauty Saloon', um ihren Lebensunterhalt zu bestreiten.

Gleichzeitig malte sie Landschaften, Stilleben u.a., doch erst 1967 trat sie mit einer ersten Ausstellung an die Öffentlichkeit. 1972/83 folgten Einzelausstellungen in verschiedenen Galerien Israels, 1973 im Dillington House London, 1974 in der Lina Negri Galerie Rom, 1976 in der Galerie Romanet Paris, 1980 in der Levinson-Gallery Miami/USA. 1975/88 beteiligte sie sich an Gruppenausstellungen in verschiedenen Museen und Galerien Israels und 1987 in der Del Bello Gallery Toronto/Kanada. Ihre durch lebhafte Farben ausgezeichneten Bilder werden regelmäßig in der '13 ½ Gallery' Jaffa und in der Galerie 'Vision Nouvelle' Jerusalem ausgestellt.

168. Ivette Scziopek-Toma

Malerin, Graphikerin und Bildhauerin, wurde 1929 in Frankreich geboren und überlebte den Zweiten Weltkrieg in Verstecken und im Untergrund Frankreichs. 1943 war sie jüngstes Mitglied der surrealistischen 'Untergrundbewegung' und arbeitete an Fresken und Illustrationen zu Marquis de Sades Werken. 1943/49 war sie in einem Verlag und bei Ausstellungen der Galerie

Caiets des Arts in Paris tätig. 1943/47 studierte sie an der Académie de la Grande Chaumière und lernte privat bei Louis Fernando Malen und bei Pablo Picasso Zeichnen. 1947/49 malte sie Bühnenbilder für künstlerische und folkloristische Filme unter der Regie von Jean Cartagnière. Zur selben Zeit veröffentlichte sie zwei Lyrikbände in französischer Sprache.

Nach ihrer Einwanderung in Israel Anfang der fünfziger Jahre machte sie Illustrationen und Buchumschläge für den Verlag des israelischen Bialik-Instituts. In hebräischer Sprache schrieb sie Erzählungen für Kinder und Aufsätze über Kunst.

In den Jahren 1955/73 veranstaltete sie Einzelausstellungen ihrer Arbeiten in allen größeren Städten Israels. Sie beteiligte sich an vielen Gruppenausstellungen in Israel, Frankreich (Paris, Marseille, Vichy, Monaco) und an der Biennale 1971 in Tokio. Im Jahre 1962 erhielt sie den Jerusalem-Preis, 1963 die 'Medaille Saint Pierre' in Marseille und einen Preis für einen Buchumschlag in Edinburgh, 1965 und 1967 Medaillen in Vichy und Monaco. Anfang der neunziger Jahre wurden ihre Radierungen auf der Biennale von Grabovo/Bulgarien sowie in der Galerie Nora Debell und der Galerie Sherover Theater Jerusalem gezeigt. Sie arbeitet mit Öl, Aquarell, Graphik und Skulptur (Fresken). - Ivette Scziopek-Toma lebt in Jerusalem.

169. Gela Sekstein (1907-1941)

Malerin, in Warschau geboren, absolvierte die Akademie der Schönen Künste in ihrer Heimatstadt, veranstaltete Einzelausstellungen in Warschau und lehrte während des ersten Kriegsjahres Zeichnen, Malen und Kunstgeschichte an der Ghetto-Schule von Warschau. Ihre Aquarelle und ihr Tagebuch hatte Gela kurz vor der Liquidierung des Ghettos vergraben, sie wurden nach dem Krieg unter den Ruinen gefunden. Die letzten Zeilen in ihrem Tagebuch lauten: „Adieu, meine teuren Freunde und Kollegen, adieu jüdisches Volk! Lasset nie wieder solch eine Katastrophe zu!“ Gela Sekstein starb im September 1941, gemeinsam mit ihrer zweijährigen Tochter den deutschen Gastod. Einige Bilder von ihr befinden sich im Museum der Ghettokämpfer des Kibbuz Kfar Masaryk nördlich von Haifa.

170. Miriam Shapiro

Malerin, wurde 1923 in Toronto/Kanada geboren; ihre Eltern waren aus Osteuropa stammende jüdische Immigranten, der Vater arbeitete als Industriedesigner. Nach Beendigung der Mittelschule studierte sie am Hunter College und erwarb 1950 den M.A. in Kunstgeschichte an der University of Iowa. Noch während ihrer Studienzeit heiratete sie 1949 den Maler Paul Brach und brachte 1955 ihr einziges Kind zur Welt. 1970 übersiedelte die Familie nach Kalifornien, wo Miriam der Malerin Judy Chicago begegnete, was zu einer fruchtbaren Partnerschaft führte.

In der ersten Dekade ihres Schaffens 1950/60 können ihre Bilder dem abstrakten Expressionismus zugeordnet werden. Obwohl viele ihrer Werke in den Jahren 1960/61 als begrenzende Strukturen die Symbole des Eises und des Hauses beinhalten, gelingt es der Künstlerin 1965, alle persönlichen Metaphern in ihren Abstraktionen auszulöschen. Der Wendepunkt ihrer Entwicklung erscheint in ihrem Wandgemälde von 1968, genannt 'Big OX 1'. Das Bild wird beherrscht von einem orangefarbigen großen Sechseck, dessen Öffnung in einem modellierten Rosa eingefaßt ist. Vier orangefarbige Arme strecken sich zu den Ecken der Komposition und bilden das 'X' zum 'O' des Sechsecks, daher der Titel. Trotz des harten, eckigen Stils deutet die Kolorierung sowie das Bildwerk als solches auf eine symbolisierte Darstellung des weiblichen Körpers hin.

Die Partnerschaft mit Judy Chicago wirkte katalysierend auf Miriam. Die beiden begründeten das feministische Kunstprogramm am California Institute of Arts in Valencia. 1972 entstand aus diesem Programm das 'Womenhouse Projekt'. Sie schrieben beide den Artikel 'Female Imagery', der 1973 im Womanspace Journal erschien, worin sie über weibliche Formensprache theoretische Betrachtungen anstellten. Miriam Shapiro entwickelte einen neuen Stil, der Stoffkollagen und Malerei kombiniert und in einem architekturalen Gefüge gegliedert ist. Sie benannte ihre neuen Schöpfungen 'Femmage', Kollagen aus Materialien und Themen, die das Leben der Frau betreffen.

Bis zu ihrer Rückkehr nach New York 1976 arbeitete sie an einer 'Collaborations' betitelten Serie, die Reproduktionen von Kunstwerken weiblicher Künstlerinnen der Vergangenheit enthält. 1976/79 stellte Miriam Shapiro eine Serie monumentaler Werke aus, die auf der Form des Kimono, des Fächers und der Kleidung beruhen und die sie 'Vestiture-Serie' nannte. Sie ging zu einer formal dekorativen Kunst über: Die Kollagen aus Knöpfen, Münzen, Spitzen und Borten mit patchwork oder 'quilt' wurden zu einem farbigen Bild zusammengesetzt, womit sie die Kunstrichtung des 'pattern painting' bekanntmacht, die in den späten siebziger Jahren bei vielen Künstlern verbreitet war.

Ein überzeugendes Beispiel für 'pattern painting' ist ihr Bild 'Barcelona Fächer' in der ungewöhnlichen Größe von 3,60 m Breite und 1,80 m Höhe (12 x 6 feet), das aus sich abwechselnden hellen und dunklen, farbigen Stoffstreifen besteht, die den Eindruck einer permanenten rhythmischen Bewegung quer zur Oberfläche vermitteln.

Seit 1984 ist Miriam Shapiro zu einem menschlicheren Bilderwerk zurückgekehrt, wobei sie auffallend farbige und gemusterte Bilder der 'schöpferischen Frau' kreiert.

171. Ahuva Sherman

Malerin, in den fünfziger Jahren in Israel geboren und ausgebildet. Sie arbeitet in Öl, Pastell und Mischtechnik, beschäftigt sich aber auch mit der Herstellung von handgebüschelten Wandteppichen, die ihre originellen ornamentalen Ideen plastisch vermitteln. Entwurf und Farbkomposition dieser Wandteppiche stammen von der Künstlerin selbst, die technische Ausführung erfolgt unter ihrer Aufsicht.

Die Themen ihrer Werke sind israelische Landschaften und Städtebilder in äußerst origineller Malart unter Verwendung von viel Deckweiß, was den typischen Charakter der Jerusalemer Steinbauten in Harmonie mit der die Stadt umgebenden judäischen Steinwüste besonders zum Ausdruck kommen läßt. Man kann in ihren Bildern bizarre Gesteinsformen aber auch zarte Blumen und Früchte finden, die einsam aus dem harten steinigen Boden sprießen.

Die Arbeiten in Pastell und gemischter Technik dienen ihr als Modelle für Seiden-Siebdrucke und Wandteppiche, die mit einer speziellen Methode handgewebt sind. In ihren Werken sind die israelischen Wurzeln unverkennbar, die Liebe zum blauen Meer wie zur gelb-weißen Wüstenlandschaft oder den grünen Hügeln Galiläas, während ihr figurativ-abstrakter Stil ihre Landschaften als eine Verknüpfung von Realität und Phantasie erscheinen läßt. Der schwermütige Ernst, der in ihren Bildern fühlbar ist, erscheint als ein Erbe und Hauch von Erinnerung an die Leiden ihrer Eltern, Überlebende der Schoáh.

Ahuva Sherman arbeitet in Öl und Aquarell. Sie ist Mitglied des israelischen Künstlerverbandes und hielt 1968/91 Einzelausstellungen in Israel; 1970/71 in London und Amsterdam, 1973 in Manchester, 1978/79 in Boston und Memphis/Tennessee, San Francisco, 1987 in Miami/Florida, 1991 in New York,

1997 im Kulturhaus Nesher Haifa. Sie nahm auch an zahlreichen Gruppenausstellungen des israelischen Künstlerverbandes teil, z.B. in Israel, den USA, Südafrika, Südamerika (Peru, Venezuela). Im Jahre 1979 erhielt sie den Hermann-Struck-Preis für bildende Kunst in Israel. 1986 wurde sie eingeladen, als erste nicht-amerikanische Künstlerin Mitglied der SLMM-Society (Society of Layerists in Multi Media) zu werden.

Ihre Bilder befinden sich in Museen Israels, in vielen öffentlichen und privaten Sammlungen der ganzen Welt, z.B. in der Bildersammlung von Königin Beatrix, beim britischen Unterhaus-Abgeordneten H. Geoffrey Finsberg, bei Familie Chiliam in Amsterdam u.a. - Ahuva Sherman lebt und wirkt in Haifa.

172. Lidia Sivroni

Malerin, wurde 1920 in Alma-Ata/Kasachstan geboren, studierte ursprünglich Philologie (russische Sprache und Literatur) an der Universität ihrer Heimatstadt und machte dann den M.A. in Journalistik. Nach dem Zweiten Weltkrieg heiratete sie und übersiedelte nach Polen, wo sie an der Universität Warschau Russisch lehrte. Gleichzeitig nahm sie am Konservatorium Gesangsunterricht.

Angesichts des in Polen damals wachsenden Antisemitismus wanderte sie mit ihrem Mann und dem kleinen Sohn 1950 nach Israel aus. Hier entdeckte sie ihr Zeichentalent und vollzog eine radikale Wende ihrer beruflichen Ausbildung, indem sie am Avni-Institut für Kunst bei den Meistern Avigdor Stematsky, Jeheskel Streichman, Riza Probst-Kraid, Gat Eliahu und Nahum Gilboa studierte. In den achtziger Jahren spezialisierte sie sich auf die Maltechnik der alten italienischen Maler und unternahm auch Restaurierungsarbeiten.

Sie ist Mitglied des Israelischen Verbandes bildender Künstler und aktives Mitglied des Künstlerdorfes Ein Hod bei Haifa. 1970 hielt sie eine Einzelausstellung ihrer Bilder in Tel Aviv, 1971/76 nahm sie an vielen Gruppenausstellungen des Verbandes im Lande, aber auch in London (Ohama Gallery) teil.

Die von ihr benutzten Techniken sind Öl auf Leinwand, Mischtechnik, Radierung und Druck auf Seide. Ihre Arbeiten befinden sich in Museen und Privatsammlungen in Israel und im Ausland, z.B. in der Privatkollektion von Mstislaw Rostropowitch in London. - Lidia Sivroni lebt und wirkt in Ramat Hascharon bei Tel Aviv.

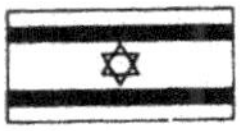

173. Faye Smitt

Malerin, in Polen geboren, wanderte 1938 nach Australien aus und ließ sich in Melbourne nieder, wo sie eine Kunstschule besuchte und privat Zeichnen und Malerei lernte. Bemerkenswert ist ihre Ausdauer und zähe Arbeit, mit der sie ihr Ziel verfolgte, eine perfekte Malerin zu werden. Im Jahre 1965 wurde sie in den Verband der australischen Gegenwarts-Künstler aufgenommen und 1966 erhielt sie den Preis des Verbandes jüdischer Künstler Australiens.

1971 wanderte sie nach Israel aus.

Ihre Arbeiten weisen verschiedene Techniken auf: Öl auf Leinwand, Acrylic, Aquarell, Collagen etc. Immer ist sie auf der Suche nach neuen Ausdrucksweisen und Methoden. Ihre Bilder zeugen von ihrer dynamischen Auffassung des Lebens, von ihrem Wesen voll innerer Spannungen und Widersprüche, die letzten Endes harmonisch ausklingen.

Im Jahre 1975 erhielt sie den Preis der Bezalel-Fellowship of Arts/Melbourne. Ihre Arbeiten befinden sich in Museen Australiens, der USA, Kanadas und Israels, viele ihrer Bilder wurden von Privatsammlern angekauft. Faye Smitt hatte 1949/78 Einzelausstellungen in Australien und Israel, nahm aber auch an unzähligen Gruppenausstellungen teil. - Die Künstlerin lebt und arbeitet in Neve Avivim bei Tel Aviv.

174. Marcella Sonnino-Zevi

Malerin, geboren 1915 in Rom, zeigte schon als Kind ein auffallendes Zeichentalent, sie besuchte die Mittelschule und gleichzeitig eine Zeichen- und Malschule, welche sie mit Erfolg absolvierte. Im Jahre 1937 erwarb sie in Rom den M.A.-Titel, 1938 wanderte sie mit ihrem Mann Severio nach Palästina aus.

Während ihres weiteren Lebens in Israel gab Marcella Kunstunterricht sowohl in Schulen der Scharon-Region als auch Privatunterricht. Sie nahm dauernden Aufenthalt im Zentrum des Landes in der Scharon-Region. In ihrer künstlerischen Tätigkeit war Marcella Sonnino dem Land, seinem Licht, seinen Landschaften tief verbunden. Mit überaus lebendiger Farbpalette stellte sie die Schönheiten der israelischen Landschaft realistisch dar. Psychologisch gut erfaßt sind in einigen ihrer Bilder auch Momente und Szenen aus Stadt- und Landleben.

1948/82 hielt sie Einzelausstellungen in verschiedenen Städten Israels. Sie schuf dekorative Wandmalereien für mehrere WIZO-Zentren in Israel, für die Synagoge von Hod Hascharón und den Gymnastiksaal der Volksschule am selben Ort. Sie nahm an vielen Gruppenausstellungen teil, so 1935 in Rom und 1949 in einigen Städten Israels. Ihr Werk umfaßt fast 2000 Ölbilder, ebenso graphische Arbeiten, besonders mit biblischen Themen. Sie arbeitet in ihrem Atelier in Hod Hascharon, wo sie auch ihre neueren Gemälde ausstellt.

Sara Sonnino, die 1952 in Ramatayim/Israel geborene Tochter Marcellas, erbte das Talent ihrer Mutter, studierte ursprünglich Ballet und machte Studienreisen nach Italien und in die USA. Nach Beendigung der Mittelschule begann sie zu malen, schuf 90 Ölbilder, Acrylic und Gouache sowie Federzeichnungen in expressionistischer Manier. Eine grausame Krankheit setzte ihrem 19-jährigen Leben 1971 ein jähes Ende.

175. Josefine Spungin (1900-1995)

Malerin, in Wien geboren, begann nach privatem Zeichenunterricht in der Tschechoslowakei ein Studium an der Kunstakademie in Dresden, mußte es aber als Jüdin 1933 aufgeben. Sie verließ Deutschland im selben Jahr und ging zunächst nach Bolzano/Italien, wo ihr Sohn vier Jahre lang ein College besuchte. Als sich die Lage vor Kriegsausbruch 1939 in Italien verschlimmerte, verließ sie mit ihrem Mann und Sohn dieses Land, um in Lettland eine neue Existenz zu finden. Doch auch hier war ihr das Schicksal nicht hold: 1940 annektierten die Sowjets die baltischen Republiken mit stalinistischer Unterdrückung. 1941 marschierte die deutsche Wehrmacht im Baltikum ein, und die Familie mußte wieder fliehen, diesmal gemeinsam mit den Russen, die sie bis Usbekistan in Mittelasien evakuierten. Vier lange Jahre lebten sie dort unter unvorstellbaren Bedingungen von Hunger, Kälte bzw. unerträglicher Hitze. Während ihr Mann bereits 1942 den Strapazen erlag, überlebten Josefine und ihr Sohn das Exil. Sie entwarf und schneiderte Kostüme für das usbekische Theater in Kokand, wo sie wohnten.

Nach dem Krieg und nach einer abenteuerlichen Zugreise gelangte sie endlich wieder nach Riga, wo sie sich eine neue Existenz aufbaute. Die Malerin heiratete in zweiter Ehe einen russischen Militärapotheker im Range eines Obersten und konnte sich ganz der Malerei widmen. Nach langen Bemühungen gelang es Josefine, mit ihrem Mann die Ausreise in die USA zu erwirken, doch ihr Sohn bekam lange keine Erlaubnis, die Sowjetunion zu verlassen; erst 1971 konnte er und seine Familie über Wien nach Israel ausreisen. Es gelang ihm, einen Teil der frühen Bilder seiner Mutter aus ihrer impressionistischen Periode zu retten.

Nach dem Tode ihres zweiten Mannes folgte Josefine ihrem Sohn nach Israel, wo sie in Haifa ihre endgültige Heimat fand und ihre farberfüllten Bilder malte. Josefine Spungin war Aquarellistin, ihre Arbeiten befinden sich in Museen und privaten Sammlungen Europas, Israels und Amerikas. 1969/72 veranstaltete sie Ausstellungen in den USA, 1973/87 in Haifa, außerdem 1983 und 1985 im Hamburger Haus Eimsbüttel.

In seiner Eröffnungsrede sagte der Kunsthistoriker Hans Theodor Flemming u.a.: „Angesichts dieser daseinsfreudigen, von lichter Farbigkeit erfüllten Bilder würde kein Betrachter auf ein dramatisch-wechselvolles, von vielerlei Schicksalsschlägen gezeichnetes Leben schließen... Nur ein ungebrochener Lebenswille und eine positive Einstellung zu unserem irdischen Dasein konnte all das überstehen und ihm eine heitere Bilderwelt der Ausgewogenheit, Harmonie und Lebensfreude entgegensetzen." (H.Th. Flemming 1985) Die Ausstellung fand im Rahmen der Feier zum zehnjährigen Bestehen der Deutsch-Israelischen Gesellschaft Hamburg statt.

Ihre Bilder behandeln biblische Themen, in der letzten Dekade ihres Lebens Landschaften von Jerusalem, Tel Aviv, Akko, Haifa und vom See Genesaret oder Genrebilder, Stilleben mit Blumen und Früchten. Ihre Techniken sind Aquarell und Öl, die sie meisterhaft handhabt, wobei sie verschiedene Papiersorten mit viel Effekt verwendet. Unter den Bildern aus Israel seien erwähnt: 'Die Altstadt mit den Kuppeln der Moscheen in Jerusalem', 'Ein Café am Meer in Tel Aviv', der 'Bahaitempel mit seinen Gartenterrassen in Haifa', der 'Fischerhafen in Akko'. Nicht nur die malerische Qualität ihrer Bilder, sondern auch die Menschlichkeit und Lebensfreude machen ihr Werk so bemerkenswert.

176. Emma Stern (1878-1969)

Malerin, wurde 1878 als Tochter einer jüdischen Familie in St. Wendel/Saargebiet geboren. Nach ihrer Schulausbildung heiratete sie sehr jung einen Geschäftsmann und betrieb gemeinsam mit ihm im saarländischen Lebach ein Textilgeschäft. Nach dem frühen Tod ihres Mannes führte sie das Geschäft weiter und erzog gleichzeitig ihre vier kleinen Kinder.

Als 1935 die Woge des Antisemitismus auch das Saarland ergriff, emigrierte sie mit ihren Kindern und gefälschten 'arischen' Papieren nach Frankreich und tauchte unter falschem Namen in Paris unter. Nach dem Zusammenbruch Frankreichs 1940 retteten die gefälschten Papiere die ganze Familie vor der Deportation.

Im Jahre 1948 versuchte Emma, die vor dem Krieg Bauhausschülerin war, im Alter von 70 Jahren, mit Buntstiften ihrer Tochter etwas aufs Papier zu bringen. Sie fand bald Gefallen am Zeichnen und Malen und nahm einige Malstunden. Ihre naiven Bilder, die sie mit dem ihr eigenen Mut in Paris ausstellte, gefielen dem Publikum; nach weiteren Ausstellungen ihrer Werke wurde sie allgemein bekannt, ja berühmt, und man nannte sie „Grandma Stern du Montparnasse“ als Ausdruck der Sympathie, daß sie erst mit 70 Jahren zur Malerei gefunden hatte.

Emma Stern malte in der Natur oder aus der Erinnerung; ihre Ölbilder und Aquarelle spiegeln ihren Optimismus und ihr lebensbejahendes Wesen. Sie benutzte kräftige Farben - rot, gelb, violett, saftiges Grün - und könnte zu den Fauvisten gezählt werden. Das Institut für Auslandsbeziehungen in Stuttgart veranstaltete 1978 eine Ausstellung naiver Malerei, in der viele Werke Emma Sterns zum 100. Geburtstag als Retrospektive gezeigt wurden, u.a. 'Rückkehr von der Arbeit' 1956 (Öl auf Leinwand) oder 'Person mit Blumen' 1956 (Öl auf Leinwand). - Sie malte täglich mit Besessenheit Bild für Bild bis zu ihrem Tode 1969 im 91. Lebensjahr.

177. Irma Stern (1894-1968)

Malerin, als Tochter einer wohlhabenden, jüdischen Farmerfamilie in Transval/Südafrika geboren; die Eltern waren aus Deutschland eingewandert. Ab 1913 studierte Irma Zeichnen und Malerei an der Kunstakademie in Weimar, wo sie unter Leitung von Gari Melcheris und bei Martin Brandenburger begann, sich in Malerei weiterzuqualifizieren. 1916 übersiedelte sie nach Berlin, wohin ihre Mutter nachkam, da der Vater während der damaligen Burenunruhen verhaftet und erst später von den Engländern freigelassen wurde.

Irma setzte ihr Studium in Berlin fort, wurde mit Max Pechstein bekannt und befreundet und kam durch ihn in den Kreis der 'Jungen Maler'. Sie wurde Gründungsmitglied der 'Novembergruppe' und im Jahre 1918 in die 'Neue Sezession' Berlin aufgenommen. Ihre erste Einzelausstellung hielt Irma Stern 1919 in Berlin. Bei einer Ausstellung ihrer Bilder in Südafrika warf ihr die lokale Presse vor, die moralische Empfindlichkeit des kunstliebenden Publikums verletzt zu haben, und der Fall wurde sogar von der Polizei untersucht, was ein entsprechendes Licht auf die damalige Gesellschaft Südafrikas wirft. Irma Stern heiratete Professor Johannes Prinz, doch die Ehe hatte keine Dauer und wurde 1934 geschieden.

Die Künstlerin unternahm viele Reisen und festigte ihre Eindrücke in zahlreichen exotischen Landschaftsbildern aus Spanien, Sansibar, dem Kongo u.a. Leider erkrankte sie an Malaria und litt unter heftigen Fieberanfällen. Fast jährlich hatte sie Ausstellungen in Deutschland, Frankreich ('Prix d'Honneur') und in Südafrika. 1963 erhielt sie den 'Oppenheimer Preis'. In der Londoner Grosvenor Gallery sollte 1968 eine Retrospektive ihres fünfzigjährigen Schaffens stattfinden, die aber leider zu einer posthumen Ausstellung wurde, da Irma Stern kurz vorher starb. Ihre Frühwerke zeigen kubistische Einflüsse und die grellen Farben der Fauvisten, ihre späteren Werke wie 'Spanische Seehäfen' und Aquarelle von Landschaften sind realistische Gemälde.

178. Hedda Sterne

Malerin, wurde 1916 mit dem Mädchennamen Lindenberg in einer jüdischen Intellektuellenfamilie in Bukarest geboren. Mit elf Jahren sprach sie fließend deutsch, englisch, französisch und natürlich rumänisch. In den Jahren 1932/34 studierte sie an der Universität Bukarest Kunstgeschichte und Philosophie, verließ dann Rumänien, um ihr Studium in Wien zu beenden.

1938 heiratete sie den Künstler Ben Sterne. Nach dem Anschluß Österreichs an Nazideutschland floh Hedda nach Paris, wo sie dank der Fürsprache des ebenfalls aus Rumänien stammenden und bereits bekannten Malers Victor Brauner Gelegenheit fand, 1939/41 ihre Erstlingswerke gemeinsam mit den Surrealisten im 'Salon des Surindépendants' in Paris auszustellen. 1941 gelang es Hedda Sterne, im letzten Augenblick Frankreich zu verlassen und in die Vereinigten Staaten zu emigrieren.

Dank einer Empfehlung von Hans Arp gelangen ihr 1943 Einzelausstellungen in Peggy Guggenheims Gallery und in der Parsons Gallery. Sie trat der Gruppe der Avantgarde-Künstler der europäischen Emigration in New York bei und wurde in Künstlerkreisen bald bekannt. 1944 ließ sie sich scheiden und heiratete den aus Rumänien stammenden Maler Saul Steinberg. Das Charakteristische ihrer Gemälde sind die Themen: mysterienartige Kontemplationen in halbabstrakter Manier. So zeigt zum Beispiel ihr Werk 'Diary, June-October

1976' den Lebensrhythmus der Künstlerin mit seinen Höhe- und Tiefpunkten; die Texte in verschiedenfarbiger Tinte aufgetragen sind teils waagrecht, teils senkrecht geschrieben und erwecken den Eindruck eines Gewebes. Dieses Bild befindet sich im Queens-Museum in Flushing Meadows/N.Y.

Andere Werke finden sich im Metropolitan Museum New York, dem Museum of Modern Art und im Whitney Museum New York, im Art Institute of Chicago, im Virginia Museum Richmond, in der University of Illinois Urbana, im Rockfeller Institute Detroit, im Institute of Art, Joseph Hirshhorn Coll., in der Pennsylvania Academy of Fine Arts, im Toledo Museum of Art, im Minnesota Museum of Art St. Paul, im Montclair Art Museum u.a.

Eine große retrospektive Ausstellung ihrer Werke wurde im April/Juni 1977 im Montclair Museum New Jersey gezeigt, und zwar mit Zeichnungen von Menschen und Maschinen, Porträts und ihren 'Kopfsalat'-Bildern der Serie 'Everyone' 1970 und 'Diary'. In ihren Gemälden der achtziger Jahre versucht Hedda Sterne, Struktur und Raum zu erfassen.

179. Florine Stettheimer (1871-1944)

Malerin, wurde als Tochter eines aus Deutschland in die USA ausgewanderten Bankiers in Rochester/N.Y. geboren. Die Ehe ihrer Eltern ging auseinander, der Vater verließ die Familie, die Mutter hatte jedoch die finanziellen Mittel, um ihren drei Töchtern eine gediegene musikalische und künstlerische Erziehung zu gewähren. Florine, die besonderes Zeichentalent bewies, ging nach Beendigung der Mittelschule an die Art Students League nach New York, wo sie während der Jahre 1892/95 Malerei studierte.

Zur Vervollkommnung ihrer Kenntnisse unternahm sie ausgedehnte Reisen nach Europa, die sie nach Berlin, Stuttgart und München führten. Sie arbeitete u.a. in der Künstlergruppe um Gaston Lachaise und Albert Gleizes. 1916 hielt sie eine Einzelausstellung bei 'Knödler's' in New York, doch wurde sie von der Kritik ignoriert. Zehn Jahre später nahm sie 1926 an der internationalen Carnegie-Ausstellung teil.

Ihre Bilder waren in der Art-Nouveau-Manier gemalt, z.B. das Bild 'Schönheitskonkurrenz' oder 'Studioparty' 1917, welche dem Publikum das mondäne Leben der amerikanischen Society vor Augen führen. Weitaus bekannter ist ihre 'Kathedralenserie', die aus drei Gemälden besteht: der Kathedrale am Broadway 1929, der Kathedrale an der Fifth Avenue 1931 und der Kathedrale in der Wallstreet 1939. Sie belebte ihre phantastischen, manchmal satirischen

Themen durch helle Farben und verwendete dabei die orientalische Miniaturtechnik. Im Jahre 1934 entwarf sie Bühnenbilder für die dreiaktige Oper 'Four Saints' von Virgil Thomson und Gertrude Stein. In den dreißiger Jahren unterhielt sie einen 'Salon' der New Yorker Avantgarde, in welchem viele Künstler, Architekten und Schriftsteller verkehrten. In den letzten Jahren ihrer Tätigkeit arbeitete sie an Collagen mit verschiedenen Materialien wie Cellophan, Federn, Schnüren usw.

Sie erkrankte an Krebs und starb 1944. Eine ihrer Schwestern organisierte eine Retrospektiv-Ausstellung, die 1946 im Museum of Modern Art New York stattfand. Im Jahre 1973 zeigte die Columbia University in New York Aquarelle, Ölbilder und Zeichnungen der Künstlerin.

Florine Stettheimer war auch als Porträtistin tätig und sehr bekannt. Ihre Modelle waren meistens Familienmitglieder, z.B. ihre Mutter oder ihre eleganten Schwestern. Sie war ein schwieriger und einsamer Mensch. In künstlerischer Hinsicht zählt sie gemeinsam mit Peggy Bacon und George O'Keefe zu den drei größten amerikanischen Malerinnen des 19./20. Jahrhunderts.

180. Pamela Suran

Malerin, geboren 1948 in den USA, machte 1964/67 eine Lehre als Bühnenbildnerin und in Malerei, und zwar in der Opernabteilung des Aspen-Musik-Festivals in Colorado unter Leitung des französischen Komponisten Darius Milhaud und seiner Frau. Sie studierte anschließend vier Jahre schöne Künste am Bennett College/New York, dann an der Rhode Island School of Design in Providence.

Ihre erste Ausstellung fand 1966 statt, in den Jahren bis 1978 hielt sie Einzelausstellungen in verschiedenen Galerien der Ostküste der Vereinigten Staaten und nahm an drei Gruppenausstellungen teil. In den Jahren 1979/82 arbeitete sie als freischaffende Künstlerin für einige Kampagnen des United Jewish Appeal.

Im Jahre 1980 wanderte sie nach Israel aus, wo sie Mitglied des israelischen Künstlerverbandes wurde und seither mehrere Ausstellungen und Vorträge in Israel und mehreren Ländern Europas hielt. Als Mitglied des israelischen Künstlerverbandes nimmt Pamela Suran an dessen regelmäßigen Ausstellungen teil.

Ihre Gemälde sind stark beeinflußt von den Künstlern der Pariser Schule der frühen Jahre dieses Jahrhunderts, es wird in ihnen auch Solidarität mit den Opfern der Schoáh deutlich. Ihre Themen sind literarischen Inhalts, man erkennt den Bezug zu biblischen Propheten, die sie in kubistischer Linienführung und Koloristik wiedergibt.

181. Beth Swartz, geb. Ames

Malerin, wurde 1936 als Tochter einer jüdischen Familie mit kulturell-intellektueller Tradition in New York geboren. Sie nahm Zeichen- und Malunterricht, ebenso Klavier- und Ballettstunden. Später besuchte sie Kurse der Art Students League, bevor sie in eine Mittelschule für Musik und Kunst eintrat. Dann besuchte sie die Cornell University im Staat New York und absolvierte das Hauptfach Kunsterziehung. Anschließend fuhr sie für eine Weile nach Europa und erwarb nach ihrer Rückkehr den M.F.A.-Grad an der New York University. Sie arbeitete zeitweilig als Erziehungsberaterin.

Im Jahre 1959 heiratete Beth Ames den Rechtsanwalt Melvin Swartz und übersiedelte mit ihm nach Arizona. Diese Übersiedlung wirkte anfangs auf sie wie ein Riß durch ihr bisheriges Leben. Sie fand keinerlei Beziehung zur Umgebung, und erst die Geburt ihrer Kinder (1967 und 1970) stimmten sie dahin um, die 'Wüste' nicht mehr als fremd und wild anzusehen, sondern ihr auch das Schöne abzugewinnen. Nun begann sie wieder zu malen, besonders als ihr eine Floßfahrt auf dem Colorado River das Majestätische der Natur bewußt machte.

Nachdem sie 1972 begann, sich mit den Mysterien der Zen-Lehre zu befassen, bemühte sie sich, die vier Grundelemente Wasser, Erde, Luft und Feuer in lyrischen Abstraktionen darzustellen. Dabei stieß sie auf Schwierigkeiten in der malerischen Darstellung des Feuers. - Eine Israelreise im Jahre 1976 verstärkte nicht nur ihre Zugehörigkeit zum Judentum, sie kam auf den Gedanken, daß „das Feuer eigentlich vom brennenden Dornbusch, wo Gott zu Moses sprach, bis zu den rauchenden Schloten des Holocaust im 20. Jahrhundert, unauflöslich mit der Geschichte der Juden verbunden ist" (Mary Lou Reed in: 'Woman's Art Journal' 1982). Sie absolvierte eine Schule der Meditation.

In ihren Werken benutzte sie zerknülltes Papier, das sie teils glättete, teils mittels Schraubenzieher verletzte, dann wieder mit Farbschichten bedeckte und verbrannte, um große juwelenartige Werke zu schaffen, deren glitzernde, blendende Flächen ihren Ursprung verleugnen.

1980 fuhr sie zum zweiten Mal nach Israel, wo sie Erdmuster sammelte und ihr Meditationsritual an zehn antiken Orten durchführte, und zwar mit besonderer Beziehung zu berühmten jüdischen Frauen. Als Frucht dieser aufregenden Reise schuf sie die Serie 'Israel revisited'.

Krank und erschöpft suchte Beth Swartz 1982, sich wiederzufinden und unternahm eine geistige Pilgerfahrt zu mehreren heiligen Orten der Südwest-Indianer und zu prähistorischen Orten in Frankreich. Die nun entstandene Bilderserie, genannt 'A Moving Point of Balance', bildet ein System von vielfachen Gefühlsausdrücken, bei welchen der Zuschauer durch Wechselwirkung mit der künstlerischen Umgebung selbst zum Teilnehmer wird.

Sie malte auch eine Serie, die sie 'Celestial Visitations' nennt und von welchen 'The Angel of Deliverance' nur einige Tage vor dem Tod ihrer Mutter gemalt wurde. Beth Swartz sieht Engel als Boten des Lebens und des Todes. Mit eingeschlossenen Spiegelscherben geben die Bilder dieser Serie sowohl die Gesichter der Zuschauer als auch die Phantasie ihrer Meditationen wieder. Die Lektüre von Raine Eislers Buch 'The Chalice and Blade' inspiriert sie zur Serie 'Return of the Chalice'. Sowohl die Bilder als auch das erwähnte Buch behandeln die Verkettung des Menschen mit der Erde und mit Gott.

Ihr Gesamtwerk spiegelt die in der europäischen und amerikanischen Kunst letztens aufgetauchten mystischen Strömungen, aber auch jüdische Geschichte, Kabbala-Mystik, Indianermysterien und die Landschaft der Arizonawüste.

182. Madelaine Szemere-Kemeny (1906-1993)

Malerin, in Budapest in einem gutbürgerlichen jüdischen Haus geboren, zählte 'Lenke' (wie man sie zu Hause nannte) zu den Wunderkindern ihrer Zeit. Ihre frühen Zeichnungen stellen in klaren Linien Beobachtungen ihrer Umgebung dar. Sie war die Jüngste und Beste ihrer Altersgenossinnen und voller Ehrgeiz. Im Jahre 1918 widmete Lenke Kaiserin Zita von Österreich eines ihrer Bilder und wurde von ihr bereits in der Dämmerung des Kaiserreichs mit einem Collier bedankt. Die Kunstkritiker Budapests beglückwünschten sie und behaupteten, sie sei besser als die Absolventen der Kunstakademie. Aber Lenke kam ohne ein Studium an der Akademie nicht weiter; nach deren Absolvierung hielt sie 1925 ihre erste Ausstellung mit großem Erfolg.

Im selben Jahr fuhr sie nach Paris, wo sie sich als Modezeichnerin betätigte und Zoltan Kemeny, ihrem späteren Mann, begegnete. Trotz der äußerlicher Verschiedenheit (er ein Hüne von Gestalt, sie eine 1,38 m kleine, zarte Dame), zu der sich auch charakterliche und Herkunfts-Unterschiede gesellten (er ein Bauernjunge aus einem siebenbürgischen Dorf, sie eine hochgebildete, wohlerzogene Tochter aus der Großstadt) fanden sie zueinander und blieben ein Leben lang verbunden. Die glücklichen Tage in Paris nahmen durch den Ausbruch des Zweiten Weltkriegs ein jähes Ende, die Kemenys flohen zuerst nach Südfrankreich und 1942 illegal in die Schweiz, wo sie aufgefangen und getrennt interniert wurden.

In Frankreich wurde aus 'Lenke' das besser klingende 'Madelaine', und auch sonst suchte sich das Ehepaar an seine Umgebung zu assimilieren, aber das gemeinsame Judentum bestimmte ihr Los und verstärkte ihre Verbindung. Während es Zoltan dank der Intervention von Schweizer Modekönigen gelang, aus dem Lager entlassen zu werden und in Zürich Arbeit zu erhalten, mußte Madelaine bis Kriegsende im Internierungslager bleiben, wo sie trotz allem weiterarbeitete und ihrem Mann Modelle nach Zürich zuschickte.

Als der Krieg zu Ende war, kam Madelaine zu Zoltan nach Zürich, wo beide Arbeit fanden. Ihre Liebe zu Frankreich war ungebrochen; sie unterhielten Kontakte mit Freunden, u.a. mit dem Maler Jean Dubuffet, der das Maltalent Madelaines zu fördern verstand. Sie zeichnete Zoltan im Schlaf, nackt, während er sie als Nonne mit traurigen Augen und gerunzelter Stirn darstellte. Beide hatten in der Züricher Modebranche Erfolg und wurden preisgekrönt. Bemerkenswert ist, daß vor allem Zoltan den Erfolg einheimste, während Madelaine aus Bescheidenheit oder Liebe im Hintergrund blieb.

Erst nach dem Tod ihres Mannes 1965 bahnte sich das Jugendtalent Madelaines wieder seinen Weg, und sie widmete sich ihrer ursprünglichen Neigung, der Malerei. Aber bevor sie in die Öffentlichkeit trat, mußte sie das künstlerische Erbe ihres Mannes verwalten und verschenkte seine Arbeiten an viele Museen von Bern bis Budapest, um seine Erinnerung für die Nachwelt zu sichern. Dubuffet verschaffte ihr Ausstellungsmöglichkeiten für ihre eigenen Werke, sie überwand ihre Bescheidenheit und wurde sich ihrer großen künstlerischen Fähigkeiten bewußt.

Wieder in Paris suchte sich Madelaine vom Einfluß Jean Dubuffets zu befreien und fand ihren eigenwilligen Stil. Ihre bevorzugten Sujets sind Frauen, meist Bäuerinnen mit großen Füßen und rauhen Händen, Land- oder Handarbeiterinnen, z.B. 'Die Stickerinnen'. Sie malte auch mehrere Selbstbildnisse in verschiedenen Lebensepochen, darunter 1989 ein Selbstbild: barfuß, mit fließendem Haar, halb versteckt hinter der Zimmertür, ein Koffer als Hintergrund - Lenke Szemere, die Heimatlose, ein weiblicher 'Ahasver' auf ewiger Wanderschaft. - Drei Jahre nach ihrem Tod veranstaltete das Kunstmuseum St. Gallen 1966 eine Retrospektive ihres Werkes.

183. Claire Szillard

Malerin, wurde Anfang der zwanziger Jahre in Budapest geboren, wo sie an der Freien Akademie Zeichnen, Malerei und Kunstgeschichte studierte; später vervollkommnete sie ihr Können an der Akademie der Schönen Künste in Genf.

1951 wanderte sie nach Israel aus und wurde bald darauf in den Israelischen Verband bildender Künstler aufgenommen. 1952 fuhr sie nach Italien an die Academia di Belli Arti in Ravenna, wo sie Arbeiten in 'fresco buono' betrieb. Ein Jahr vorher hatte sie in der Schweiz die Lithographien 'Arta' gestaltet; 1969/73 schuf sie auch in Israel die Lithographien 'Arta'.

Seit 1953 nahm sie an vielen Ausstellungen in Israel, der Schweiz, Italien und Frankreich teil. Sie spezialisierte sich auf Glasmalerei, seit 1957 schuf sie Fenster für Synagogen, öffentliche Gebäude und Privathäuser in Israel. Ihre Werke wurden u.a. durch die Stadtverwaltungen von Budapest, Zürich, Tel Aviv, Ramat Gan und Eilat angekauft. Im Jahre 1974 wurde sie Mitglied des Künstlerdorfes Ein Hod bei Haifa, wo sie ein eigenes Atelier einrichtete.

Ihre in klassischer Manier ausgeführten Glasfenster mit biblischer Thematik für Synagogen sind besonders beeindruckend. Sie schuf die Serienbilder 'Musik in der Malerei', welche in der Lobby des Tel Aviver Mann-Auditoriums, dem größten Konzertsaal Israels, permanente Aufstellung gefunden haben. Im Jahre 1969 erhielt Claire Szillard den Nordau-Preis. Die von ihr benutzten Techniken sind Öl, Aquarell, Zeichnung, Lithographie und Glasmalerei. - Die Künstlerin lebt seit 1993 in Budapest.

184. Nehama Szmuszkowicz (1895-?)

Malerin und Marionettenbildnerin, wurde in der Ukraine geboren. Es gelang ihr, während der Oktoberrevolution 1917 Rußland zu verlassen und über Polen nach Deutschland zu kommen, wo sie ihre Marionetten in der Berliner Galerie 'Der Sturm' ausstellte. In den folgenden Jahren übersiedelte sie nach Paris und arbeitete in den Ateliers von Fernand Léger und Amedée Ozenfant, gleichzeitig mit Marcelle Cahn.

Im Gegensatz zu ihren Meistern, welche der kubistischen Kunstrichtung angehörten, zeugen ihre Werke aus dieser Zeit von ihrem naiven Stil und einer anziehenden Lyrik. In ihren reiferen Jahren arbeitete Nehama Szmuszkowicz an Kupferstichen zur Illustration einer Pessach-Haggada (Erzählung vom Auszug aus Ägypten, am 'Seder', dem Vorabend des jüd. 'Osterfestes' gelesen). Sie überlebte den Zweiten Weltkrieg von Freunden versteckt im besetzten Frankreich. Einige ihrer Bilder befinden sich im Museum der Ghetto-Kämpfer in Kfar Masaryk unweit von Haifa.

185. Ziona Tagger (1900-1988)

Malerin, wurde als Tochter eines bulgarischen Immigranten in der alten Hafenstadt Jaffo geboren. Ihr Vater war einer der Gründer der Stadt Tel Aviv. Nach Europareisen und Studien in Paris unter Anleitung von André Lhote (1924/26) kehrte sie nach Palästina zurück und studierte an der Bezalel-Kunstakademie in Jerusalem bei den Malern Israel Paldi und Reuven Rubin, die ihre ersten Arbeiten beeinflußten. Sie blieb auch weiterhin in der Gruppe der Modernisten und schuf Porträts in den kontrastierenden Farben der Fauvisten, um in späteren Bildern Überschneidungen im Stile des Kubismus aufzuweisen.

Schließlich gelang es ihr jedoch, Einflüsse der Pariser Schule mit der einheimischen Mittelmeerlandschaft und ihren Menschentypen zu einem Ganzen zu verschmelzen, das ihre persönliche Note zum Ausdruck brachte. 1948 vertrat sie Israel auf der Biennale von Venedig; sie hielt Einzelausstellungen ihrer Bilder - darunter Landschaften, Porträts und Stilleben mit Blumen - in Israel, Ägypten, Paris u.a.

1960 veranstaltete das Museum der Stadt Tel Aviv eine Retrospektive ihres Werkes. Sie unterhielt ein Studio in der Künstlerkolonie Safed, wo sie alljährlich ausstellte. Ziona Tagger gehörte zu den Gründern des Israelischen Verbandes bildender Künstler. Die von ihr benutzten Techniken sind Öl auf Leinwand, Aquarell und Zeichnung.

186. Blanka Tauber (1910-1989)

Malerin, wurde in Mlicne/Slowakei geboren; ihre künstlerische Ausbildung erhielt sie an der Kunstakademie in Prag, 1938/39 an der Académie Contemporaine bei Fernand Léger in Paris wo sie sich die modernen, kühnen Ausdrucksweisen ihres Lehrmeisters aneignete.

1937 machte sie einen kurzen Besuch in Palästina und war vom starken Licht und der Schönheit der Landschaft beeindruckt, was sich durch fieberhafte Malbegeisterung in vielen Bildern niederschlug.

Sie überlebte den Holocaust in Europa, 1950 gelang es ihr endlich, nach Israel auszuwandern. Ein Jahr später veranstaltete sie ihre erste Einzelausstellung im Kunstmuseum Tel Aviv, wurde vom damaligen Direktor A. Kolb gefördert und erhielt 1951 den Dizengoff-Preis der Stadt Tel Aviv. Sie eröffnete ein Atelier in der Künstlerkolonie von Safed in Obergaliläa, wo sie sich ein kleines Häuschen in malerischer Umgebung selbst herrichtete. Sie war Mitglied der Künstlerverbände von Israel, der Tschechoslowakei und Ungarns.

In den Vorkriegsjahren hatte Blanka Tauber viele Ausstellungen ihrer Werke in der Slowakei, z.B. 1932 und 1938 in Samorin und 1936 in Bratislava sowie Studienreisen nach Bulgarien und Paris unternommen. Einige ihrer Bilder befinden sich in Museen und Sammlungen des Ministeriums für Unterricht und Kultur der Slowakei, z.B. 'Porträt eines alten Briefträgers', 'Der Dorfnarr', 'Landschaft in Varna, Bulgarien', 'Tiberias-Israel' u.a.

Sie beteiligte sich 1935/49 an Gruppenausstellungen in Prag, Brno, Bratislava, dann in Wien, Budapest, Paris, den USA (im Stephan-Wise-Tempel in New York und im Museum für Moderne Kunst Los Angeles). Ein Teil ihrer in Israel geschaffenen Bilder befindet sich im Kunstmuseum Tel Aviv. Im Jahre 1970 erhielt sie in Israel den Nordau-Preis. - Die von ihr benutzten Techniken sind Öl auf Leinwand, Pastell, Zeichnung, Linolschnitt und Skulptur. - Blanka Tauber verstarb 1989 in Tel Aviv.

187. Anna Tycho (1894-1980)

Malerin, wurde in Brünn/Mähren geboren, das damals zur österreichisch-ungarischen Monarchie gehörte. Im Jahre 1904 übersiedelte ihre Familie nach Wien, wo sie mit 15 Jahren ihr Kunststudium begann. Im Jahre 1912 heiratete sie ihren Cousin Dr. Rudolf Tycho. Er wurde im selben Jahr von einer zionistischen Organisation nach Jerusalem gesandt, um dort eine Augenklinik zu eröffnen und zu leiten. Anna gewöhnte sich nur schwer an die neue Umgebung, an die damals kahlen Hügel der Landschaft, das Klima und die Menschen, die so verschieden waren von ihren früheren Freunden in Wien. Depressiv und gehemmt unterbrach sie ihre Maltätigkeit.

Während des Ersten Weltkriegs wurde Dr. Tycho als österreichischer Regimentsarzt nach Damaskus berufen und nahm seine Frau mit. Dort begann Anna wieder zu malen. Nach Kriegsende kehrte das Ehepaar 1919 nach Jerusalem zurück.

Im Jahre 1924 kauften sie ein Haus im alten arabischen Stil, das aus dem 19. Jahrhundert stammte, eines der ersten Häuser außerhalb der Jerusalemer Altstadt. Im Erdgeschoß richteten sie die Augenklinik ein, wo Anna ihrem Mann assistierte. Sie behandelten unterschiedslos Arm und Reich, Juden und Araber und waren von allen sehr geschätzt. Das Haus, ein stilvoller Steinbau, beherbergt heute das Anna-Tycho-Museum.

In ihrer Freizeit malte Anna die Berge Judäas und die Menschentypen dieser einzigartigen Stadt, in der jeder Stein ein Stück Geschichte ist. Das Haus der Tychos wurde durch die Hilfsbereitschaft und Gastfreundschaft seiner Inhaber zu einem kulturellen Zentrum Jerusalems, wo sich Künstler, Schriftsteller, Musiker und andere Intellektuelle oft und gerne zu angeregten Gesprächen mit den Gastgebern einfanden.

Im Jahre 1960 starb Dr. Tycho nach langer Krankheit. Anna blieb allein im schönen Haus und füllte ihr Leben noch viele Jahre mit ihrer Kunst. Sie starb hochbetagt 1980 und vermachte ihr Haus, ihre Bilder, die große Judaica-Sammlung ihres Mannes und ihre umfangreiche Bibliothek dem Israel-Museum in Jerusalem.

In ihren Jugendarbeiten huldigte Anna Tycho dem damals herrschenden Impressionismus, die reiferen Werke sind jedoch ein eindeutiges Bekenntnis zum Realismus, allerdings in ihrer eigenen, zarten, femininen Art. Waren anfangs Pinsel und Palette ihre Ausdrucksmittel, so bevorzugte sie später Zeichenstift und Kohle, wobei sie es verstand, in origineller Manier eine Ansammlung von Punkten und Linien, Licht und Schatten hervorzuzaubern und in der Plastik ihrer Zeichnungen die rauhe Natur der Hügel Judäas so wiederzugeben, wie es niemand anderer gekonnt hatte. Als 'geborene' Zeichnerin zog Anna Tycho die 'Schwarz-Weiß'-Kunst anderen Ausdrucksformen vor. Erst in ihren letzten Lebensjahren gab sie ihren Landschaften einen farbigen Hauch von zarten Pastellfarben - erdbraun, olivgrün oder maisgelb. Bis zuletzt blieb sie ihren Kohlezeichnungen treu.

Ihre Liebe und Zugehörigkeit zu Jerusalem, gewachsen in einem fast sechzigjährigen Zeitraum, erfüllten ihre Werke, von den die kleinsten Einzelheiten der Altstadtgäßchen wiedergebenden Zeichnungen bis zu den späteren abstrakten Landschaften, die ihr die Phantasie eingab, als sie das Haus nicht mehr verließ, und welche manchmal die verschwommene Sicht der alternden Künstlerin zum Ausdruck bringen.

Ihre Werke wurden in zahlreichen Ausstellungen in Israel, Europa und den USA gezeigt; einige von ihnen befinden sich in der Albertina in Wien, im Britischen Museum London, im Museum von Tel Aviv und im Jerusalemer Museum, das ihren Namen trägt, sowie in Privatsammlungen.

Anna Tycho war u.a. Mitbegründerin der Neuen Bezalel-Kunstschule in Jerusalem und wurde mehrfach mit Preisen ausgezeichnet, zuletzt 1980 mit dem Staatspreis Israels.

188. Mierle Ukeles, geb. Laderman

Malerin, Bildhauerin und Umwelt-Künstlerin, 1939 in Denver/Colorado geboren, genoß bereits im Elternhaus eine freiheitlich orientierte Erziehung und die Unterstützung ihrer Familie für ihre künstlerischen Neigungen. Sie studierte 1958/63 Geschichte an der Universität von Colorado in Boulder, erwarb 1961 den B.A. am Barnard College New York City, studierte 1962/64 Malerei am Pratt Institute Brooklyn New York, erhielt 1966 ein Kunstlehrerdiplom von der Universität von Denver/Colorado und erwarb 1974 den M.A. an der New York University.

Die Künstlerin heiratete im Jahre 1967, als sie bereits eine ausgereifte Individualität besaß, selbstbewußt und ernst genug, um die Rollen von Frau, Mutter und Künstlerin zu vereinen. Sie erhielt 1975/92 viele Stipendien, Auszeichnungen und Preise: 'National Endowment for the Arts', der Guggenheim Foundation, der 'Creative Artists Public Service', u.a.

Mierle Ukeles kreierte Skulpturen und Entwürfe für praktische Lebenseinrichtungen, z.B. ihr in Originalgröße nachgebildetes jüdisches Ritualbad 'Mikwe', das im Jüdischen Museum New York ausgestellt ist, schuf Installationen in öffentlichen Gebäuden oder das Belichtungssystem der Strawberry Mansion Bridge wie 1992 Skulpturen in Philadelphia/Pennsylvania.

Die Künstlerin beschäftigt sich auch mit Choreographie und nahm im Jahre 1983 an der Endphase der ersten New York City Kunstparade teil. Ihre Ballette, verwurzelt im russischen Konstruktivismus, sind Feste des städtischen Lebens. Die Künstlerin doziert über die verschiedenen Kunstformen im öffentlichen Leben an den Universitäten Seattle/Washington, New York City, Los Angeles, Philadelphia, Washington, D.C. und in Jerusalem.

189. Ruth Weisberg

Malerin und Graphikerin, stammt aus einer Familie von österreichisch-jüdischen Emigranten und wurde 1942 als Tochter eines Architekten in Chicago geboren. Bereits als Sechsjährige nahm sie Zeichen- und Malunterricht im Kunstinstitut von Chicago, das ihr zur zweiten Heimat wurde. Mit 16 Jahren besuchte sie die Universität von Michigan in Ann Arbor, doch ihre Wanderlust trieb sie auf Reisen, und so gelangte sie an die Academia di Belli Arti nach Perugia. Dort erhielt sie 1965 ein Diplom in Malerei und Lithographie. Sie kehrte an die Universität von Michigan zurück, um den B.A. zu machen und fuhr zur Vervollständigung ihrer Studien nach Paris, wo sie im 'Atelier 17' bei Stanley William Hayter arbeitete.

Im Jahre 1964 kehrte Ruth Weisberg nach Ann Arbor zurück und betätigte sich aktiv in der Politik. 1965 erhielt sie ihr M.F.A.-Diplom in Michigan, im folgenden Jahr heiratete sie den Psychologen Kelyn Roberts. 1973 und 1977 wurden ihre Kinder geboren. Während dieser ersten Periode schwankte ihr Werk zwischen mystischen bzw. erotischen Verwandlungen innerhalb und außerhalb des Rahmens animalischer Formen, wobei sie sich den Stil Max Beckmanns zu eigen machte.

Unzufrieden mit dem, was sie geschaffen hatte, zerstörte sie alle Bilder. 1969 übersiedelte die Familie nach Los Angeles, wo ihr Mann eine Lehrerstelle erhielt. Ein Jahr später begann Ruth Weisberg an der University of Southern California Kunstdruck und Buchausstattung zu lehren. Sie erhielt ein Stipendium der Ford Foundation, das ihr ermöglichte, ein von ihr illustriertes Buch mit Kupferstichen herauszugeben: 'Das Schtetl, eine Reise und ein Denkmal' ('A Journey and a Memorial' 1972). Das Thema beruht auf der jüdischen Geschichte, die Gestalten treten aus Schichten von Geweben hervor, welche die Wirkung des Ablaufs der Zeit und der Vergänglichkeit des Gedenkens suggerieren sollen.

Sie schuf auch eine Serie von Lithographien über die amerikanischen Indianer und die systematische Zerstörung ihrer Kultur. Andere bekannte Werke der Künstlerin sind u.a. 'Waterborne' 1970, wo sie in Blau und Orange das Mysterium der Geburt auszudrücken versucht, ferner 'Passage' und 'Departure with Backward Glance' ('Abgang mit Blick nach Rückwärts') mit der Thematik der Reise und der Reisenden, Leitmotiv vieler ihrer Werke. Die einzige Gestalt in 'Passage' kommt aus einer Gruppe von Gestalten mit nicht zu indentifizierender Vergangenheit. Die Farben sind dunkel, purpur, tiefblau, dunkelbraun, gebrannte Sienna, nur die reisende Frauengestalt ist klar dargestellt. Das zweite erwähnte Bild stammt aus einer Serie, in welcher sich aus Gärten entfernende Gestalten vor architektonischem Hintergrund zu sehen sind. Der Akzent liegt auf den drei weiblichen Gestalten, von denen jede eine andere Phase im Leben einer Frau personifiziert.

Ruth Weisberg wurde von ihrer Alma Mater 1988 durch eine retrospektive Ausstellung ihrer 20jährigen Tätigkeit gefeiert. Sie ist gewählte Präsidentin der College Art Association und eine aktive Feministin.

Seit dem Jahre 1967 hatte Ruth Weisberg über 40 Einzel- oder Doppelausstellungen in der Pollak Gallery Toronto/Kanada, der Richard Nash Gallery Seattle, der Municipal Gallery Oslo/Norwegen, in der University of California in Santa Barbara, der Norvegian Graphic Arts Association Oslo/Norwegen, im El Camino College Los Angeles, der Ogelthorpe University Atlanta, der University of Texas Dallas, der Peppers Art Gallery, der University of Redlands/Kalifornien, im Spencer Museum of Art, der University of Kansas, der University of Alaska Fairbanks, der University of Richmond, im Philadelphia Print Club, in der University of Pittsburgh, u.v.a.

Die Künstlerin beteiligte sich an mehr als 150 Gruppenausstellungen, und zwar in Nairobi/Kenia, der Hartje-Galerie Berlin, der Wanderausstellung '10 New Yorker Künstlerinnen' in Tübingen, in Heidelberg, Berlin, Stuttgart, im National Museum of Modern Art Seoul/Korea, in '4 California Printmakers', in Ankara, Ismir, Istanbul, u.v.a. Sie erhielt Preise vom Art Museum Fresno/Kalifornien, von der Universität Michigan in Ann Arbor, den 'Vesta'-Preis für darstellende Kunst, u.a. - Ruth Weisberg lehrt Kunst an der Universität von Südkalifornien (USC) Los Angeles.

190. Helga Weissová-Hošková

Malerin, wurde 1929 in Prag geboren, und schon ihre Kindheit stand unter dem drohenden Zeichen des Hakenkreuzes. Sie war aufgrund der Nürnberger Gesetze gezwungen, die vierte Volksschulklasse zu verlassen und konnte ihre Ausbildung nur in halblegalen Kursen fortsetzen. Im Dezember 1941, gerade 12 Jahre alt, wurde sie zusammen mit ihren Eltern nach Theresienstadt deportiert, wo sie knapp drei Jahre verbrachte *(vgl. P. Stránský 1997).*

Ihr auffallendes Zeichen- und Maltalent führte dazu, daß der größte Teil des für sie persönlich mitgenommenen Gepäcks aus Zeichenstiften, Farbstiften, Skizzenbüchern und Malkästen bestand. Sie begann gleich nach ihrer Ankunft im Lager zu zeichnen und fing in ihren Bildern die Welt des Theresienstadter

Ghettos mit den Augen eines frühzeitig erwachsenen Kindes ein. Ungefähr hundert ihrer Arbeiten konnten gerettet werden. Sie gehören zu den wahrhaftigsten und beeindruckendsten Zeugnissen über Theresienstadt. Im Oktober 1944 wurde Helga Weissová nach Auschwitz deportiert und dann weiter nach Freiberg und Mauthausen und dort im Jahre 1945 befreit.

Nach dem Krieg kehrte sie mit ihrer Mutter nach Prag zurück, legte erfolgreich eine Aufnahme-Prüfung ab und wurde zur vierten Gymnasialklasse zugelassen. Ein Jahr später wechselte sie zur Staatlichen Schule für Graphik und besuchte weiter das Gymnasium. Sie beendete beide Schulen im Jahre 1950 mit Erfolg und setzte ihre Kunststudien an der Prager Akademie für angewandte Kunst fort, wo sie besonders monumentale Malerei in den Ateliers der Professoren Emil Filla und Alois Fišarek studierte. Nach ihrer Promotion arbeitete sie an verschiedenen Themen mit verschiedenen Techniken.

Nach fünfzehnjähriger künstlerischer Reifung begann Helga Weissová-Hošková Anfang der sechziger Jahre, sich thematisch mit der Kriegsperiode auseinanderzusetzen und brachte erlebte Szenen aus dem Lager auf die Leinwand, die sie in einer 'Kalvarium' genannten Serie gruppierte. Expressive Linienführung, grelle Farben, oft in symbolischem Gewand, strenge Komposition, lassen Kindergesichter erblicken, mit Augen voller Angst, Sorge und stillem Vorwurf.

1964 erhielt sie ein Stipendium in Israel, und es begann eine neue Schaffensperiode. Sie verbrachte mehrere Wochen im Künstlerdorf Ein Hod und besuchte das ganze Land. Ihre Palette wurde farbenfrisch, der dunkle Ausdruck der vergangenen Periode wich einem farbenfrohen Jauchzen von Gelb, Ocker, Orange - die Farben des Lichtes und der Erde Israels. Es entstand eine neue, optimistische Serie von Bildern, die im Frühjahr 1968 in der Prager Spanischen Synagoge unter dem Namen 'Bilder aus dem Heiligen Land' ausgestellt wurde.

Nachdem die Armeen des Warschauer Pakts im August 1968 in die CSSR einmarschiert waren, konnte sie nicht mehr zu Ausstellungen ins Ausland reisen, zog sich ins Privatleben zurück und bekleidete eine Lehrerstelle an der Volksschule für Kunst. Sie schuf Familien- und Genrebilder, Porträts und Werke mit religiösen Themen, inspiriert vom chassidischen Leben. Auch die Serie 'Unheil' stammt aus jener finsteren Epoche, in der ihre Palette wieder dunkel und zarter wird. Ihre Bilder, die Zeugnis vom Holocaust geben, sind gleichzeitig Warnzeichen für die Zukunft *(vgl. Titelfoto u. S. 234)*.

Helga Weissová-Hošková hat in der Tschechoslowakei, Österreich, Deutschland, Italien und den USA ausgestellt; ihre Werke wurden in vielen Kunstzeitschriften Europas reproduziert und in verschiedenen Dokumentarfilmen verwertet. - Die Künstlerin lebt in Prag.

191. Luise Wilhelm-Hoffmann (1911-1978)

Malerin, wurde in Szombathely/Ungarn als Tochter armer religiöser Eltern geboren. Obwohl zeichnerisch sehr begabt, widersetzten sich ihre Eltern aus traditionell-religiösen Gründen ihrer Ausbildung zur Malerin. Der unwiderstehliche Drang zum Zeichnen und Malen und ihr starker Wille bewogen Luise, zum Rabbi zu gehen und um Erlaubnis zu bitten, dieses Studium zu ergreifen. Das zehnjährige Mädchen beeindruckte den Rabbi, der ihr die gewünschte Erlaubnis erteilte, worauf auch die Eltern ihrem Wunsch nachkamen.

Luise Wilhelm fuhr nach Budapest und studierte Bildhauerei an der Akademie der Schönen Künste bei Orkeny Strasser und Malerei bei Borgony Ferenc, der später im Holocaust umkam. Überdies nahm sie Privatstunden bei Perlcot Szaba, einem ehemaligen Schüler von Matisse. Inzwischen brach der Zweite Weltkrieg aus, und damit begann später die Judenverfolgung auch in Ungarn. Luise hatte das besondere Glück, sich arische Ausweispapiere verschaffen zu können, und da ihr Aussehen nicht 'typisch jüdisch' war, gelang es ihr, trotz einer Verhaftung durch die Gestapo, den Krieg in Verstecken und durch häufige Wohnungswechsel zu überleben.

Im Jahre 1948 folgte sie einer Einladung Marc Chagalls und reiste nach Paris, wo sie zwei fruchtbare Jahre verbrachte. Sie vervollkommnete ihre Kenntnisse, studierte die großen französischen Meister und arbeitete in mehreren Ateliers. Chagall, der ihre Kunst bewunderte, sagte ihr eine künstlerische Karriere voraus.

1950 wanderte sie mit ihrem Mann Josef Hoffmann nach Israel aus. Außer einer Ausstellung im heimatlichen Szombathely, als Luise 12 Jahre alt gewesen war, hatte sie keine weiteren Ausstellungen und kam nun mit einer großen Anzahl von Aquarellen, Skizzen und Erinnerungen aus Paris nach Israel. Sie eröffnete ihr eigenes Studio in der Künstlerkolonie von Safed, der uralten Stadt in Galiläa, und wurde 1950 Mitglied des Israelischen Künstlerverbandes. In Paris hatte sie sich als Porträtistin einen Namen gemacht, also setzte sie auch in Israel diese Tätigkeit fort. Ihr ständiger Wohnsitz war Tel Aviv, wo sie in den Jahren 1951 und 1954 im Kunstmuseum Einzelausstellungen hielt.

Ihre zarten Aquarelle und Pastelle aus der Pariser Epoche, welche die Straßen, lauschigen Plätze, Gebäude und Gärten der großen Stadt mit der ihr eigenen Poesie sowie mit viel Wärme und Liebe wiedergeben, erweckten großes Interesse in der Kunstwelt. Ebenso beeindruckten ihre traurigen Selbstporträts, die mit Gram über den Holocaust in den Augen die Herzen erschütterten.

1952 vertrat sie mit ihren Werken Israel auf der Biennale von Sao Paulo/Brasilien. Ihre Landschaften und Stilleben in Öl, letztere mit ihrem leichten Übergang vom Realismus zur abstrakten Kunst, brachten ihr im Jahre 1968 den israelischen Nordau-Preis. Die verwendeten Techniken sind Öl, Aquarell, Pastell, Graphik, Radierung, Tuschezeichnung u.a. Unter der Sonne Israels wurden ihre Farben leuchtender und stärker, ihre Blumenbilder, darunter Fresken, erhielten einen eigenen plastischen Ausdruck und erinnern an Einflüsse von Matisse.

Luise Wilhelm nahm an vielen Gruppenausstellungen im Ausland teil, 1949 in Wien, 1950 in Paris, 1965 in London, überdies hatte sie Einzelausstellungen u.a. in Wien, Den Haag und in Israel. Einige ihrer Bilder befinden sich im Kunstmuseum von Budapest, andere in den Museen und Galerien Israels, z.B. in der Rosenfeld-Galerie in Tel Aviv. Viele von ihren Blumenbildern spendete sie israelischen Krankenhäusern und Kinderheimen, um Freude und Hoffnung zu verbreiten. Sie war die Schwester der Malerin Viola Bindisch.

192. Gretchen Wohlwill (1878-1962)

Malerin, wurde als viertes Kind einer aufgeklärten jüdischen, kinderreichen Familie in Hamburg geboren. Ihr Vater Emil Wohlwill war ein bekannter Chemiker, der über wichtige Patente verfügte. Zu den Kindheitserinnerungen Gretchens gehören vor allem Tiegel mit verschiedenfarbigen Flüssigkeiten im Laboratorium ihres Vaters, das sie manchmal besuchen durfte. Diese Farbenvielfalt sollte ihren Niederschlag in späteren Gemälden der Malerin finden.

Sie erhielt ihre künstlerische Ausbildung 1894 an der Kunstschule 'Valesca Rover' in Hamburg bei Ernst Eitner und Arthur Illies. 1909/10 fuhr sie nach Paris, um bei Henri Matisse zu studieren, kehrte bald darauf nach Berlin zurück, wo sie sich als Kunstlehrerin ausbildete, um dann als Lehrerin an einer Mädchenschule in Hamburg zu arbeiten. 1919 gehörte sie zu den Gründern der Hamburgischen Sezession und befreundete sich mit Anita Rée, Alma del Banco und anderen Malerinnen der Sezession.

In den zwanziger Jahren und bis 1933 machte sie Studienreisen nach Italien, Frankreich, Holland, Belgien und England, seit 1927 zusammen mit ihrem Freund, dem Maler Eduard Bargheer, wobei sie ihre Eindrücke in ihren Bildern darstellte und sich an zahlreichen Ausstellungen in Hamburg beteiligte. Ihr Werk ist stark beeinflußt vom französischen Impressionismus (Matisse, Cezanne u.a.), ihre bevorzugten Themen sind Landschaften, Stilleben und Frauenporträts.

1933 wurde sie von den Nazis aus dem Schuldienst entlassen. Sie begab sich mit ihrem Freund Bargheer in eine Art innere Emigration nach Finkenwerder, wo sie bis 1940 verborgen lebte und sich weigerte, ihre Bedrohung als Jüdin wahrzunehmen. Allerdings sind die Bilder aus dieser Zeit in dunklen, grauen Tönen gehalten, begrenzt im Raum, wie sie selbst es war. Spät entschloß sie sich zur Auswanderung und ging nach Portugal, wo sie sich nicht einleben konnte und fremd fühlte. Mühsam bestritt sie ihren Lebensunterhalt in Lissabon, indem sie Familienbilder malte, z.B. 'Hauskonzert', 'Die Cembalospielerin', 'Der Cellist'. Obwohl sie in Portugal besonderen Erfolg hatte und 1948 bzw. 1952 den 'Premio Francisco da Holanda' erhielt, kehrte sie 1952 endgültig nach Hamburg zurück, wo sie noch 1958 im Künstlerklub 'Die Insel' ausstellte.

Gretchen Wohlwill starb 1962 in Hamburg. Ihr Nachlaß von etwa 450 Gemälden, Aquarellen und Radierungen befand sich bis 1991 im Staatsarchiv von Hamburg, wurde aber später von den Erben zurückgefordert und ist größtenteils in Privatbesitz übergegangen. Erst Ende der achtziger Jahre erfuhr ihr Werk seine Rehabilitation durch Ausstellungen in Hamburg und Bonn.

193. Schoschana Zahori

Malerin, wurde 1915 in einem kleinen Ort in Siebenbürgen (damals Österreich-Ungarn, heute Rumänien) geboren, und zwar als Tochter eines orthodoxen Rabbiners, der vom Wunsch seiner Tochter, Malerei zu studieren, nichts wissen wollte. Der daraus entstehende Familienkonflikt ging so weit, daß sich Schoschana entschloß, das Elternhaus zu verlassen.

Im Jahre 1935 emigrierte sie nach Palästina, wo sie sich anfangs ihren Lebensunterhalt als Bauarbeiterin verdiente. Gleichzeitig studierte sie in Abendkursen Zeichnen und Malerei bei Professor Abraham Jaskill. Später erlernte sie die Techniken des Linoldrucks und Kupferstichs.

Ihre in naiver Manier gemalten Landschaften in Öl und Aquarell sind Inspirationen sowohl aus ihrer alten wie ihrer neuen Heimat, welche sie mit ihrem Licht und ihren lebhaften Farben tief beeindruckt hat. Farbenfrohe Gemälde zeugen von ihrer Liebe und Bindung zum Land Israel und seinen Siedlern. Sie hielt viele Einzelausstellungen in Israel und im Ausland, z.B. in Lugano.

194. Malcah Zeldis

Naive Malerin, wurde 1931 in der Bronx/New York geboren, zog später mit ihren Eltern nach Detroit/Michigan, von wo sie 1949 18-jährig als Mitglied einer zionistischen Jugendorganisation nach Israel auswanderte. Sie ging in den Kibbuz Chazerim, heiratete einen Schriftsteller und hat eine Tochter und einen Sohn. Im Jahre 1958 kehrte sie in die USA zurück, schrieb Gedichte und Kurzgeschichten und erlernte Malerei. In den siebziger Jahren ließ sie sich scheiden.

Das vom Vater ererbte Maltalent (er war Sonntagsmaler) ließ sie nicht ruhen, blieb nicht mehr Hobby, sondern wurde Passion, manchmal malte sie gleichzeitig an mehreren Bildern. Im Jahre 1973 erwarb sie ihr High-School-Diplom für Erwachsene und malte naive Bilder aus der Bibel, Straßenszenen aus New York, oft humoristisch, doch ging sie Probleme direkt an, die heute die amerikanische Gesellschaft beschäftigen. In 'Andy und Marilyn' symbolisieren ihre Phantasie-Idole die Suche nach der seelischen und der physischen Schönheit in der Kunst und im Leben. Andere Bilder bezeugen die Reaktion der Künstlerin auf Krieg und Gewalt, z.B. 'Holocaust, Hiroschima', 'My Lai' u.a.

Das Museum of American Folk Art New York zeigte 1988 in einer retrospektiven Ausstellung 60 Werke von Malcah Zeldis, geschaffen in den Jahren 1972/87. In den siebziger Jahren hatte sie Ausstellungen im 'House of living Judaism New York, im Brooklyn Museum New York, in der Caravan House Gallery New York, im Stamford Museum Connecticut, in der Phyllis Kind Gallery Chicago. Ihre Bilder befinden sich im American Museum Bath/England, im Museum of American Folk Art New York City und in der Smithonian Institution Washington, D.C. sowie in Privatsammlungen.

195. Zhavit (Jakobi, signiert Zhavit)

Naive Malerin, wurde 1900 in Lodz/Polen geboren. Als 14-jährige verließ sie bei Ausbruch des Ersten Weltkriegs ihre Heimat und wanderte mit ihren Eltern nach Palästina aus. 1916 starben ihre Eltern, und sie mußte sich allein durchschlagen, indem sie verschiedene schwere Arbeiten annahm, z.B. Steineklopfen für den Straßenbau, Krankenpflege u.a. Dank ihres starken Willens und ihrer jugendlichen Arbeitskraft gelang es ihr, die schwere Zeit zu überstehen.

Die Bitternis des Lebens machte sie zur Eigenbrödlerin, sie konnte keine Freundschaften schließen, obwohl sie unter der Einsamkeit litt. Sie hoffte, durch Reisen ihr Dasein angenehmer zu gestalten und fuhr zuerst nach Berlin, dann weiter nach Montevideo, um für kurze Zeit nach Israel zurückzukehren. Schließlich ging sie nach Paris, um Malunterricht zu nehmen. Hier wurde sie von der Baronin Alix de Rotschild gefördert, die Malerei wurde zu ihrer Passion und erfüllte ihr Leben.

Zhavit hielt in Paris mehrere Einzelausstellungen, z.B. 1962 im Foyer des Artistes, 1963/64 in ihrem Atelier in Paris, 1964 nahm sie an der Ausstellung naiver Malerei in der Galerie Charpentier Paris teil, welche unter dem Titel 'Les Primitifs d'Aujourd'hui' eröffnet wurde. Es ist nicht bekannt, ob die Künstlerin noch in Paris lebt.

196. Julia Zisman

Malerin, wurde 1961 in Tscheljabinsk/Rußland geboren. Trotz einer schweren körperlichen Behinderung (sie ist auf den Rollstuhl angewiesen) hatte sie die Energie und den Mut, ihr Zeichentalent auszubilden und studierte an der Akademie der Schönen Künste in Moskau Zeichnen und Malerei, wobei sie 1990 die Akademie mit Auszeichnung beendete. In Tscheljabinsk nahm sie mit ihren Arbeiten an verschiedenen Ausstellungen junger Künstler teil und veröffentlichte Artikel und Illustrationen in lokalen Zeitungen. Eine führende Zeitschrift veranstaltete in ihrem Verlagshaus die erste Einzelausstellung Julia Zismans. Sie illustrierte ein russisches Liederbuch.

Im Jahre 1991 wanderte sie mit ihrer Mutter nach Israel aus und ließ sich in Haifa nieder. Im Oktober desselben Jahres nahm sie an der Gruppenausstellung der russischen Immigranten im Chagall-Haus Haifa teil, wo sie Arbeiten in Gouache und Aquarell ausstellte. 1992 hatte sie ihre erste Einzelausstellung in Israel, nämlich im 'Ahava'-Club Haifa. Sie ist seit 1992 Mitglied des Israelischen Künstlerverbandes und nimmt regelmäßig an Gruppenausstellungen teil, z.B. 1992 im Foyer des Stadttheaters Haifa bzw. in der Halle der Diskontbank Haifa. Sie arbeitet oft an Buchillustrationen israelischer Schriftsteller. Im Februar 1997 hielt Julia Zisman eine Einzelausstellung in Haifa, und zwar in den

Räumen einer Privatgesellschaft, wo sie über hundert Aquarelle und Ölbilder zeigte; die meisten Werke wurden sofort verkauft.

Die von ihr benutzten Techniken sind Aquarell, Gouache, Pastell und Tuschezeichnung. Sie arbeitet nicht nach der Natur und ohne Modelle. Zum Trost für ihr trauriges Los hat sie die Natur mit Talent und einer beflügelnden Phantasie ausgestattet, die es ihr ermöglicht, der traurigen Wirklichkeit in eine Welt der Träume und Märchen zu entfliehen *(s. S. 5 u. 222)*. - Julia Zisman lebt und arbeitet in Haifa.

197. Lelia Zuaf-David

Bildhauerin, geboren 1923 in Bukarest, zeigte bereits in der Mittelschule ihr besonderes Zeichentalent. Beeindruckt vom Werk Auguste Rodins beschloß Lelia, Bildhauerei zu studieren, doch der Ausbruch des Zweiten Weltkriegs und der wachsende Einfluß Hitler-Deutschlands auf Rumänien verhinderten vorerst ihre Pläne. Von 1942/44 studierte sie daher an der privaten, von dem bekannten Maler Max Hermann Maxy geleiteten jüdischen Kunstschule Malerei, da die Bukarester Akademie der Schönen Künste für Juden damals verschlossen war.

Gleich nach dem Krieg wurde Lelia Zuaf Studentin der Bukarester Akademie, wo sie bei dem bekannten rumänischen Bildhauer Cornel Medrea in die Lehre ging. 1948/72 nahm sie an vielen Gruppenausstellungen sowohl in Rumänien als auch im Ausland teil, z.B. in Athen, Ankara, Berlin, Belgrad, Budapest, Helsinki, Moskau, Paris, Peking, Prag und Sofia. 1954 stellte sie im Rahmen des rumänischen Pavillons bei der XXVII. Biennale in Venedig aus, und 1955 wurde ihre Skulptur 'Frühling des Lebens und des Friedens' zum Sinnbild des in Lausanne stattfindenden Internationalen Kongresses der Mütter gewählt.

1952 erhielt Lelia Zuaf den rumänischen Staatspreis, 1960 den Preis für Skulptur und 1967 den vom Verband der bildenden Künstler Rumäniens gestifteten Preis für Monumentalkunst. Während ihrer Schaffensperiode in Rumänien erhielt sie Regierungsaufträge für Monumentalskulpturen, zahlreiche Werke in Marmor oder Bronze schmücken noch heute Parkanlagen im Badeort Eforie am Schwarzen Meer, im Hafen Constanza oder öffentliche Plätze in Bukarest und anderen Städten Rumäniens.

1972 wanderte die Künstlerin mit ihrer Familie nach Israel aus. Sie ließ sich in Haifa nieder, wurde Mitglied des Israelischen Künstlerverbandes und wirkte weiterhin als Bildhauerin. Sie schuf Büsten bekannter Persönlichkeiten und Monumentalskulpturen, z.B. im Palais des israelischen Staatspräsidenten, im Herzl-Museum Jerusalem, an der Universität Haifa, im Stadtpark von Kirjat Bialik, in Kirjat Tivon ein Wandgemälde in Keramik u.a. Sie fertigte auch Entwürfe und Modelle für Medaillen auf Bestellung der israelischen Nationalbank. Ihre Werke finden sich in Parkanlagen und auf öffentlichen Plätzen, in Museen in Rumänien und Israel sowie in vielen Privatsammlungen.

Die wichtigsten Themen ihres Schaffens sind Porträtbüsten und Darstellungen des menschlichen Körpers. So verewigte sie in Stein und Bronze die Büsten von Gheorghe Enescu, dem rumänischen Komponisten, ihrem Lehrer Cornel Medrea, von Dr. Parhon, dem bekannten rumänischen Endokrinologen, schließlich von Theodor Herzl u.a. In ihren Monumentalskulpturen versuchte die Künstlerin einen Übergang vom rein Figurativen zur Allegorie und abstrakten Form zu schaffen. Die Schönheit der israelischen Landschaft, die Faszination der Wüste, die alten Mythen ihres Volkes sind für Lelia Zuaf lebendige Inspirationsquellen.

Skulpturen wie 'Mutter und Kind', 'Die Geliebten' oder die Büste des Geigers J. Haifetz drücken das Vermögen der Künstlerin aus, dem rohen Stein die essentiellen Züge ihrer Köpfe zu entlocken und, wie im Falle der Büste von J. Haifetz, durch kaum angedeutete Konturen sowohl die fast unsichtbare Geige als auch die Konzentration und Leidenschaft des Geigers zur Musik zu verkörpern. 1991 zeigte sie erfolgreich ihre Werke in Pannerdan/Holland, dann in Avray und in Barbizon/Frankreich.

Lelia Zuaf hat es verstanden, in ihrem Werk eine innige Verbindung zu schaffen zwischen der sentimentalen Romantik des einstmaligen rumänischen Milieus und der modernen Kunstrichtung und Umgebung, in der sie heute lebt. Die Künstlerin ist verheiratet und Mutter einer sehr begabten Cellistin, die in Paris lebt, sowie eines Sohnes, der als Graphiker in Amsterdam arbeitet.

198. Valerie Zuckerman, geb. Gottfried

Malerin, geboren 1929 in Rumänien, erlernte in Bukarest die Grundbegriffe des Zeichnens und Malens und kam 1950 mit ihrer Familie nach Israel. Hier setzte sie ihre Studien an der Universität Haifa bei den Malern Yaskil, Davidovicz und Bonhee fort, studierte dann auch an der Internationalen Akademie in Salzburg und der Art Students League in New York.

Sie malt in Öl, Aquarell, Acrylic, gemischter Technik und ist Mitglied des Israelischen Künstlerverbandes. Ihre Landschaften Israels sind in expressionistisch-abstraktem Stil und meist großformatig gehalten. Die satten, lebhaften Farben, in breiten Pinselstrichen aufgetragen, haben keine festen Konturen.

Valerie Zuckerman nahm an zahlreichen Gruppenausstellungen teil, so in Haifa (ihrem ständigen Wohnort), Tel Aviv und anderen Städten Israels sowie Salzburg, in der City Hall von Kapstadt/Südafrika, in der Artfil Gallery London, der Pollock Galerie Zürich, in der Portland City Hall/USA und der Taler Galerie Barcelona.

Einzelausstellungen hielt sie 1983 in Kirjat Motzkin/Israel, im Stadt-Museum von Naharia/Israel, im Chagall-Haus Haifa, 1985 in der Halle des Rathauses Haifa, 1987 im Nationalen Marinemuseum in Haifa, in der Galerie des Aba Chushy Kulturhauses in Haifa, 1990 im Künstlerdorf Ein Hod. Ihre Neigung zu immer abstrakterem Ausdruck kam auch in ihren letzten Einzelausstellungen zum Ausdruck: 1992 in der Chaya Gallery Tel Aviv und 1993 im Haus der israelischen Maler und Bildhauer zu Tel Aviv.

Ihre Bilder befinden sich in israelischen Museen wie im Museum Naharia, im Holocaust-Museum Jerusalem, im Marinemuseum Haifa, ebenso in Südafrika und in vielen Privatsammlungen in Israel und im Ausland.

199. Beatrice Zweig

Malerin und Graphikerin, wurde 1906 in Berlin geboren, wo sie unter der Anleitung des bekannten Malers Ludwig Meidner studierte; später arbeitete sie im Atelier des Bauhaus-Künstlers Johannes Itten in Dresden und schließlich mit Max Dungert von der 'Novembergruppe'. Sie vervollständigte ihr Studium im Atelier des Malers Leopold Gottlieb in Paris und lernte die Technik des Holzschnittes bei Franz Masereel. Im Jahre 1934 verließ sie Deutschland und emigrierte ins damalige Palästina, arbeitete eine Zeitlang im Atelier des bekannten Graphikers Hermann Struck in Haifa und lernte neue Maltechniken bei Meiselmann. Sie paßte sich dem neuen Milieu und den helleren Farben an. Ihre Themen sind mit Vorliebe Landschaften, Blumen und Stilleben. Ihre Techniken sind Aquarell, Öl auf Leinwand und Kupferstich. Ihre Bilder und Stiche befinden sich in Museen Israels sowie in Privatsammlungen.

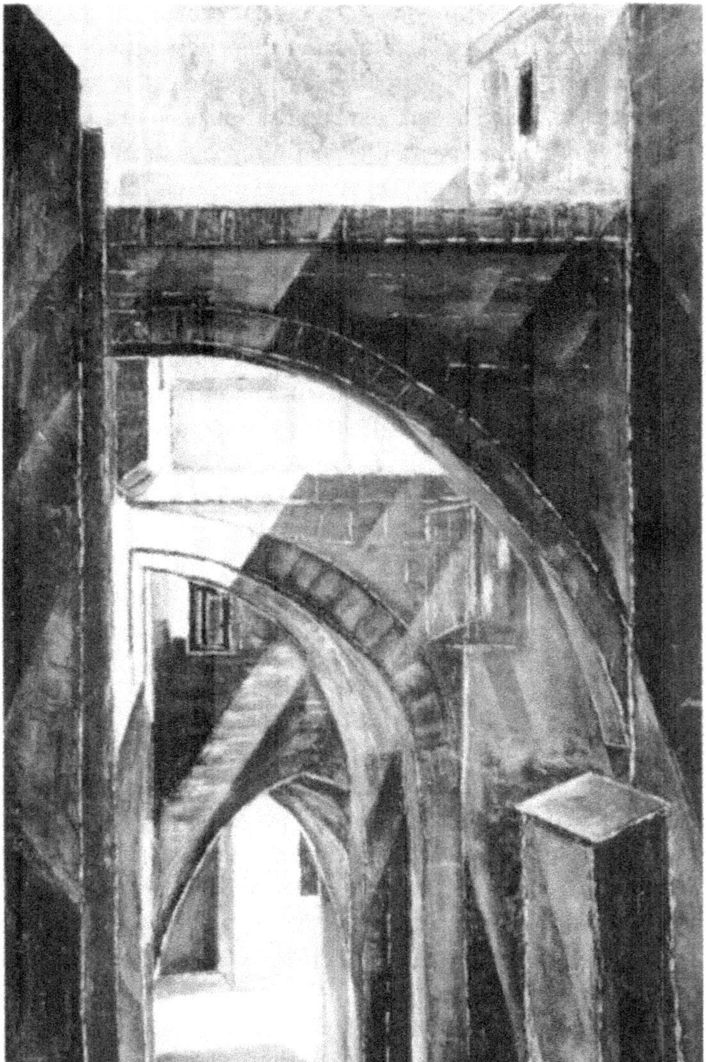

Anna Andersch-Marcus, 'Jerusalem' (Öl, 127 x 70 cm)

Pnina Navè Levinson (Jerusalem)

Die Förderung und Rezeption jüdischer Kunst

Ein verbreitetes Mißverständnis behauptet, daß die Darstellung von Lebewesen dem gläubigen Judentum untersagt sei. Man spricht von einem angeblichen biblischen 'Bilderverbot'. Was jedoch verboten ist, ist die Anbetung von Bildwerken an Gottes statt, also der Götzendienst. Hingegen ist je nach Zeit und Kunststil alles willkommen, was der Verschönerung und Ausschmückung von Alltag und Fest in Haus und Synagoge gewidmet ist.[1] So befanden sich in der Synagoge von Dura-Europos in Syrien (244 u.Z.) zahlreiche Wandmalereien. Für babylonische Synagogen sind Statuen bezeugt, und durch Jahrhunderte wurden Bethäuser und Villen mit menschlichen Darstellungen in Mosaiktechnik geschmückt. Frauen konnten sich an all diesen Künsten gleichberechtigt erfreuen, denn erst in muslimischer Zeit gab es die Einrichtung der Frauenempore.[2]

Religionsgesetzlich waren also Bilder gestattet, das zeigen die reich geschmückten Handschriften der Pessach-Haggada (häusliche Oster-Liturgie) seit der Gotik. Sie gehörten zum Hausschatz der Familien. Vornehme Juden in Spanien eiferten darin der christlichen Aristokratie nach. Solche Miniaturen zeigen den damaligen internationalen Stil samt schöner Frauen, bekleidet oder nackt.[3] In Heidelberg entstand eine Haggada, deren Bilder auch die Darstellung von Frauen mit ihren rabbinischen Studienmeistern enthält.[4] Oft wurden Handschriften von Frauen in Auftrag gegeben. Gelegentlich finden sich darin ihre Porträts.

Kunstwerke galten je nach ihrem Inhalt und Kontext als jüdisch, nicht aber infolge ihrer Ausführung: Sie konnten auch von Nichtjuden angefertigt werden. Das trifft weitgehend für Mosaikbilder im Land Israel zu: Man nimmt an, daß die gleichen wandernden Künstler Kirchen und Synagogen schmückten. Verschieden waren die religiösen Symbole und Inschriften. In den griechischen

---

[1] Vgl. meinen Aufsatz „Menora und Goldenes Kalb“, in: UDIM, Zeitschrift der Rabbinerkonferenz in Deutschland. Bd. 17, Hg. Joel Berger, Stuttgart-Köln 1995.

[2] Bernadette J. Brooten: Women Leaders in the Ancient Synagogue. Inscriptional Evidence and Background Issues. Brown University Judaic Studies 36, 1982.

[3] 3) z.B. B. Narkiss: The Golden Haggadah. The British Library. London 1996 (Nachdruck).

[4] Bildbände, Die Darmstädter Haggada.

und hebräischen Synagogentexten werden Frauen in vielerlei Funktionen ausgewiesen: Vorsteherin, Mutter der Synagoge, Älteste, Stifterin.[5]

Diese aktive Teilnahme geht auf eine frühe biblische Zeit zurück. Zur Erstellung des ersten Heiligtums nach dem Auszug aus Ägypten (um 1300 v.u. Z.) konnten Männer und Frauen als freie Menschen jene Fertigkeiten beisteuern, die sie früher als Sklaven zu leisten hatten (2 Mose 35-39). Nun hieß es: „Alle kunstverständigen Frauen spannen mit eigenen Händen und brachten das Gesponnene, blauen und roten Purpur, Karmesin und Bysaus. Und alle Frauen, die ihr Herz in Kunstverstand bewegten, spannen die Ziegenvliese" (2 Mose 35, 25-26). Alle Materialien waren von jedermann und jederfrau gestiftet worden. Als besonderen Beitrag gaben die diensttuenden Frauen des Heiligtums ihre kostbaren Bronzespiegel zur Herstellung des priesterlichen Waschbeckens (dort 38,8), das unerläßlich für die Durchführung der Gottesdienste war. Im Allerheiligsten befanden sich dreidimensionale Bildwerke - die beiden goldenen Engel, Cherubim (dort 37,7-9).

Auch Synagogen wurden mittels der Gaben und Arbeiten von Frauen ausgestaltet, darunter kostbare Gewänder, die sie als Vorhänge für den Heiligen Schrein umwidmeten und mit Motiven aus der Tier- und Pflanzenwelt sowie Texten bestickten, darunter auch ihre Namen. Solche Arbeiten befinden sich in jüdischen Museen. Andere vererbten ihren Silberschmuck als heiligen Zierat. Beispiele aus dem Jemen befinden sich in der Sammlung 'Frau der Stärke', Eschet Chajil, des Israel-Museums (Jerusalem) auf der Empore der dorthin gebrachten italienischen Synagoge. In dieser Sammlung befindet sich ein Renaissance-Exponat von besonderer Signifikanz: das silberne Kästchen einer Dame, mit Darstellungen der besonderen Frauengebote des religiösen Lebens - Teighebe, Lichtersegen und das nackte Untertauchen im Bad. Weitere Kunstgegenstände der Ehewürde waren Silbergürtel des Brautpaares, die besonders in Deutschland geschätzt wurden und wohl auf die Renaissance zurückgingen.[6] Es ist anzunehmen, daß die Auftraggeberinnen oder Erbinnen solcher Kunstwerke selbst zeichneten, malten und schmiedeten.

Dazu gibt es kaum Forschungsarbeiten. Gab es vielleicht Familienwerkstätten, in denen Frauen und Töchter mitarbeiteten, ähnlich wie in hebräischen Druckereien? Aus diesen haben wir eine Preziose - die Entschuldigung der neunjährigen Ella aus Dessau für eventuelle Satzfehler.[7] Die Verbindung von

[5] Siehe Anm. 2.

[6] Abbildungen in Artikel 'Siwlonot' (Brautgürtel), Jüdisches Lexikon Bd. 5, Berlin 1995 (Nachdruck).

[7] Siehe in meinem: Was wurde aus Saras Töchtern? Gütersloh, 3. Auflage 1993, S. 122.

Wohnung und Werkstatt war oft dienlich, um Begabungen zu fördern. Manche Fertigkeiten, die uns 'weiblich' erscheinen, übten Männer aus - etwa die Stikkereien jemenitischer Juden. Hebräische Kalligraphie ist meist 'männlich', jedoch gibt es viele Ausnahmen, etwa im heutigen kalligraphischen Wandschmuck sowie einem Hauptzweig der jüdischen religiösen Kunst - der Ketubba, dem Ehevertrag. [8]

Die Offenheit der Moderne bahnte den Weg zur individuell gestalteten Entwicklung in Technik, Stil und Gegenstand. Dabei sollte freilich zu erhoffen bleiben, daß bei einigen Künstlerinnen auch jüdische Themen eine emotionale und gestalterische Rolle einnehmen. Eine plurale Kunst sollte beides ermöglichen - Frauen, deren Herkunft und Leben mit der jüdischen Gemeinschaft verbunden sind, und unter ihnen auch jene, die sich dem spezifisch jüdischen Bereich zuwenden und zur Verschönerung im privaten und öffentlichen Umkreis beitragen.

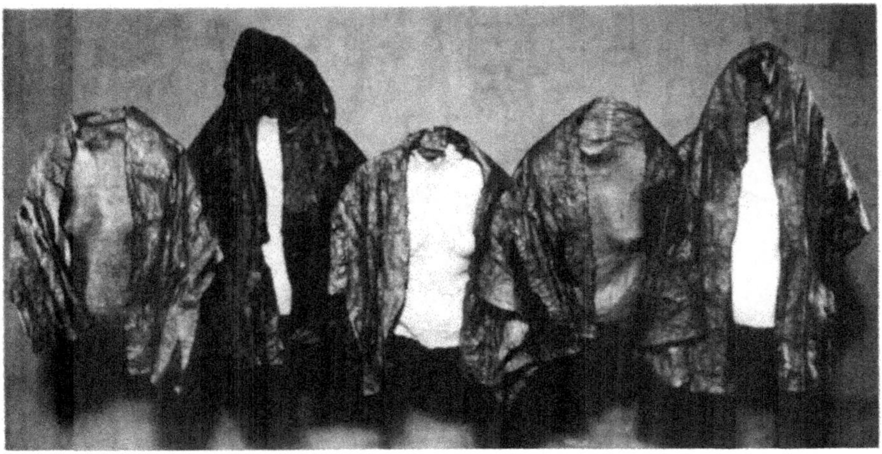

Dorothy Field, 'Woman in Black: Mourning the Split'

[8] Stehe Bildbände: The Ketubbah; sowie in Stegel/Strassfeld/Strassfeld (Hg.): The Jewish Catalog, Philadelphia 1973 (= Anweisungen in jüdischen Fertigkeiten; Handbuch).

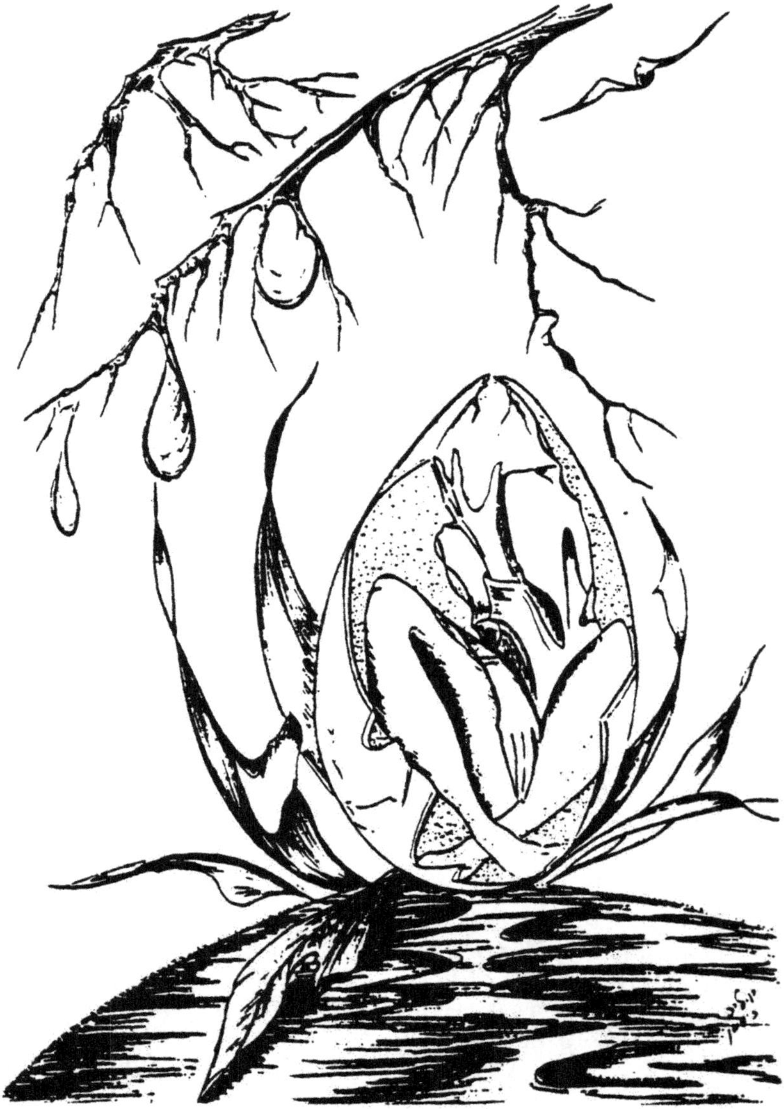

Julia Zisman

Ausgewählte Literatur

M. Ahlfeld-Heymann, Und trotzdem überlebt. Konstanz 1994.

American Women Artists, Past & Present, A selected bibliographical guide. London 1984.

E. Berger u. P. Junk u.a., Felix Nussbaum - Verfemte Kunst - Exilkunst - Widerstandskunst. Kulturgeschichtliches Museum, Osnabrück.

W. Beckett, Contemporary Women Artists. New York 1988.

Th. Bernstein, Expressions of Cape, 1914-1972. A Centennial Exhibition. Stanford 1990.

O. Bihalij-Merin et al. (Eds.), World Encyclopedy of Naive Art. London 1984.

R. Berger, Malerinnen auf dem Weg ins 20. Jahrhundert. Kunstgeschichte als Sozialgeschichte. Köln 1982.

W. Berghahn, Robert Musil. Reinbek 1963.

J. Blatter u. S. Milton, Art of the Holocaust. (Rutledge Press) 1981.

N.S. Bober, Breaking Tradition. The story of Louise Nevelson. New York 1984.

C. Bratt, Sculpture, Monographie. Haifa 1967.

G. Breitling, Die Spuren des Schiffes in den Wellen. Frankfurt a.M. 1986.

Chagall-House Publ. Commitee, 50 Artists, Painters & Sculptors. Massadah, Tel Aviv.

A. Cohen, S. Delaunay, Arthur A. Cohen. New York 1975.

B. Curiger, Meret Oppenheim, ABC. Zürich 1982.

H. Davis, Florine Stettheimer. New York 1973.

R. Delaunay, The new Art of Colour. The writings of Robert and Sonia Delaunay. Ed. by A.A. Cohen. New York 1974.

J. Dick u. M. Sassenberg, Jüdische Frauen im 19. und 20. Jahrhundert. Reinbek 1993.

P. Dunford, Biographical dictionary of women artists in Europe and America since 1850. Philadelphia 1989.

P. Duval, Canadian watercolour painting. Toronto 1952.

P. Duval, Canadian drawings & prints. Toronto 1952.

E.H. Fine, Woman & art. A history of women painters and sculptors from the Renaissance to the 20th century. Montclair, N.J. 1978.

H. Fleming, Eröffnungsrede 14.2.1985 in: Die Welt, Nr. 56, 7.3.1985.

E.E. Fries, Women Artists in all ages and Countries. New York ?

H. Gamzu, Hanna Orlof, Museumskatalog. Tel Aviv 1969.

Goldfine, Hava Mehutan, Monographie.

Th. Gouma-Peterson, Miriam Schapiro. A retrospective 1953-1980. Wooster, Ohio 1980.

Graphik Art in Israel Today, Katalog zur Ausstellung im Museum Tel Aviv, Oktober 1963.

G. Greer, The Obstacle Race. (Farrar-Strauss) New York 1979.

L. Gutfeld (Hg.), Von der Bibel bis Chagall. Judentum und Kunst. Frankfurt a.M. 1963.

D. Guttmann, Schwierige Heimkehr - Leben und Leiden in Ungarn, dann auf der 'Exodus' und zurück über Bergen-Belsen nach Tel Aviv. Jüd. Schicksale 1944-1948. Konstanz 1997.

A.S. Harris, Women artists 1550-1950. Los Angeles County Museum of Art. N.Y. 1976.

N. Heller, Women artists. An illustrated history. New York 1987.

N. Heller (Ed.), North America women artists of the 20th century: A biographical dictionary. New York 1995.

P. Hessing, A Mirror to my Life. (Collins) London 1987.

W. Hütt, Lea Grundig. Dresden 1969.

H.R. Hüttenbach, „Porträt einer jüdischen Lehrerin, Heldin und Märtyrerin." In: Aufbau (New York) 7.10.1988.

E. Honig-Fine, History of Women Painters from the Renaissance - 20. Century. N.Y.1978.

ISART: The Israeli Artist's Golden Yearbook. Tel Aviv 1979.

Israeli Artist's, Painters & Sculptors, Art 2000. London 1994.

Jakovsky, Lexicon of Naive Painters. Basel 1976.

I. Jianu, Les Artistes Roumains en Occident. American-Rouman. Society. New York 1986.

A. Kampf, Jüd. Erleben i.d. Kunst d. 20. Jh. (1984) Weinheim u. Berlin 1987.

A. Kampf, Louise Kaish, Monographie. Jewish Museum. New York 1973.

A. Kampf, Jewish experience in the art of the 20th century. Hadley, Mass. 1994.

A. Kampf, Chagall to Kitaj. Jewish experience in the 20th century art. New York 1990.

Kikoine et ses Amis de l'Ecole de Paris, Exposition de la Mairie de Paris, 1993.

T. Knobel-Flück, Memories of My Life in a Polish Village, 1930-1949. London 1990.

St. Koldehoff, "Vom Nachklang der Schöpfung. Endlich erhält die große Dichterin Else Lasker-Schüler eine historisch-kritische Werkausgabe." In: Die Zeit, 46, 7.11.1997, S. 67.

M. Korber, Deportiert - Jüd. Überlebensschicksale aus Rumänien 1941/44. Konstanz 1993.

E. Krull, Kunst von Frauen in vier Jahrhunderten. Frankfurt 1984.

H. Künzl, Jüdische Kunst von der biblischen Zeit bis in die Gegenwart. Mit komment. Literaturverzeichnis. München 1992.

B. Küster (Hg.), Malerinnen des XX. Jahrhunderts. Bremen 1995.

Larousse, Encyclopedia of Modern Art. London 1984.

S. Lasker-Schüler, Werke und Briefe. Frankfurt a.M. 1996.

L.P. Levinson, Ein Rabbiner in Deutschland. Aufzeichnungen zu Religion und Politik. Gerlingen 1987.

Lexikon des Judentums. (J.F. Oppenheimer) 1967.

L.R. Lippard, Eva Hesse, Monography. 1976.

L.R. Lippard, From the Center. Feminist Essays on Women's art. New York 1976.

A. Lixl-Purcell, Erinnerungen deutsch-jüdischer Frauen 1900-1990. Leipzig 1992.

Lovish, 100 Contemporary Jewish American Painters and Sculptors, YKOF Museumskatalog von Ein Harod.

E. Lurie, Jewesses in Slavery, Sketches. Palestina 1945.

B. Maier, Interessante Zeitgenossen - Lebenserinnerungen eines jüdischen Kaufmannes und Weltbürgers. Konstanz 1997/98.

C. McDonald, A Dictionary of Canadian Artists. Vol. 1. Ottawa 1967.

H. McKinley, Modern Mexican Painters. (Dover Mineola) New York 1989.

B. Narkiss, Geschichte der Jüdischen Kultur in Bildern. Wiesbaden 1973.

P. Navè Levinson, Was wurde aus Saras Töchtern? Frauen im Judentum. Gütersloh 1989.

P. Navè Levinson, Eva und ihre Schwestern. Perspektiven einer jüdisch-feministischen Theologie. Gütersloh 1992.

P.G. Nunn, Victorian women artists. London 1987.

P.G. Nunn (Ed.), Canvassing: Recolections by six Victorian women artists. London 1986.

G. Ogilvie u. C. Graff, Dictionary of South-African Painters & Sculptors, includ. Namibia.

M. Osborn, Irma Stern, Monographie.

S. Palty, Jenseits des Dnjestr - Deportationsschicksale aus Bukarest in Transnistrien 1942-1943. Konstanz 1995.

G. Peterson, Miryam Shapiro, A retrospective 1953/80, College of Mooster. Ohio 1980.

T.G. Peterson, Breaking the Rules. New York 1992.

J. Picard, „Recht auf Abweichung? Das Juden- und Frauenbild der deutschen Romantik und Bettine von Arnims Seitensprung.“ In: E.R. Wiehn (Hg.), Judenfeindschaft. Konstanz 1989, S. 73-94.

Pictori Evrei Din Romania/Jewish Painters in Romania 1848-1948. Bukarest 1996.

E. Porat, Stimme der toten Kinder - Von den Karpaten durch Auschwitz, Nordhausen und Bergen-Belsen nach Israel 1928-1996. Konstanz 1996, engl.-hebräische Ausgabe 1997.

P. Restany, Francine Scialom-Greenblatt. Monographie.

S. Rieger, The Stone Menagerie. New York 1970.

B. Rose, Lenore Krassner, A Retrospective, Museum of Modern Art. New York.

C. Roth, Jewish Art. 1961.

C. Roth, Jewish Contribution to Civilisation. Oxford 1945.

Sakashansky, The Handbook of Art and Artists in Palestine, Ed. Klinger 1946.

K. Schächter, Wos ich hob durchgelebt - Was ich durchgemacht habe. Brief einer Jüdin aus der Bukowina, verfaßt in Transnistrien 1941. Konstanz 1996.

R. Schmidt, Greta Schreyer, Katalog zur Ausstellung, Hanak-Museum, Langenzersdorf (Österreich) 1994.

A. Schwarz-Gardos, Frauen in Israel. Die Emanzipation hat viele Gesichter. Ein Bericht in Lebensläufen. Freiburg 1979.

R. Shehoory, Art in Israel.

K. Silver & R. Golan, The Circle of Montparnasse, Exhibition in the Jewish Museum. New York 1985.

Ch. Solomon, Ein Tagebuch in Bildern 1917-1943. Reinbek 1963.

W.S. Sparrow, Women Painters of the World. New York

F. Stettheimer, A Life in Art, An Exhibition of Paintings, Author Parker Tyler. N.Y. 1963.

P. Stránský, Als Boten der Opfer - Von Prag durch Theresienstadt, Auschwitz, Schwarzheide und zurück. Tschechisch-jüdische Schicksale 1939-1997. Konstanz 1997.

M. Susman, Das Nah- und Fernsein des Fremden. Frankfurt a.M. 1992.

A. Sutherland, Harris & Linda Nochlin, Women Artists, 1550-1950. 1989.

Terezin v kreskach veznu 1941-1945 - Theresienstadt in den Zeichnungen der Lagerinsassen. Jüdisches Museum Prag, 1983.

K. Toman, Novy slovnik ceskoslovenskych vytvarnich umelcu. - Neues Lexikon der tschechoslowakischen bildenden Künstler. Prag 1952.

E. Tufts, Our hidden heritage: Five centuries of women artists. New York 1974.

E. Tufts, American women artists, 1830-1930. Washington, D.C. 1987.

E. Tufts, American women artists, past and present. A selected bibliographic guide. New York 1984-89.

A. Tycho, Drawings, by Elisheva Cohen, Hakibutz Hameuchad 1986.

E. Waldmann, Künstlerehen und Künstlerlieben aus fünf Jahrhunderten. Dresden 1933.

Welt-Wizo (Hg.), Zwölf Frauen der Bibel. Eine typologische Studie. Tel Aviv 1990.

Welt-Wizo (Hg.), Biblische Führer. Lehren für heute. Tel Aviv 1995.

E.R. Wiehn, Ghetto Warschau - Aufstand und Vernichtung 1943 fünfzig Jahre danach zum Gedenken. Konstanz 1993.

M.N. Yablonskaya, Women Artists of Russian New Age, 1900-1935. New York 1990.

Zeitschriften und Zeitungen

C. Snyder, „Reading the language of the Dinner Party." In: Woman's Art Journal. Chicago 1980.

J. Helfer, „Ausstellung Edith Kramer." In: Aufbau, New York, 19.12.1986.

J. Helfer, „Ausstellung Greta Schreyer." In: Aufbau, New York, 23.10.1987.

S. Kill, „Ausstellung Edith Kramer." In: Aufbau, New York, 12.2.1988.

F. Reuter, „Worms, Erinnerung an eine Malerin, Herta Mansbacher." In: Aufbau, New York, 1.10.1988.

M. Ziegler, „Die Künstlerin Siri Berg." In: Aufbau, New York, 18.8.1989.

A. de Lallier, „Fay Lansner: Woman as Metapher." In: Woman's Art Journal. Chicago 1987.

M. Wechsler, „Einem Berseker ausgeliefert - Lee Krasner, Jackson Pollok" In: Die Weltwoche, Zürich, 23.11.1989.

M.V. Yablonskaja, in: Women Artist of Russia's New Age, New York 1990.

„Jüdische Frauen - Künstlerisches Schaffen und ihre Identität." In: Aufbau, New York, 20.11.1992.

„Kink - Die PTT entdecken endlich die Kunst der Frauen." In: Sonntagszeitung (Schweiz), 5.9.1993.

„Manina, eine surrealistische Malerin aus Wien." In: Neue Illustrierte Welt, Wien.

„Charlotte Lichtblau, Malerin aus Wien." In: Neue Illustrierte Welt, Wien, April 1994.

G. Nagler u. S. Fellner, „Anna Mahler." In: Neue Illustrierte Welt, Wien, April 1996.

R. Stern, „Zum Tode der Malerin Anne Ratkowski: Eine vergessene Künstlerin der 'Novembergruppe'." In: Aufbau (New York), 11.10.1996, S. 20f.

C. Blechen, „Blick in den Abgrund. In Berlin wird die jüdische Max-Liebermann-Ehrung von 1936 rekonstruiert." In: Frankfurter Allgemeine Zeitung, Nr. 106, 9.5.1997, S. 31.

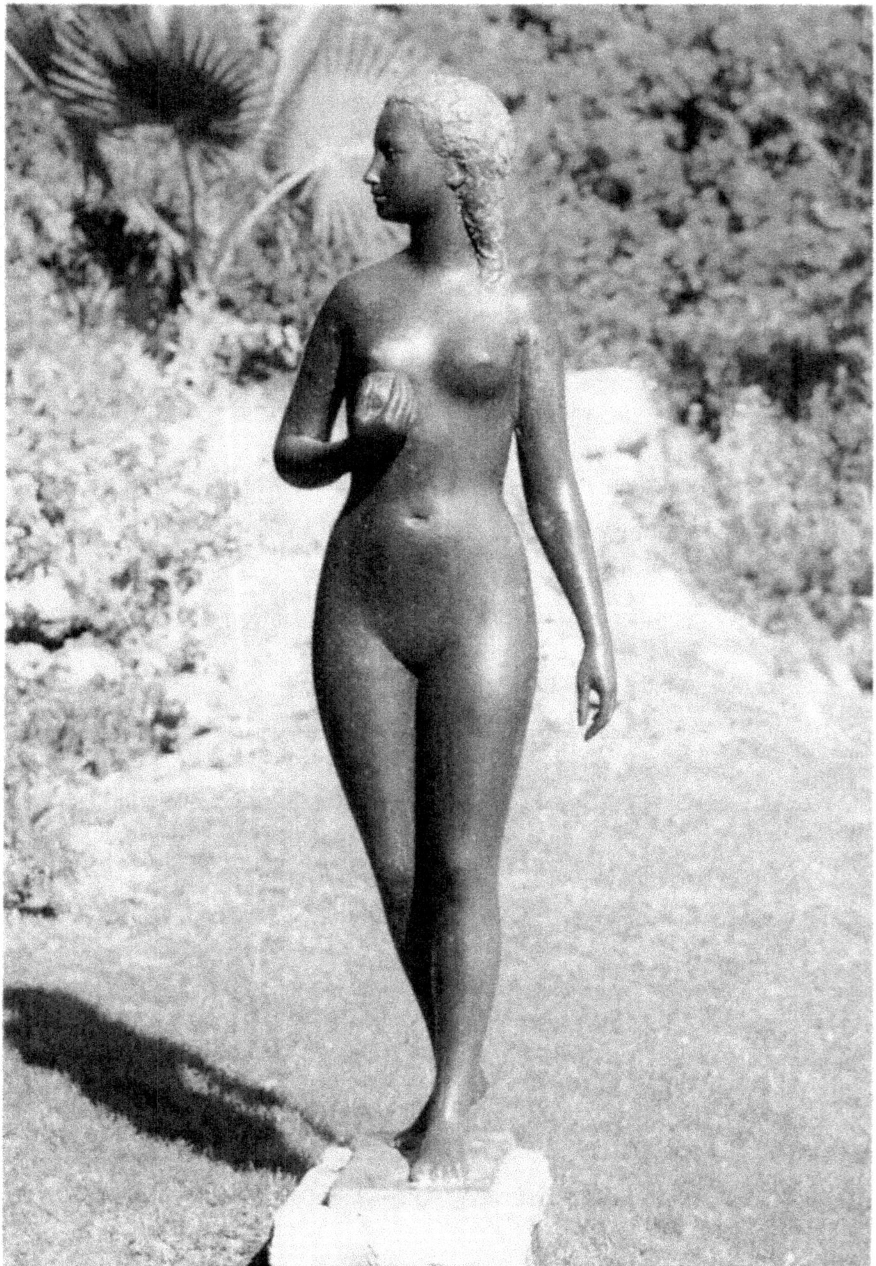

Skulptur von Ursula Malbin im Sculpture-Garden 'Mitzpor-Shalom - Vista of Peace' zu Haifa (Foto in der gleichnamigen Schrift der Municipality of Haifa, hier mit Erlaubnis der Künstlerin)

Hedwig Brenner s.A.

Geboren am 27. September 1918 in Czernowitz/Bukowina (damals Österreich-Ungarn) als Hedwig Langhaus geboren; ihre Muttersprache ist Deutsch, der Vater war Rechtsanwalt, die Mutter Lehrerin. Nach Beendigung der Mittelschule Studium der Kunstgeschichte an den Universitäten Wien und Genf; durch den "Anschluss" Österreichs an das deutsche Reich im März 1938 Abbruch des Studiums und Rückkehr nach Czernowitz.

Während des Zweiten Weltkriegs erlebte sie sowohl die sowjetische als auch die deutsch-rumänische Besatzung und wurde 1941 im Ghetto interniert. 1939 Heirat mit dem Dipl. Ing. Gottfried Brenner, der in der rumänischen Erdölindustrie arbeitete. Sie ist Mutter von zwei Söhnen, beide Ingenieure, und war 25 Jahre als Physiotherapeutin in einer Poliklinik in Ploieşti (Rumänien) tätig.

1982 Auswanderung der Familie nach Israel und Niederlassung in Haifa. Hier literarisch aktiv durch Veröffentlichung von Lyrik und Feuilletons in deutschsprachigen Zeitungen Israels und des Auslandes, so *Aufbau* (New York), *Die Stimme* (Tel Aviv), *Israel Nachrichten* (Tel Aviv), *Neues Israel* (Schweiz); siehe 'Mnemosyne – ZEIT-Schrift für Geisteswissenschaft 19. Klagenfurt, September 1995, S. 30, 32, 63.

2012 Bundesverdienstkreuz der Bundesrepublik Deutschland und Österreichisches Ehrenkreuz für Wissenschaft und Kunst.

Verstorben in Haifa am 23. Januar 2017.

Buchveröffentlichungen:

1) Jüdische Frauen in der bildenden Kunst (I). Ein biographisches Verzeichnis. Konstanz 1998.

2) Jüdische Frauen in der bildenden Kunst II. Ein biographisches Verzeichnis. Konstanz 2004.

3) Leas Fluch – Eine Familiengeschichte – ein Zeitdokument 1840–2003. Band 1, Munda-Verlag, Brugg 2005.

4) Mein 20. Jahrhundert. Band 2, munda-Verlag, Brugg 2006.

5) Jüdische Frauen in der bildenden Kunst III. Ein biographisches Verzeichnis. Konstanz 2007.

6) Jüdische Frauen in der Bildenden Kunst IV. Ein biographisches Verzeichnis. Konstanz 2010.

7) Mein altes Czernowitz – Erinnerungen aus mehr als neun Jahrzehnten 1918–2010. Konstanz 2010.

8) Hedwig und Gottfried Brenner: Zum Andenken und Nachdenken. Kurzgeschichten, Lyrik und Malerei aus Czernowitz und Israel. Konstanz 2011.

9) Jüdische Frauen in der bildenden Kunst V. Ein biographisches Verzeichnis. Konstanz 2013.

10) Begegnungen mit Menschen und Städten 1919–2014. Konstanz 2015

11) Jüdische Frauen in Musik und Tanz – Ein biographisches Verzeichnis Konstanz 2017.*

Erhard Roy Wiehn & Christel Wollmann-Fiedler (Hg.), Hedwig Brenner und ihre Künstlerinnen jüdischer Herkunft – Einer Pionierin zum Gedenken. Konstanz 2021, 135 Seiten, Fotos. ISBN 978-3-86628-686-3

***

Prof. Dr. Pnina Navè Levinson s.A.

vielfältige Lehrtätigkeit, zahlreiche Veröffentlichungen zur hebräischen Literatur und Dichtung, zu Theologie und Religionspädagogik sowie zu Frauenfragen; sie verstarb 1998.

Prof. Dr. Margarita Pazi s.A.

lehrte deutsche Sprache und Literatur an der Tel Aviv University; zahlreiche Veröffentlichungen, viele Vizevorsitzende und seit 1992 Vorsitzende des Verbandes deutschsprachiger Schriftsteller in Israel; Anfang 1997 verstorben.

Dr. Drs. h.c. Erhard Roy Wiehn, M.A.

Professor (em.) im Fachbereich Geschichte und Soziologie der Universität Konstanz; Veröffentlichungen vor allem zur Schoáh und Judaica:
http://de.wikipedia.org/wiki/Erhard_Roy_Wiehn
www.uni-Konstanz.de/soziologie/judaica

* In: Hedwig Brenner, Begegnungen mit Menschen und Städten 1919-2014. Konstanz 2015, sind 10 Rezensionen abgedruckt (S. 140 ff.).

Namenregister

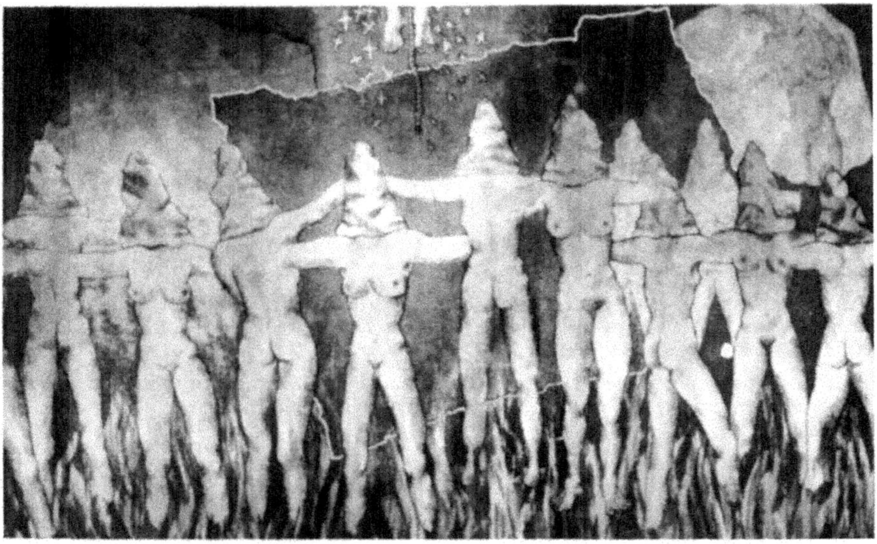

Mirta Kupferminc, 'The Inquisition' ('The Jewish Spain') 1991 (50 x 35 cm)

Edition Schoáh & Judaica/Jewish Studies – seit/since 1984
von/by Prof. (em.) Erhard Roy Wiehn, Universität Konstanz
Hartung-Gorre Verlag/Publishers, Konstanz, Germany
Neue Titel 02/2022 http://www.uni-konstanz.de/soziologie/judaica

2021 In der Reihenfolge ihres Erscheinens:

1) Erhard Roy Wiehn & Christel Wollmann-Fiedler (Hg.), Hedwig Brenner und ihre Künstlerinnen jüdischer Herkunft – Einer Pionierin zum Gedenken. Konstanz (Januar) 2021, 135 Seiten, Fotos, 135 Seiten, Fotos. ISBN 978-3-86628-680-3

2) Erhard Roy Wiehn & Christel Wollmann-Fiedler (Hg.), Zwi Helmut Steinitz – Vom Holocaust-Opfer zum Blumenexport-Pionier und die heilige Pflicht zu berichten. Eine Hommage. Konstanz (Januar) 2021, 125 Seiten, Fotos. ISBN 978-3-86628-691-7

3) Erhard Roy Wiehn (Hg.) Jüdische Mädchen und Frauen in der Schoáh – Ausgewählte Texte der Edition Schoáh & Judaica. Konstanz (Januar) 2021, 294 Seiten. 978-3-86628-684-9

4) Erhard Roy Wiehn (Hg.), Jüdisches Leben und Leiden in deutschsprachigen Landen – Ein Lesebuch der Edition Schoáh & Judaica zum 1700-Jahre-Jubiläum 2021. Konstanz (Februar) 2021, 505 Seiten. ISBN 978-3-86628-695-5

5) Edita Katzová, Schauderhafte Erinnerungen – Von Prag durch Theresienstadt über Auschwitz-Birkenau, Ravensbrück, Beendorf und Wandsbek nach Schweden in die Freiheit. Unter Mitarbeit von Pavel Chabr. Konstanz (Februar) 2021, 88 Seiten, Fotos. ISBN 978-86628-690-0

6) Erhard Roy Wiehn (Hg.), Jüdische Kinder und Jugendliche in der Schoáh – Ein Lesebuch der Edition Schoáh & Judaica. Konstanz (Februar) 2021, 218 Seiten. ISBN 978-86628-696-3

7) Erhard Roy Wiehn (Hg.), Schoáh-Schicksale in Polen – Ein Lesebuch der Edition Schoáh & Judaica. Konstanz (März) 2021, 116 Seiten. ISBN 978-3-86628-699-3

8) Zwi Helmut Steinitz, Verdichtete Vergangenheit – Nach glücklicher Posener Kindheit Leiden unter NS-Terror und die Ermordung der Familie in Bełżec sowie schreckliche deutsche KZ-Jahre und ein neues Leben in Israel. Ausgewählte Poeme 2016-2019. Erhard Roy Wiehn & Christel Wollmann-Fiedler (Hg.), Konstanz (Februar) 2021, 88 Seiten, Fotos. ISBN 978-3-86628-698-6

9) Erhard Roy Wiehn (Hg.), Schoáh-Schicksale in Czernowitz und der Bukowina – Ein Lesebuch der Edition Schoáh & Judaica. Konstanz (März) 2021, 139 Seiten. ISBN 978-3-86628-700-6

10) Erhard Roy Wiehn (Hg.), Jüdische Schicksale in und aus Rumänien – Ein Lesebuch der Edition Schoáh & Judaica. Konstanz (März) 2021, 162 Seiten. ISBN 978-3-86628-703-7

11) Erhard Roy Wiehn (Hg.), Schoáh-Schicksale in und aus Ungarn – Ein Lesebuch der Edition Schoáh & Judaica. Konstanz (April) 2021, 81 S. ISBN 978-3-86628-701-3

12) Erhard Roy Wiehn (Hg.), Jüdische Schicksale in und aus Tschechien und der Slowakei – Ein Lesebuch der Edition Schoáh & Judaica. Konstanz (April) 2021, 131 Seiten: ISBN 978-3-86628-795-1

13) Erhard Roy Wiehn (Hg.), Jüdische Schicksale in und aus der Ukraine – Ein Lesebuch der Edition Schoáh & Judaica. Konstanz (April) 2021, 178 Seiten. ISBN 978-3-86628-707-5

14) Christine Lipp-Peetz, Wohin die Reise geht – Der Weg des Dillinger Arztes Dr. Hans Wienskowitz durch Demütigungen und Entrechtungen nach Theresienstadt in den Tod 1888-1945. Konstanz (April) 2021, 387 Seiten, viele Fotos und Dokumente. ISBN 978-3-86628-706-8

15) Manfred Berger, Gertrud Feiertag und das Jüdische Landschulheim Caputh – Eine Dokumentation zur Bildungs- und Erziehungsgeschichte in den Jahren 1931 bis 1933. Konstanz (Mai) 2021, 119 Seiten, viele Fotos u. Dokumente. ISBN 978-3-86628-705-1

16) Erhard Roy Wiehn (Hg.), Geschichten der Heimkehr – Lebenswege nach und in Israel. Ein Lesebuch der Edition Schoáh & Judaica. Konstanz (Mai) 2021, 324 Seiten. ISBN 978-3-86628-709-9 und 3-86628-709-7

17) Erhard Roy Wiehn (Hg.), Jüdische Schicksale in und aus Deutschland – Ein Lesebuch der Edition Schoáh & Judaica zum 1700-Jahre-Jubiläum jüdisches Leben in Deutschland. Konstanz (Juni) 2021, 600 Seiten. ISBN 978-3-86628-711-2 und 3-86628-711-9

18) Erhard Roy Wiehn (Hg.), Jüdischen Schicksale in und aus Frankreich – Ein Lesebuch der Edition Schoáh & Judaica. Konstanz (Juni), 2021, 124 Seiten. ISBN 978-3-86628-712-9 und 3-86628-712-7

19) Erhard Roy Wiehn (Hg.), Jüdische Schicksale in und aus Lettland und Litauen – Eine Lesebuch der Edition Schoáh & Judaica. Konstanz (Juli) 2021, 81 Seiten. ISBN 978-3-86628-713-6 und 3-86628-713-5

20) Erhard Roy Wiehn (Hg.), Jüdische Schicksale in der Sowjetunion – Ein Lesebuch der Edition Schoáh & Judaica. Konstanz (Juli) 2021, 107 Seiten. ISBN 978-3-86628-714-3 und 3-86628-714-3

21) Erhard Roy Wiehn (Hg.), Jüdische Pionierarbeit in Erez Israel – Palästina – Ein Lesebuch der Schoáh & Judaica. Konstanz (Juli) 2021, 105 Seiten. ISBN 978-3-86628-715-0 und 3-86628-715-1

22) Erhard Roy Wiehn (Hg.), Jüdische Ärztinnen und Ärzte in der Schoáh - Ein Lesebuch der Edition Schoáh & Judaica. Konstanz (Juli) 2021, 107 Seiten. ISBN 978-3-86628-714-3 und 3-86628-714-3

23) Erhard Roy Wiehn (Hg.), Jüdische Gedenkschriften – Sechs Memorials. Ein Lesebuch der Edition Schoáh & Judaica. Konstanz (Juli) 2021, 167 Seiten. ISBN 978-3-86628-717-4 und 3-86628-717-

24) Erhard Roy Wiehn (Hg.), Judaica und Israelia - Ein Lesebuch der Edition Schoáh & Judaica. Konstanz (August) 2021, 107 Seiten. ISBN 978-3-86628-722-8 u. 3-86628-722-4

25) Erhard Roy Wiehn (Hg.), Nachschlagewerk für 18 jüdische Lesebücher. Konstanz (August) 2021, 173 Seiten. ISBN 978-3-86628-721-1 und 3-86628-721-6

26) Titus Milech, Tatort Familie – Eine Analyse schriftlicher Dokumente zur Frage wie der Holocaust und andere deutsche Gräueltaten möglich waren. Konstanz. Konstanz (September) 2021, 392 Seiten. ISBN 978-3-86628-724-2 und 3-86628-724-0

27) Erhard Roy Wiehn (Hg.), Jüdische Schicksale von Konstanz – Ein Lesebuch der Edition Schoáh & Judaica. Konstanz (September) 2021, 646 Seiten. ISBN 978-3-86628-728-0 und 3-86628-728-3

28) Erhard Roy Wiehn (Hg.), Gegen Vergessen – Vor- und Nachworte 2020/21. Ein Lesebuch der Edition Schoáh & Judaica. Konstanz (Oktober) 2021, 230 Seiten. ISBN 978-3-86628-729-7 und 3-86628-729-1

29) Erhard Roy Wiehn (Hg.), Jüdische Erinnerungsarbeit – Ein Sammel-Lesebuch über neun Länder mit einem Anhang über Fiction, Roman, Gedichte und Reime. Konstanz (November) 2021, 141 Seiten. ISBN 978-3-86628-732-7 und 3-86628-732-1

30) Erhard Roy Wiehn, SchlussPunkte II – Jahresarchiv 2020/21. Konstanz (November/Dezember) 2021, Fotos u. Dokumente. ISBN 978-3-86628-734-1 und 3-86628-734-8

<u>2022 Erhard Roy Wiehn (Hg.) in der Reihenfolge ihres vorgesehenen Erscheinens (22.02.2022):</u>

1) **Jüdische Schicksale in und aus Baden. Konstanz (Januar) 2022, 186 Seiten. ISBN 978-3-86628-741-9 und 3-86628-741-0***
2) **Die Schweiz in der Edition Schoáh & Judaica. Konstanz (Februar) 2022, 224 Seiten. ISBN 978-3-86628-747-1 und 3-86628-747-X**

Josef Schoppig, Israel im Spiegel der Schweizer Presse – Der Bund, Neue Zürcher Zeitung, Tages-Anzeiger, Vaterland 1967-1977. Konstanz (März) 2022, 251 Seiten. ISBN 978-3-86628-751-8 und 3-86628751-8

Anita Hajut, Meine Mama Margit Bartfeld-Feller – Eine Hommage posthum zum 99. Geburtstag am 31. März 2022. Konstanz (März) 2022, 123 Seiten, Fotos und Dokumente. ISBN 978-3-86628-752-5 und 3-86628-752-6

3) **Zur jüdischen Geschichte der Pfalz und Kaiserslauterns. Ein Lesebuch der Edition Schoáh und Judaica. Konstanz (März) 188 Seiten. ISBN 978-3-89649-753-2**
4) Berlin in der Edition Schoáh und Judaica. Konstanz 2022, 68 Seiten.
5) In Schanghai die Schoáh überlebt – Jüdische Flüchtlinge aus Deutschland und Österreich. Konstanz 2022, 46 Seiten.
6) Jüdisches Leben im Dorf und Schtetl. - Rückblicke auf vernichtete Welten. Konstanz 2022, 90 Seiten.
7) Gurs und Rivesaltes in der Edition Schoáh & Judaica. Konstanz 2022, 106 Seiten.
8) Theresienstadt in der Edition Schoáh & Judaica. Konstanz 2022, 88 Seiten.
9) Auschwitz-Birkenau in der Edition Schoáh & Judaica. Konstanz 2022, 135 Seiten.
10) Konzentrations- und Vernichtungslager in der Edition Schoáh & Judaica. Konstanz 2022, S. 108 Seiten.
11) Extreme jüdische ÜberlebensSchicksale. Konstanz 2022; 127 Seiten. ISBN 978-3-86628-736-5 und 3-86628-736-4
12) Zufall im Holocaust – Erinnerungen Überlebender in der Edition Schoáh & Judaica. Konstanz 2022, 67 Seiten.
13) Tagebücher während der Schoáh und danach – Acht Einführungen. Konstanz 2022, 82 Seiten. ISBN 978-3-86628-737-2 und 3-86628-737-2
14) Jüdische ÜberlebensGeschichten literarisiert. Konstanz 2022, 94 Seiten. ISBN 978-3-86628-735-8 und 3-86628-735-6
15) Verdichtungen – Gedichte, Reime und Verse in der Edition Schoáh & Judaica. Konstanz 2022, 71 Seiten.
16) Gretel Baum Merom – Hommage an eine zionistische Pionierin 1913-2019. Konstanz 2022, 112 Seiten, Fotos.
17) Schlomo Marcus 1910-2014 – Hommage an einen hebräischen Humanisten. Konstanz 2022, 92 Seiten, Fotos.
18) Erinnerungsarbeit für die Zukunft – Frühe, jüngere und jüngste Vorworte als Lesebuch der Edition Schoáh & Judaica. Konstanz 2022, 155 Seiten.
19) Erinnert und gewarnt – Eine vorläufige Bilanz. Konstanz 2022, S. 112 Seiten.
20) Gegen Vergessen II – Vor- und Nachworte 2021/22. Konstanz. (November/Dez.) 2022

---

* **Gefettete Titel sind in den genannten Monaten 2022 erschienen,** alle anderen sind entweder in Arbeit oder geplant. (22.02.2022)

Hommagen der Edition Schoáh & Judaica 2021/22
in der Reihenfolge ihres Erscheinens:

1) Erhard Roy Wiehn & Christel Wollmann-Fiedler (Hg.), Hedwig Brenner und ihre Künstlerinnen jüdischer Herkunft – Einer Pionierin zum Gedenken. Konstanz (Januar) 2021, 135 Seiten, Fotos, 135 Seiten, Fotos. ISBN 978-3-86628-680-3

2) Erhard Roy Wiehn & Christel Wollmann-Fiedler (Hg.), Zwi Helmut Steinitz – Vom Holocaust-Opfer zum Blumenexport-Pionier und die heilige Pflicht zu berichten. Eine Hommage. Konstanz (Januar) 2021, 125 Seiten, Fotos. ISBN 978-3-86628-691-7

3) Anita Hajut, Meine Mama Margit Bartfeld-Feller – Eine Hommage posthum zum 99. Geburtstag am 31. März 2022. Konstanz (März) 2022, 123 Seiten, Fotos und Dokumente. ISBN 978-3-86628-752-5 und 3-86628-752-6

4) Erhard Roy Wiehn (Hg.), Zur jüdischen Geschichte der Pfalz und Kaiserslauterns. Eine Hommage an Stadt und Region. Konstanz (März) 2022, 188 Seiten. ISBN 978-3-89649-753-2

5) Erhard Roy Wiehn (Hg.), Gretel Baum Merom – Hommage an eine zionistische Pionierin 1913-2019. Konstanz (Januar) 2022.

6) Erhard Roy Wiehn, Schlomo Marcus – Hommage an einen hebräischen Humanisten. Konstanz (Juni) 2022.

7) Erhard Roy Wiehn (Hg.), Zur jüdischen Geschichte der Pfalz und Kaiserslautern sowie weitere Judaica – Eine Hommage an Stadt und Region. Konstanz 2022.

Zweite Auflagen 2019/21

1) Inge Auerbacher, Jenseits des gelben Sterns - Nach Theresienstadt ein neues Leben in Amerika für Versöhnung. Konstanz 2005. korr. Auflage 2019, 144 Seiten. Fotos. ISBN 978-3-89649-969-1

2) Felix Hermann Oestreicher, Ein jüdischer Arzt-Kalender – Durch Westerbork und Bergen-Belsen nach Tröbitz. Konzentrationslager-Tagebuch 1943-1946 Konstanz 2000, 2. Auflage (November) 2020, 287 Seiten, Fotos und Dokumente. ISBN 978-3-89649-411-5

3) Erhard Roy Wiehn, Ghetto Warschau – Aufstand und Vernichtung 1943 fünfzig Jahre danach zum Gedenken. Konstanz 1993, 2. Auflage (Januar) 2021, 302 Seiten, Fotos und Dokumente. ISBN 978-3-89191-626-1

4) Friedel Bohny-Reiter, Camp de Rivesaltes – Tagebuch einer Schweizer Schwester in einem französischen Internierungslager 1941-1942. Konstanz 2017, 217 Seiten, Fotos und Dokumente; 2. Auflage Konstanz (Februar) 2021, 218 Seiten, viele Fotos u. Dokumente. ISBN 978-3-86628-291-9

5) Arkadius Scheinker, Schoáh in Riga – Nach der Kindheit in Riga durch das Ghetto Riga im Arbeitskommando BdO, dann im TWL Riga-Mühlgraben und durch die KZs Stutthof bei Danzig und Danzig-Burggraben im KZ Gottenhof/Pommern befreit. Konstanz 2009, Konstanz (Juni) 2021, 119 Seiten, Fotos. ISBN 3-86628-264-8 u. 978-3-86628-264-3

6) Leo Picard, Vom Bodensee nach Erez Israel – Pionierarbeit für Geologie und Grundwasser seit 1924. Konstanz , 1. Auflage 1996, 2. Auflage Konstanz (August) 2021, 288 Seiten, viele Fotos und Dokumente. ISBN 978-3-89191-799-2 u. 3-89191-799-6

7) Jakob Honigsman, Juden in der Westukraine – Jüdisches Leben und Leiden in Ostgalizien, Wolhynien, der Bukowina und Transkarpatien 1933–1945. Aus dem Russischen von Juri Schatton, herausgegeben von Raymond M. Guggenheim u. Erhard Roy Wiehn. Konstanz 2001, 2. Auflage (August) 2021, zahlreiche Daten u. Dokumente 380 Seiten. ISBN 978-3-89649-647-8 u. 3-89649-647-6

8) Grigorijus Smoliakovas, Die Nacht die Jahre dauerte – Ein jüdisches Überlebensschicksal in Litauen 1941–1945. Mit einer Dokumentation. Konstanz 1992; 2. Auflage Konstanz (August) 2021, 223 Seiten. ISBN 978-3-89191-557-8 u. 3-89191-557-8

9) Erhard Roy Wiehn (Hg.), Babij Jar 1941 – Das Massaker deutscher Exekutionskommandos an der jüdischen Bevölkerung von Kiew 60 Jahre danach zum Gedenken. Konstanz 2001, 189 Seiten. ISBN 3-89649-645-X – 2. Auflage, Konstanz (September) 2021. ISBN 978-3-89649-645-4